中島平三 著

島の眺望

補文標識選択と

島の制約と

受動化

研究社

はしがき

　本書は、*The Linguistic Review* に発表した拙論 "Complementizer Selection"（以降、Nakajima (1996)）を出発点にして、生成文法の研究史で一貫して主要な研究テーマとなってきた補文標識選択、島の制約、ルート変形の適用可能性、受動化などに関わる様々な問題を、なるべく原理立ったしかも納得のいくような方法で説明しようとするものである。説明で中心的な役割を果たすことになるのが、ミニマリスト・プログラムの主要概念であるフェイズ (phase) および最小性原理 (Minimality Principle) である。
　フェイズは、統語構造の局所的な (local) な単位であり、統語範疇や階層性に基づいて定義される統語構造を一層精緻化する働きをしている。文法操作が適用する統語構造の対象や、それが影響を及ぼす統語構造上の領域を画定する単位となっている。一方最小性原理は、文法操作が最短・最小の範囲内で適用することを求めた局所性の原理の1つであり、その最短性・最小性は統語構造に基づいて定義される。

＊　＊　＊

　本書の構想の萌芽的な段階で、友人や知人らの最終講義などがきっかけになって、自分がこれまでやってきた研究の中核的なテーマというものがあるのだろうか、あるとすれば何であろうか、とふと自問することがあった。40数年の間に様々なテーマについて論文を書いたり口頭で発表したりしてきたが、発表してきた論文は自分の関心に沿って書かれたことの結果であり、きっと源となっている関心には一貫した中核的な「メタ・テーマ」のようなものがあるのではないだろうかと思えた。生成文法で、現象として現れる発話の背後に、それを生み出す心的文法が話者の脳内に蓄えられていると考えられているのと同じように、発表された論文のテーマの背後には、その源となるメタ・テーマというようなものが無意識裡に存在しているのではないだろうか。現象的な発話をE言語、その背後の心的文法をI言語と呼ぶ呼び方に模して言えば、多岐に亘る「Eテーマ」の背後には、普段意識されない「Iテー

マ」というものがあるはずである。

　そんな思いから、これまで発表してきた主要な論文のタイトルや扱われているテーマを概観してみると、概ね局所性と統語構造の精緻化という 2 つのテーマに収斂するように思われる。これらのテーマは、海外の専門誌や書籍で発表した主要論文を 1 冊に編んだ *Locality and Syntactic Structures* (1999, 開拓社) の書名に含まれている 2 つのテーマに当たる。書名は当然、そこに収められている論文のテーマや内容を集約したものであるから、どうやら、局所性と統語構造の精緻化が私の無意識裡の I テーマであるようである。本書の議論で中心的な役割を果たすことになるフェイズと最小性原理は、それぞれ統語構造の局所的単位と局所性の原理であるのだから、本書も私の I テーマに沿って書かれたものであると言うことができる。

＊　＊　＊

　本書の目的の 1 つは、Nakajima (1996) で観察した 2 種類の平叙節補文標識（that と Ø-that）と 2 種類の疑問節補文標識（whether と if）の分布が並行関係になる構造的環境をさらに広範に探り、その並行関係がミニマリスト・プログラムのフェイズという概念から自然な形で導き出せることを明らかにすることである。その説明においても、Nakajima (1996) で提案した分離 Comp 仮説 (Split Comp Hypothesis)——節の構成は一律ではなく、十分に成熟した CP タイプとやや未成熟な TopP タイプの 2 種類があるという仮説——が大きな役割を果たすことになる。

　本書の第 2 の目的は、CP タイプの補文（平叙節の that 節と疑問節の whether 節）のみが生じる構造的環境は、要素の取出しを禁じる「島的環境」と一致することを指摘し、その理由を、表層構造上の位置から決まる δ 役割、および δ 規準という独自の概念で説明することである。

　3 番目の目的は、島的環境にはいわゆるルート変形の適用（主節現象）を許す環境と許さない環境があることを指摘し、その相違を、同じく δ 役割、δ 規準に基づいて説明することである。

　最後に、生成文法の研究史の中で島的環境やルート変形の適用可能性と同じように中心的な役割を果たしてきている受動化 (Passivization) の様々な特性を、最小性原理を中心にして説明することを試みる。受動化の特性の中には、遥か 45 年ほど前の学部卒業論文 Nakajima (1970) で指摘した、受動化で

きない動詞は Tough 構文にも現れることができないという一般化が含まれるが、それについても最小性原理により説明することを試みる。

　全体的に、フェイズや最小性原理といった最新の生成文法理論の概念を援用するが、あまりテクニカルな説明に走らずに、原理立ったしかも納得のいくような説明となるように心掛けている。そのために、全面的に最新のミニマリスト・プログラムを前提にしているわけではない。第 5 章は、その一部を英文で Nakajima (2015) として発表しているが、そこでの議論にも一部修正を加え、Tough 移動や生物言語学との関係など新たな内容を大幅に加筆している。各章の終わりや随所に、「蛇足」として個人的な回顧や逸話を書き添えてある。

　本書は和書なので、本文中における先行研究からの欧文の引用は和訳してあるが、本書の議論にとって重要と思われる言説については、正確を期して、脚注に欧文の原文を引用してある。

＊　＊　＊

　第 1〜4 章は、本書のために書き下ろしたものである。2015 年度東京言語研究所の春期集中講義で取り上げた。第 5 章の一部は、甲南大学、新潟大学、津田塾大学、日本英語学会第 30 回記念大会などで講演・講義した内容に基づいているが、それに大幅に加筆・修正してある。これらの発表の機会を提供して下さった西山佑司さん、大津由紀雄さん、有村兼彬さん、秋孝道さん、池内正幸さん、藤田耕司さん、およびそれらの機会にコメントや質問をして下さった方々にこの場を借りて謝意を表す。Liliane Haegeman, Andrew Weir, Valentina Bianchi, William Haddican, Lyle Jenkins には、本書の議論の一部に貴重な助言や援助を戴いた。特に Liliane には何度ものメイルによる意見交換に丁寧に対応して戴いた。草稿の段階で、池内正幸氏、遠藤喜雄氏、田中竹史氏からも貴重なコメントを戴いた。学習院大学院生の三輪健太君には草稿の全部を読んでもらい、様々な点について修正や指摘をして戴いた。献身的な労を多としたい。ゲラの校正では、同君以外に小野寺潤君、平田一郎君にも協力戴いた。学習院大学同僚の Alison Stewart 先生、Andrew Fitzsimons 先生には英語の例文について何度も相談に乗って戴いた。同じく同僚の高見健一さんには最も身近な同業の研究者として学内外の様々な面で常に支えてきてもらった。深く御礼を申し上げる。

本書の刊行を、私の最初の著作である「現代の英文法シリーズ」第 5 巻の『文 (II)』（今井邦彦先生と共著）の出版元である研究社にお引受け戴けたのは誠に幸いである。かねがね新たに本格的な研究書を出版するならば研究社にお願いしたいと考えており、その旨を『英語年鑑』でお世話になっている津田正さんに話したところ出版を快諾して戴いた。津田さんを含め、研究社から図書を出版する際にお世話戴いた故・水上峰雄、里見文雄、守屋岑男、杉本義則、黒岩佳代子の各氏に改めて御礼を申し上げる。

　本書の刊行は、平成 27 年度学習院大学研究成果刊行助成金の援助を受けている。申請の際に推薦人をお引受け戴いた文学部同僚の高田博行先生をはじめ、関係者の皆様に深謝する。

　最後に、本書を 2014 年の大晦日に急逝した高校以来の親友の故・横田庄一郎君の霊前に捧げたい。

目　　次

はしがき iii

第1章　補文標識の選択 ——————————————— 1

1.1 Nakajima (1996) 再訪のきっかけ 1
1.2 簡単なレビュー 3
 1.2.1 補文標識の分布 3
 1.2.2 チェッキングに基づく説明 6
1.3 新たな環境の開拓 9
 1.3.1 叙実的補文 9
 1.3.2 分裂文 11
 1.3.3 いわゆる「主語の補語」 12
 1.3.4 付加部 16
 1.3.5 等位接続 20
1.4 まとめ 27

第2章　補文標識分布のより自然な説明を求めて ——— 29
〜フェイズ理論による説明〜

2.1 問題再考 29
2.2 フェイズ 31
 2.2.1 フェイズと内的併合の原則 31
 2.2.2 内的併合の原則の経験的妥当性 35
2.3 話題化位置 39
2.4 主語位置 41
2.5 焦点化位置 42
2.6 叙実的動詞の補部位置 43

2.7 分裂文の焦点位置 ……………………………………… 44
2.8 同格文の焦点位置 ……………………………………… 46
2.9 名詞の補部位置 ………………………………………… 48
2.10 前置詞の補部位置 ……………………………………… 55
2.11 付加部位置 ……………………………………………… 59
2.12 等位構造の等位項 ……………………………………… 61
2.13 まとめ …………………………………………………… 62
2.14 おまけの蛇足 …………………………………………… 64
2.15 フェイズにおける文法操作の順序付け ……………… 65

第3章 島的環境とδ役割 — 71

3.1 島的環境 ………………………………………………… 71
3.2 移動と凍結 ……………………………………………… 74
 3.2.1 凍結原理 ………………………………………… 74
 3.2.2 規準的凍結 ……………………………………… 76
 3.2.3 エッヂ条件 ……………………………………… 78
3.3 内的併合とδ役割 ……………………………………… 80
3.4 島的環境とδ役割 ……………………………………… 83
 3.4.1 島の環境と話題、焦点 ………………………… 83
 3.4.2 名詞同格節のδ役割 …………………………… 83
3.5 δ基準 …………………………………………………… 87
3.6 島的環境からの取出し ………………………………… 93
3.7 凍結とδ規準の比較 …………………………………… 100
3.8 疑問詞、関係詞のδ役割 ……………………………… 101
3.9 主語条件について ……………………………………… 104
3.10 その他の島的環境 ……………………………………… 110
 3.10.1 WH島／複合名詞句関係節タイプ …………… 110
 3.10.2 等位構造 ………………………………………… 112
3.11 内的併合の動機 ………………………………………… 114
3.12 まとめ …………………………………………………… 116
3.13 おまけの個人的回想 …………………………………… 117

第4章　θ役割とルート変形 —— 118

- 4.1　CP と TopP とフェイズ —— 118
- 4.2　ルート変形の適用環境 —— 121
- 4.3　ボトムアップ式 —— 126
- 4.4　ルート変形と θ 規準 —— 127
- 4.5　ルート変形と θ 役割 —— 131
- 4.6　Haegeman (2014) —— 133
- 4.7　まとめ —— 136

第5章　受動化と言語設計の3要因 —— 138

- 5.1　言語設計の 3 要因 —— 138
- 5.2　受動化と最小性原理 —— 143
  - 5.2.1　最小性原理の例 —— 143
  - 5.2.2　二重目的語構文の方言差 —— 144
  - 5.2.3　for 与格の受動文 —— 147
- 5.3　受動化できない動詞 —— 148
  - 5.3.1　受動化できない他動詞 —— 148
  - 5.3.2　受動化できない自動詞 —— 150
- 5.4　非対格動詞の受動化 —— 152
  - 5.4.1　外項の抑制に基づく説明 —— 152
  - 5.4.2　非対格動詞と最小性原理 —— 154
  - 5.4.3　他動詞、非能格動詞の受動化と最小性原理 —— 157
- 5.5　Resemble 類動詞は非対格動詞 —— 158
  - 5.5.1　主語の θ 役割 —— 159
  - 5.5.2　外項の欠如 (1) —— -er 名詞 —— 160
  - 5.5.3　外項の欠如 (2) —— Do 疑似分裂文 —— 161
  - 5.5.4　主語位置への移動 (1) —— 162
  - 5.5.5　主語位置への移動 (2) —— 164
    —— 受動化と Tough 構文の相関性
  - 5.5.6　目的語の位置 —— 176

x 目次

- 5.5.7 表層目的語 177
- 5.5.8 Resemble 類の D 構造 178
- 5.6 所有動詞 179
- 5.7 コピー理論と痕跡理論 181
- 5.8 Tough 構文補足 185
  - 5.8.1 動詞句内主語仮説と Tough 移動 185
  - 5.8.2 主文主語は移動されている 189
  - 5.8.3 SubjP とフェイズ 191
  - 5.8.4 for 句の位置 192
- 5.9 最小性原理と生物言語学 194
- 5.10 まとめ 196
- 5.11 おまけの蛇足 199

第6章 まとめと結論 — 200

あとがき 205
References 207
索引 223

第1章

補文標識の選択

1.1 Nakajima (1996) 再訪のきっかけ

　本書の議論を、Nakajima (1996) の再訪から始めることにしよう。同論文は *The Linguistic Review* に掲載された後に、Rizzi (1997)、Haegeman (1997)、Haegeman and Guéron (1999)、Bianchi (1999)、Pesetsky and Torrego (2001)、Adger and Quer (1997; 2001)、Aelbrecht and Haegeman (2012)、Brillman and Hirsch (2014) などによって海外の本や雑誌等で広く引用され、いろいろな形で生成理論の進展に関わってきた。国内でも、野村 (2013) が、英語学研究の理論的および記述的貢献という観点から「理論言語学、語法文法研究、学校文法のいずれにも相互に貢献しうるような研究」と評価してくれている。私自身にとっても、多少なりとも納得のいく論文の1つであろうと思っている。

　同論文では、主に次の2点を主張している。1つは、平叙節を導く補文標識 that のいわゆる「省略」と疑問節を導く補文標識 whether と if の「交替」は共に、一般に考えられているほど自由ではなく、構造的環境によって厳しく制限されており、しかもその構造的環境における平叙節補文標識の「省略」と疑問節補文標識の「交替」が基本的に並行関係になっている、という点である。省略された that を Ø-that と呼ぶとすると、平叙節の that と疑問節の whether、平叙節の Ø-that と疑問節の if の分布が、それぞれ完全に一致している。平叙節と疑問節における補文標識の分布の並行性を指摘したのは、本論文がおそらく初めてではないだろうか。

　もう1つの主張は、that 省略と whether-if 交替の並行関係を捉える上で、文を構成する1番大きな統語範疇（投射）を従来考えられてきたように一律に CP とするのではなく、CP とそれよりも少し小さ目な TopP という2種類の投射を仮定する必要がある、というものである。この第2点目の仮説を同論

文では「分離 Comp 仮説 (Split-Comp Hypothesis)」と呼んでおり、分離 Comp 仮説はその後 Luigi Rizzi や Guglielmo Cinque らが提唱する地図 (Cartography) 理論へと通じていくことになる。

　今回同論文を再訪する気持ちになったのは、1 つには、that の省略 (同論文では、省略ではなく、that と Ø-that の交替)[1] と whether-if の交替が並行関係になる環境が、同論文で論じたよりもさらに広いことに気付き、そうした新たな環境を含めて理論的に説明するには、最近の言語理論を援用するのが有望であろうと思えたからである。

　もう 1 つの、そしてさらに大きな動機は、平叙節と疑問節における補文標識交替が並行関係になる環境は、単にこの現象に限定されたものではなく、生成文法の統語論研究の長年に亘る大きな関心事である「島の制約」や「ルート変形」の適用環境と深く関連していることに気付いたからである。その関連についても最新の言語理論で、しかも、あまりテクニカルにではなく、自然な (納得のいくような) 形で説明できるのではないだろうか、という思いに至ったのである。

　島の制約と言えば、少し余談になるが、1999 年に『英語青年』(研究社) で創刊 1800 号を記念して「20 世紀のこの 1 点」という特集が組まれた際に、私は John Robert Ross の学位論文 Constraints on Variables in Syntax (1967) を取り上げた。Ross の論文で論じられている「島の制約」は、私が学生時代に生成文法研究に本格的に関心を抱くようになった大きなきっかけとなっており、その後も記憶から離れることなく、絶えず関心を向け続けてきた。それにも拘らず、Nakajima (1996) を執筆した当時およびその後しばらくの間、同論文の内容と島の制約とを関係付けることがなかった。同論文の内容がひとまとまりに完結しており、また同論文で扱った補文標識の交替は、島の制約が対象とする長距離移動という操作と随分かけ離れているためであったのかもしれない。同論文を再訪するに当たり、遅ればせながら島の制約と関係することに気付くことができたのは大いなる幸運と言えよう。

　後の議論が理解しやすくなるように、まず Nakajima (1996) の簡単なレビューから始めることにする。同論文の内容をご存知の方は、次節 (1.2) を

1　Jespersen (1927, 32) によると、歴史的に、Ø-that は that の省略形ではなく that 形と共に併存していた。さらに Bolinger (1972, 9) も参照。

飛ばしてそれに続く 1.3 以降の節に進んで戴きたい。

1.2　簡単なレビュー

1.2.1　補文標識の分布

　学校文法や伝統文法では、名詞的従属節を導く接続詞（補文標識）の that について、口語体では随意に省略される、と述べられている程度である。例えば Quirk, et al. (1985, 1049–1050) によると、形式的な用法を除いてしばしば省略され、特に補文が短い場合や複雑でない場合には that が無い方が一般的であるとしている。だが実際には、省略はそれほど自由ではなく、特定の構造的位置では that を省略することができない。例えば、動詞 V や形容詞 A の補部の位置では省略できるが（下記 (1), (2)）、名詞 N の補部の位置では省略できない ((3))。現代英語では前置詞 P の補部として that 節が生じることはあまりないが、in などいくつかの P の後ろに that 節が続くことがある。そのような that 節の that も省略することはできない ((4))。また主語の位置 ((5))、文頭の話題化の位置 ((6))、外置化の位置 ((7)) に that 節が生じた場合も、that を省略することができない。それぞれの番号の例文は 1 文だけであるが、次に見る whether-if の交替と比較する便宜上、that 節の例文を枝番号 (a) としておく。

(1)　V の補部
　　a.　I think {that/ ∅} he's awake.
(2)　A の補部
　　a.　I am sure {that/ ∅} he's awake.
(3)　N の補部
　　a.　We must show the proof {that/ *∅} this is correct.
(4)　P の補部
　　a.　They are similar in {that/ *∅} their fathers are dead.
(5)　主語の位置
　　a.　{That/ *∅} he's awake is certain.
(6)　話題化の位置
　　a.　{That/ *∅} he's awake, I don't know.
(7)　外置化の位置

a. I am sure, because I have been at home, {that/ *Ø} he's awake.

（以上 Nakajima 1996, 144）

今度は間接疑問文を導く接続詞（補文標識）whether と if の分布について見てみよう。この場合も、学校文法や伝統文法では、比較的自由に交替ができるように扱われているが、実際には、交替が許されるのは動詞 V と形容詞 A の補部の位置に限られる（下記 (1), (2)）。名詞 N や前置詞 P の補部の位置に生じた疑問節の whether を if に交替することはできない ((3), (4))。また主語の位置、話題化の位置、外置化の位置でも、whether を if に交替することができない ((5)–(7))。

(1) V の補部
  b. I wonder {whether/ if} he's awake.
(2) A の補部
  b. I am not sure {whether/ if} he's awake.
(3) N の補部
  b. We must answer the question {whether/ *if} this is correct.
(4) P の補部
  b. Our success depends upon {whether/ *if} it will be fine.
(5) 主語の位置
  b. {Whether/ *If} he's awake is not certain.
(6) 話題化の位置
  b. {Whether/ *If} he's awake, I don't know.
(7) 外置化の位置
  b. I am not sure, because I have not been at home, {whether/ *if} he's awake.　　　　　　（以上 Nakajima 1996, 144）

whether-if の交替にある種の制限があることは、学習参考書や辞書、英語学の研究の中でも、散発的に指摘されている（Bolinger (1972), Erteschik-Shir (1973), Chomsky and Lasnik (1977), Stowell (1981), Quirk, et al. (1985), Stuurman (1990), Pesetsky and Torrego (2001), Huddleston and Pullum (2002))。

上記 (1)–(7) の平叙節の that の省略 (a) と疑問節の whether-if の交替 (b) を一緒にすると、次のようになる。that の省略ができる位置では whether-if の交替もでき、前者ができない位置では後者もできない、という相関性が成り立つ。

（1） V の補部
  a. I think {that/ Ø} he's awake.
  b. I wonder {whether/ if} he's awake.

（2） A の補部
  a. I am sure {that/ Ø} he's awake.
  b. I am not sure {whether/ if} he's awake.

（3） N の補部
  a. We must show the proof {that/ *Ø} this is correct.
  b. We must answer the question {whether/ *if} this is correct.

（4） P の補部
  a. They are similar in {that/ *Ø} their fathers are dead.
  b. Our success depends upon {whether/ *if} it will be fine.

（5） 主語の位置
  a. {That/ *Ø} he's awake is certain.
  b. {Whether/ *If} he's awake is not certain.

（6） 話題化の位置
  a. {That/ *Ø} he's awake, I don't know.
  b. {Whether/ *If} he's awake, I don't know.

（7） 外置化の位置
  a. I am sure, because I have been at home, {that/ *Ø} he's awake.
  b. I am not sure, because I have not been at home, {whether/ *if} he's awake.

つまり、(a) の that 節の省略と (b) の whether-if の交替がきれいな並行関係になっている。省略されている that を Ø-that と呼ぶとすると、平叙節の that と疑問節の whether、平叙節の Ø-that と疑問節の if の分布が、同じ環境においてそれぞれ完全に一致している。

1.2.2　チェッキングに基づく説明

　従来、that の省略は、その名称が示すように、that が単純に省略されると考えられてきた。whether-if の交替も、その名称が示すように、whether が単純に if に交替するものと考えられていた。that 節も whether 節も CP から構成されていると考えられるのであるから、Ø-that 節も if 節も同じく CP から構成されていると見るのが、常識的には自然であろう。同じ CP の中で that は随意に省略され、whether は随意に if と交替する。

　ところが、that 節と Ø-that 節、whether 節と if 節をそれぞれ比較してみると、節の内部における統語的振る舞いの「自由さ」において、that 節と whether 節の方が Ø-that 節と if 節よりも自由であることが明らかになる。例えば、that 節と whether 節においては否定句倒置が適用できるが、Ø-that 節と if 節では適用できない。但し、否定句倒置はいわゆるルート変形（第 4 章参照）の一種であり、ルート変形は一般的に話者の主張（assertion）が述べられるような環境においてのみ適用できるので、疑問節では適用しにくい。(9a) と (9b) の文法性の相違は同じ疑問節における相対的な文法性の差を示しているものと理解されたい。

（8）　a.　Lee believes [that at no time at all would Robin volunteer].
　　　b.　*Lee believes [at no time at all would Robin volunteer].
　　　　　　　　　　　　　　　　　　　　　　　　（Nakajima 1996, 150）
（9）　a.　?Lee wonders [whether at no time at all would Robin volunteer].
　　　b.　*Lee wonders [if at no time at all would Robin volunteer].
　　　　　　　　　　　　　　　　　　　　　　　　（Nakajima 1996, 149）

　こうした節内における自由さの違いは、節の「成熟度」「大きさ」の違いとして捉えることができる。that 節と whether 節は節として完全に成熟しているので、その内部での行動が自由である。それに対して、Ø-that 節と if 節はやや未成熟なので、その内部での行動が多少窮屈になる（さらに、4.1 を参照）。

　そこで節の構成に関して、下記 (10) に示すように、下から VP, IP, TopP, CP という範疇の組み合わせ（積み重ね）から成り立っており、that 節と whether 節はそれらをすべて備えた成熟した節、一方 Ø-that 節と if 節は CP

を欠き一番外側が TopP であるような、やや未成熟な節であると仮定する。[2] 補文標識の that と whether は CP の主要部に、Ø-that と if は TopP の主要部に、それぞれ現れている。

(10) a. that 節と whether 節　　　b. Ø-that 節と if 節

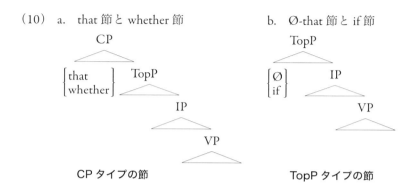

CP タイプの節　　　　　　　　　　TopP タイプの節

上記 (1)–(7) の環境のうち、(1)–(4) は主要部の補部、一方 (5)–(7) は補部位置とは異なり主要部から切り離された位置 (主要部に c 統御されていない位置) である。節の構成に関して (10) のような相違があると仮定した上で、次の 4 つの問いに対する答えを探ることになる。

(11) a. なぜ CP タイプの節は、あらゆる種類の主要部の補部として現れることができるのか。
   b. なぜ CP タイプの節は、主要部から切り離された位置にも現れることができるのか。
   c. なぜ TopP タイプの節は、非動詞的な主要部 (N と P) の補部として現れることができないのか。
   d. なぜ TopP タイプの節は、主要部から切り離された位置に現れることができないのか。

これらの問いに対する Nakajima (1996) の答を簡単に要約すると次のよう

2　Bianchi (1999) も、that 節と whether 節は ForceP (＝CP)、Ø-that 節と if 節は TopP から成るとしており、ほぼ同じような結論に至っている。

になる。CP タイプの補文 (that 節と whether 節) は、補文の θ 役割の規範的構造具現化 (最も典型的な範疇としての表れ方) なので、どのような位置に生じようとも主要部の補文であることが明らかである。それ故、どのような種類の主要部の補部の位置に生じても、また補部以外の位置に生じても構わない ((11a) および (11b) への答)。それに対して、TopP タイプの補文 (Ø-that 節と if 節) は、θ 役割の表れ方として非規範的なので、補文はそれを取る主要部によって、「補文の範疇の選択は適切か」というチェックを受けなくてはならない。そのチェックは、主要部とその補部 (の主要部) との c 統御関係で行われ、チェックされる内容は主要部と補部が同じ性質 (すなわち、どちらも [+V] という素性を持った動詞的な範疇) であるかという点である。そのために動詞的な範疇である TopP タイプの補文 (Ø-that 節と if 節) は、同じく動詞的な範疇である動詞と形容詞の補部の位置にのみ生じることができる ((11c) および (11d) への答)。

　ここで中心的な役割を果たしている「θ 役割の規範的構造具現化」、「主要部と補部の間のチェッキング」、「c 統御」などはいずれも、当時の統語理論の道具立てとして十分に動機付けられたものであり、当時としては上の分析はある程度の成功を収めていたと言えよう。

　だが今日的な観点からすると、こうした説明に対して、より根源的な疑問が生じる。主要部と補部 (の主要部) との間でチェックされるのは、なぜ [+V] という性質なのだろうか。TopP タイプの補文は本当に動詞的 [+V] なのだろうか。なぜ規範的構造具現化の範疇に限って、主要部に c 統御されていない位置にも生じることが許されるのだろうか。

　次章 (2 章) では、生成文法のフェイズ理論を用いると、こうした問題により自然に、より原理立った説明が可能になることを明らかにする。その前に、本章の残りの 1.3.1〜1.3.5 では、平叙節の補文標識 that と Ø-that の分布と疑問節の補文標識 whether と if の分布とが並行関係になるような環境が、上記 (1)–(7) 以外にもないだろうか、という問題を探ることにする。並行関係の環境が増えれば増えるほど、その説明に用いられる分析法の妥当性が強化されることになる。

1.3 新たな環境の開拓

1.3.1 叙実的補文

　補文標識 that が義務的な環境の 1 つとして、叙実的動詞および叙実的形容詞（まとめて叙実的述語、factive predicate）の補文がよく知られている（Kiparsky and Kiparsky 1971; Erteschick-Shir 1973; Stowell 1981; Hornstein and Weinberg 1987; Aoun, et al. 1987; Nakajima 1984a; 1986a; 1991; Authier 1992; Watanabe 1993）。叙実的述語というのは、補文の内容が事実であることが前提（presupposition）となっており、その事実である内容に対して主語や話し手の心的態度や判断を述べる述語である。叙実的述語の補文を叙実的補文（factive complement clause）と呼んでいく。

　下記 (12a) では、補文で述べられている「『風と共に去りぬ』を見に行った」のは事実であり、その事実に対して主語が「後悔している」と心境を述べている。(12b) では、補文の「彼が罪を犯したことが判明した」のは事実であり、その事実に対して話し手が「重大だ」と判断している。

(12)　a.　We regretted that we went to see *Gone with the Wind*.

（Authier 1992, 334）

　　　b.　It is significant that he has been found guilty.

（Kiparsky and Kiparsky 1971, 345）

叙実的補文の that を Ø-that に交替することはできない。

(13)　a.　*We regretted we went to see *Gone with the Wind*.

（Authier 1992, 334）

　　　b.　*It is significant he has been found guilty.

　that や Ø-that が導くのは平叙節であり、平叙節については、事実に照らし合わせて真偽を判断することができる。一方 whether や if が導くのは疑問節であり、疑問節については真偽を問うことはできない。そのために、Nakajima (1996) では疑問節の叙実的補文の存在を全く考慮してこなかった。

　ところが、Quirk, et al. (1985, 1053) は、次例の補文では whether のみが許

されるとしている。

(14) a. It's irrelevant {whether/ ?if} she's under sixteen.
b. You have to justify {whether/ *if} your journey is really necessary.

(14a) で用いられている主文述語 irrelevant は、Kiparsky and Kiparsky（1971, 345）によると、叙実的述語である。(14a) の解釈を考えてみると、彼女が 16 歳未満であるか否か分からぬ状態で問題にならないと言っているのではなく、彼女が実際に 16 歳未満であることが事実であることを前提にして、年齢のことは問題ではないとしているものと理解される。補文標識として that ではなく敢えて whether を用いているのは、万一その反対のことが事実であるとしても年齢のことなど問題ではないというふうに、反対の内容の事実性の余地を残している。補文標識 whether は、補文の内容の事実性またはその反対の事実性の択一関係を表しているからである。(14b) についても、あなたの旅行が本当に必要であるか否か分からないので正当化する必要があると述べているのではなく、例えばワルピリ語調査のためにオーストラリア旅行が必要であることは事実なのだけれども、親たちはわざわざ行く必要はないと言っているので、旅行が本当に必要であることを正当化しなければならないと説いているのであろう。ここでも補文標識として that ではなく whether が用いられているのは、万一親たちが言うようにその反対のこと（旅行の必要性がないこと）が事実であろうとも、その事実性について正当化しなければならない。ここでも補文の内容の事実性またはその反対の事実性が前提となっている。そもそも、必要であるか必要でないか未決定のこと（事実とはなっていないこと）について正当化するなどということはありえない。正当化するのは、旅行が必要である（または必要ではない）という事実的命題である。

さらに、同じような次例を参照してみよう。(15a), (15b) では補文の内容が事実であることについて批判や反対意見があるが、そんなことは重要ではないとか ((15a))、忘れてしまえ ((15b))、と述べている。ここでも補文の内容が事実であることが前提となっており、whether を if に交替することができない。

(15) a. It is insignificant {whether/ *if} the Minister was absent at the meet-

ing.
b. Forget {whether/ *if} Disney gives benefits to the company of gay employees. (*National Review*, Vol. 52, Issue 14)

　上記 (14), (15) で補文の事実性が前提になっていることは、例えば I want to know {whether/ if} she's under sixteen. のように whether と if の交替を許す場合と比較してみれば、一層明らかである。このような例では、話者は補文の内容が真であるとも偽であるとも述べていない。事実である（あるいは事実ではない）ことが前提となっていない状態で、彼女が16歳未満であるのかを知りたがっている。(14a) のように前提となっている内容について別の話者が否定することには無理があるが（下記 (16)）、前提となっていない内容について否定するとしても不自然さが生じない（下記 (17)）。

(16) A: It's irrelevant whether she's under sixteen.
　　　 B: #Oh no, she's only under twelve.
(17) A: I want to know whether she's under sixteen.
　　　 B: Oh no, she's only under twelve.

　以上見てきたように、疑問節にも叙実的補文があり、それを導く補文標識は whether に限られる。叙実的補文の補文標識は、平叙節の場合には that に、疑問節の場合には whether に限定されており、叙実的補文においても補文標識の that と whether が並行関係になっている。

1.3.2　分裂文

　平叙節における that と Ø-that の分布と、疑問節における whether と if の分布が並行するもう1つの環境として、分裂文の焦点の位置が挙げられる (Peter Culicover 氏の私信)。

(18) a. It is [that I was planning to leave] that I asserted.
　　　 b. *It is [Ø I was planning to leave] that I asserted.
(19) a. It is [whether you were planning to leave] that I asked you.
　　　 b. *It is [if you were planning to leave] that I asked you.

分裂文の焦点の位置にある［　］の部分が、動詞の補部の位置に現れれば、補文標識の交替が可能である（下記 (20)–(21) の (b) を参照）。

(20) a. I asserted [that I was planning to leave].
　　 b. I asserted [Ø I was planning to leave].[3]
(21) a. I asked you [whether you were planning to leave].
　　 b. I asked you [if you were planning to leave].

(18) と (20)、(19) と (21) で主文動詞が同じであり、(20)、(21) ではそれぞれ that と Ø-that の交替、whether と if の交替が可能であるのだから、(18)、(19) で補文標識が that および whether に限られるのは、主文動詞との関係によるのではなく、補文が分裂文の焦点という位置に現れているためである。

1.3.3　いわゆる「主語の補語」

いわゆる「主語の補語」の位置（be 動詞の補部位置）に、疑問節が現れることがある。その位置では、疑問節の補文標識は whether に限られる（Quirk, et al. 1985, 1054; Huddleston and Pullum 2002, 974）。

(22) a. My main problem right now is {whether/ ?*if} I should ask for another loan.　　　　　　　　　　　　(Quirk, et al. 1985, 1054)
　　 b. The question you have to decide is {whether/ *if} guilt has been established beyond reasonable doubt.
　　　　　　　　　　　　(Huddleston and Pullum 2002, 974)

一方同じ位置に平叙節が現れる場合には、補文標識が that に限られるわけ

3　さらに次のような Ø-that の例（斜体部）を参照。
(i) a. The bureau asserted *aviation duty was simply a specialty, like duty on submarines or destroyers.*　(*The Quarterly Journal of Military History*, 2012)
　　b. Yoshikawa asserted *he worked mostly alone.*
　　　　　　　　(*The Quarterly Journal of Military History*, 2012)
　　c. And around her skirts are clustered a nation of children who assert *they are "like one falling-down in darkness,"* ...
　　　　　　　　(*Journal of American Culture*, 2012, Vol. 35, No. 2, 117)

ではない。英和辞書などには、「《略式》ではthatはしばしば省略されるか、コンマになる」(『ジーニアス英和辞典』第5版、thatの項)と記されている。つまり、平叙節の場合にはthatもØ-thatも生じるということである。

(23) a. My opinion is (that) he really doesn't understand you.
 The point is, we have to find a way to escape this place.
　　　　　　　　　　　　　　　　　(『ジーニアス英和辞典』)
 b. The truth is (that) she is not fit for the job.
　　　　　　　　　　　　　　　　　(『研究社新英和大辞典』)

もし疑問節ではwhetherに限られるのに対して、平叙節ではthatでもØ-thatでもよいとなると、主語の補語の位置では、平叙節と疑問節の補文標識の並行関係が崩れることになる。be動詞に続く平叙節の構造を少し丁寧に考えてみよう。
　例文(23)のようなbe動詞以下の構造を考える上で、下記(24)のような例文のbe動詞以下の構造を考えてみるのが示唆的である。

(24) a. The advice to parents is if a lower school child is struggling after 45 minutes, then don't let them continue.
 b. The best thing is if I know everything, then I can judge how much has to be said to Mother Clare.

動詞beに続くif節は、be動詞の補部(補文)ではなく、むしろそれに続くthen以下の部分が一緒になって「条件節＋帰結節」の複文構造になっている。if節がbe動詞の補部のように見えるのは、複文全体を導く要素(接続詞)がないためである。その始まりを合図する要素が何もなしに、複文全体がbe動詞に続いている。複文全体がそれ以前の部分から独立していることを明確にするとすれば、両者の間にカンマを入れることになる。発音では、be動詞の後ろで一旦下降音調となる。

(24′) a. The advice to parents is, if a lower school child is struggling after 45 minutes, then don't let them continue.

b. The best thing is, if I know everything, then I can judge how much has to be said to Mother Clare.

(24′) では、2 つの独立文がカンマを挟んで「無造作に」並んでいる並列構造 (parataxis) を成している。一方の独立文が「主語＋be 動詞」というやや未完結な形、もう一方の独立文が「従属節＋主節」から成る複文構造である。第 2 独立節の前には複文構造を導く接続詞が何もない点に注目するべきである。(24) についても、(24′) と同様に、2 つの独立文が（今度はカンマなしに）「無造作に」並んでいる並列構造と見ることができる。

並列文では、第 2 独立文を導く接続詞が現れないとなると、(23a), (23b)（下記 (25a), (26a) として再録）についても、be 動詞の後ろの節が、補文標識 Ø-that を取っている補文であるのではなく、接続詞を必要としない並列構造の第 2 独立文である、と考えることができる（これに関連して Jespersen (1927, 32) が、歴史的に、Ø-that 形全般が、2 つの独立文の並列であるとしている点は注目に値する）。[4] 下記 (25)–(26) の (a) における並列関係を明確化しようとするならば、(b) のように be 動詞の後ろにカンマを入れることになる。上で触れたように、英和辞典で「that がない場合にはコンマが挿入される」としてあるのは、(b) のように並列関係を明確にするためである。

(25)　a.　My opinion is he really doesn't understand you.
　　　b.　My opinion is, he really doesn't understand you.
(26)　a.　The truth is she is not fit for the job.
　　　b.　The truth is, she is not fit for the job.

以上見てきたように、いわゆる「主語の補語」には、be 動詞に続く節が、① be の補部である場合と、②並列の第 2 独立文である場合の 2 通りがあることになる。①の場合には that で導かれ、②の場合には独立文なので接続詞が何もない。②では be 動詞の後ろにカンマが随意的に挿入される。

4　さらに Jespersen (1927, 32) は、that 節の場合も 2 つの独立節が並列関係であり、that 節、Ø-that 節は、次のような構造になっているとしている。
　（i）a.　I think that: he is dead. (that 節)
　　　b.　I think: he is dead. (Ø-that 節)

(27)

　動詞 be に続く節の頭に that がないのは、that と Ø-that が随意に交替できるからではなく、②に示すように、①の補文構造とは異なる構造、すなわち並列が併存するからである。①の補文構造では、補文標識が that に限られる。したがって、「主語の補語」の位置に生じる補文は、疑問節の場合には補文標識 whether に、平叙節の場合には that に、それぞれ限定される。「主語の補語」の位置においても、平叙節と疑問節の補文標識分布の並行関係が成り立っている。

　学校文法や伝統文法でいう「主語の補語」「主格補語」として生じる要素は、本書のように補語ではなく補部という用語を用いれば、単に be 動詞の補部ということになる。be 動詞の主語と補部は、be 動詞を挟んで同格関係にあるので、「補語」のような機能的な役割を明示するとすれば、「同格文の焦点」というのが適切であろう。

　主語と補部とが be を挟んで同格であることは、両者を入れ替えることができることからも明らかである。特に be 動詞以降を「重たく」すれば文体的に安定する。

(28) a. My main problem right now is {whether/ ?*if} I should ask for another loan.
　　　b. {Whether/*If} I should ask for another loan is my main problem that I have to decide right now.
(29) a. Our opinion is that he really doesn't understand you.
　　　b. {That/*Ø} he really doesn't understand you is the conclusion that we have just reached.

　主語と補文が be 動詞を挟んで同格関係にあるとなれば、補文が whether や that に導かれるというのは当然であるかもしれない。主語と補文が be を境に逆転して、(28)–(29) の (b) のように補文が主語の位置に現れる時には、補文を導く補文標識が whether, that に限定されるからである。同格節の主語ま

たは補部の一方が節である時には、その節の補文標識が whether, that に限定される。

さらに、同格文で be 動詞の後ろの部分の役割が焦点であることは、その部分が果たしている役割が疑似分裂文 (pseudo-cleft sentence) の be 動詞の後ろの部分が果たしている役割と基本的に同じであることから窺える。疑似分裂文の be 動詞より前の部分 (what 節の部分) は前提、後ろの部分 (be 動詞の補部の部分) は焦点という役割を果たしている。同格節の主語の部分は疑似分裂文の what 節に相当する役割 (すなわち、前提) を、同格文の補部の部分は疑似分裂文の be 動詞の補部の部分に相当する役割 (すなわち、焦点) を、それぞれ果たしている。疑似分裂文も同格文の一種であり、同格文の場合と同様に be 動詞を境にして、前提の what 節と焦点の be 動詞補部とを入れ替えることができる。

(30) a. What I am just wondering is whether I should ask for another loan.
b. Whether I should ask for another loan is what I am just wondering.
(31) a. What we suppose is that he really doesn't understand you.
b. That he really doesn't understand you is what we may suggest at present.

いわゆる「主語の補語」を、本書では「同格文の焦点」と呼んでいくことにしよう。同格文の焦点の位置では、平叙節の場合には補文標識が that に、疑問節の場合には whether にそれぞれ限られる。同格文の焦点の位置でも補文標識の並行関係が成立している。

1.3.4 付加部

今度は、付加部に現れる that 節と whether 節について見てみよう。付加部は補部ではないので、Nakajima (1996) では、考察の対象から完全に外れていた。

付加部に生じる that 節として、(a) 結果、様態、目的などを表す so that、(b) 程度や結果を表す so...that や such...that の that 節、(c) 目的などを示す that 節が思い当たる。それぞれ例文の右端 [ ] 内に記した用語で呼んでいく。

(32) a. Rain caused delays so *that* the match had to be carried over till Sunday.　［結果］
　　 b. The case was so heavy *that* I couldn't lift it.　［程度］

(Huddleston and Pullum 2002, 967)

　　 c. 'This is my party card', he said, holding it high, *that* all might see it.　［目的］

　(a) の結果用法の so that では so と that が分離せず常に隣接しており、Ø-that に交替することができる。so that 節全体が付加部であるが、その内部にある that は so の補部と見ることができる。that 節が補部であるならば、Ø-that と交替するとしても Nakajima (1996) の分析から外れることにはならない。但し、so が副詞であるので、動詞、形容詞の補部ばかりではなく副詞の補部でも交替が可能とする必要がある。[5]

　(b) の程度用法の that 節でも、Ø-that に交替することができる。that 節が so と相関し合っていることからすると、(a) の結果用法と同様に、so の補部であり、その位置から外置 (Extraposition) によって分離されていると見ることができるかもしれない。だがこの用法の that 節が、外置という移動操作を受けているとは考えられない。その理由の 1 つは、いわゆる「分離先行詞」が可能であるからである。次例 (33) では、1 つの that 節に対して 2 つの so (先行詞) が相関している。したがって that 節が一方の so から外置しているとは考えられない。

(33) *So* many defects had been found in *so* many of the components *that* the model had to be withdrawn from the market.

(Huddleston and Pullum 2002, 967)

　もう 1 つの理由は、移動操作に課せられている下接条件 (Subjacency Condition) の規制を受けないからである (Chomsky 1981, 82)。

5　副詞は変装した形容詞 (disguised adjective) であると見るならば (Emonds 1985, 162)、副詞も形容詞と同様に ［＋V］ の範疇と見ることができる。

(34) [The picture [that were admired by [*so* many excellent critics]]] were on sale *that* I decided to attend the show.

　結果用法の that 節が移動を受けているのではないという結論は、第 3 章において重要な意味を持つことになる。結果用法の that の手前には、カンマが入ることがあり、特に Ø-that の場合にはカンマが義務的である。先行する節から独立性が高いことを示唆している。Huddleston and Pullum (2002, 967) は、that 節は so など特定の語の補部ではなく、先行する節全体に対する補部であるとしている。この分析に従い補部の位置であるとすれば、Ø-that との交替が可能であるとしても、補部位置では交替を許す Nakajima (1996) の分析から著しく外れることにはならない。但しこの場合も、交替を許す主要部の種類を増やす必要性が出てくる。

　上記 (32) (c) の目的用法の that 節では、that が Ø-that に交替することができない。(a) の結果用法および (b) の程度用法とは異なり、先行部分に so のような相関するものがない。先行部分から独立性の高い付加部 (先行文全体の付加部) と考えることができる。なお (a) のタイプには目的用法もあるので、(c) の that 節を、so that 節の so が省略されたものと見ることもできなくはない。そのように分析したとしても、so that 節全体が付加部の位置にあるので、so が省略されている that 節は付加部の位置にあることに変わりがない。その that を Ø-that に交替することはできない。

　(a), (b), (c) の 3 タイプにおける that と Ø-that との交替の可能性を例示すると、次のようになる。

(35)　a.　Rain caused delays so {that/ Ø} the match had to be carried over till Sunday.　［結果］
　　　b.　The case was so heavy {that/ Ø} I couldn't lift it.　［程度］
　　　c.　'This is my party card', he said, holding it high, {that/ *Ø } all might see it.　［目的］

　(35) の 3 例のうち (c) のみが純粋に付加部の that 節と見ることができる。以降、付加部の that 節という場合 (c) のタイプの目的用法を指すものとする。
　では、付加部に生じる whether または if で始まる疑問節というのはあるの

だろうか。Huddleston and Pullum (2002, 985) が「従属疑問節が付加部として働く唯一の構文」として、下記 (36) のような whether で始まる包括的条件節 (exhaustive conditional)[6] を挙げている。包括的条件節というのは、「たとえ～であれ」という一種の譲歩 (concession) を表す疑問詞で始まる節である。

(36) a. You got paid whether business was good or bad.
 b. I'm going with them, whether you like it or not.
 c. I'm buying it whether we can really afford it or not.
 (Huddleston and Pullum 2002, 761)

伝統文法では (36) に現れている whether を、疑問節の補文標識としてではなく、接続詞と見るのが一般的である (例えば、Curme 1931, 166)。だが Huddleston and Pullum (2002, 990) は、次のような理由から疑問節の補文標識と見なしている。第 1 に、包括的条件節には whether の代わりに who のような疑問詞が生じることができる。

(37) They will appoint Jones regardless of {whether he's best candidate or not/ who we recommend}.

第 2 に、包括的条件節でも、疑問節と同様に、節末の or not を節の前方にもってくることができる。

(38) a. You have to stop now whether you have finished or not.
 b. You have to stop now whether or not you have finished.
 (Huddleston and Pullum 2002, 990)

さらに、疑問の whether 節が不定詞節になれると同様に (下記 (39a))、包括的条件節の whether 節も不定詞になれるという点を付け加えることができる (下記 (39b))。

---

6 Huddleston and Pullum (2002, 761) の用語。Quirk, et al. (1985, 1099) では、選択的条件・譲歩節 (alternative conditional-concessive clauses)。

(39) a. We have not determined whether to go to New York or to Dhaka.
　　 b. You will see some Japanese people, whether to go to New York or to Dhaka.

包括的条件節の whether を if と交替することはできない。

(40) a. You got paid {whether/ *if} business was good or bad.
　　 b. I'm going with them, {whether/ *if} you like it or not.
　　 c. I'm buying it {whether/ *if} we can really afford it or not.

以上見てきたように、付加部に生じる平叙節として (32c) のような目的用法の that 節、疑問節として (36) のような包括的条件節の whether 節が挙げられ、それぞれの補文標識 that と whether を Ø-that と if に交換することができない。付加部の位置においても、平叙節と疑問節の補文標識の並行関係が成り立っている。

1.3.5　等位接続
◇等位構造の第 2 等位項

平叙節の補文標識が that に限定されるもう 1 つの環境として、Quirk, et al. (1985, 1050), Huddleston and Pullum (2002, 953–954) は共に、等位構造の第 2 等位項の位置を挙げている。

(41) a. I realized *that* I'm in charge and *that* everyone accepts my leadership.
　　　　　　　　　　　　　　　　　　　　　　　(Quirk, et al. 1985, 1050)
　　 b. It was possible *that* she was ill and *that* her mother had gone to see her.
　　　　　　　　　　　　　　　　　　(Huddleston and Pullum 2002, 953–954)

等位構造の補文標識について、比較的信頼性の高いデータベースとされる British National Corpus (BNC) から用例を見てみよう。平叙節の等位接続に関しては、第 2 等位項の補文標識が that である用例が圧倒的に多い。その若干例を (42) に挙げておく。主文動詞は、次例で用いられている動詞以外にも、admit, agree, argue, confirm, convince, mean, recommend など多様であり、

特定の意味グループの動詞（例えば「非主張的」とか「非叙実的」な動詞）に限定されるわけではない。

(42) a. We are frequently reminded *that* the brain has many millions of neurons and *that* these have many billions of connections.
   b. I have to assume therefore *that* the rest is equally bad and *that* little of what we read in guidebooks as climbing history should be taken seriously.
   c. It suggests *that* there are universal human qualities, and *that* people can recognize them in Shakespeare's dramas.

第1および第2等位項の補文標識が共に that である例に比べると少ないが、両等位項の補文標識が共に Ø の例もなくはない。これらの例で注目すべきことは、主文動詞は think や say のような軽い挿入的な動詞となる傾向がある点である。この種の主文動詞の場合には、話者の主張が主文ではなしに補文で述べられ、補文が意味的にも統語的にもあたかも主文のように振る舞うことがある（第4章参照）。そうであれば、等位接続されている2つの節は補文ではなく主文（独立節）として振る舞っているのであるから、どちらの等位項も補文標識によって導入されていないとしても不思議ではない。

(43) a. Sometimes I think I'm invisible and I can pour myself into places like I'm made of water.
   b. She says she's called on you already and she's helping you with your enquiries.
   c. He said computer networks would not be affected and copies of information should be made on floppy discs.

一方、第2等位項が疑問節の場合の補文標識に関しては、筆者の知る限り、明確な言明はあまり見られない。BNC からの用例では、次のように第1および第2等位項の補文標識が共に whether で導かれている用例が圧倒的に多い。

(44) a. He refused to say *whether* these were Arab embassies and *whether* Libya was involved.
　　b. The answer will decide *whether* Japanese capital investment will stay strong and *whether* companies will have to sell their shareholdings.
　　c. We are simply questioning *whether* building operatives are doing the job properly and *whether* quality control is high enough.

母語話者に、(45), (46) のような第1, 第2等位項の補文標識として whether と if を組み合わせた4通りの例文に対する判断を尋ねると、1人の話者 (アイルランド英語のアイルランド人) は、あまり決定的な差異が見られないようだが、whether と if の組み合わせの (c) が最も躊躇われる、としている。もう1人の話者 (イングランド英語の英国人) は、同じ補文標識の組み合わせ、すなわち下記 (a) のような第1等位項が whether ならば第2等位項も whether、下記 (d) のような第1等位項が if ならば第2等位項も if という組み合わせの方が、(b), (c) のような異なる補文標識の組み合わせよりも明らかに良いとしている。(46) のように主語が1人称で内容が形式ばらないものである場合には、if と if の組み合わせでも少しも問題がない。(46d) は (46a) と同じ程度に容認可能である。

(45) a. They should ask *whether* the time of call is inconvenient to you, and *whether* you want to stop receiving sales calls.
　　b. They should ask *if* the time of call is inconvenient to you, and *whether* you want to stop receiving sales calls.
　　c. They should ask *whether* the time of call is inconvenient to you, and *if* you want to stop receiving sales calls.
　　d. They should ask *if* the time of call is inconvenient to you, and *if* you want to stop receiving sales calls.
(46) a. I am wondering *whether* I should ask for another loan, and *whether* I should pay back the previous one early.
　　b. I am wondering *if* I should ask for another loan, and *whether* I should pay back the previous one early.
　　c. I am wondering *whether* I should ask for another loan, and *if* I should

pay back the previous one early.
d. I am wondering *if* I should ask for another loan, and *if* I should pay back the previous one early.

2番目の母語話者のコメントは大変示唆的である。第2等位項にはif節が現れないのではなく、第1等位項がif節であれば第2等位項もif節となる。逆に第2等位項にwhether節が常に可能であるというわけではなく、第1等位項がif節である場合には、whether節といえども第2等位項に現れ難い。第1等位項と第2等位項との間で補文標識の選択が一致していなければならないのである。[7]

このことを念頭に入れて、(41)で見た平叙節に関するQuirk, et al. (1985)およびHuddleston and Pullum (2002)の記述に立ち戻ってみよう。(41)の第1等位項はthat節であり、平叙節でも第1等位項と第2等位項との間の補文標識の一致が求められるならば、第2等位項も補文標識もthatでなければならない。第2等位項がØ-that節であると不適格になるのは、第2等位項の位置がØ-that節が現れ得ない位置であるからではなく、第1等位項と第2等位項との間で補文標識の選択が一致していないためである。(43)の例からも明らかなように、第1等位項がØ-that節であれば、第2等位項にØ-that節が現れることができる。平叙節の等位構造でも、疑問節の等位構造の場合と同様に、補文標識の選択が第1等位項と第2等位項との間で一致していることが求められる。

これは、Nakajima (1996)における、that節とwhether節はCPという範疇から成り、Ø-that節とif節はそれとは別の範疇のTopPから成るという主張の妥当性を、裏付けているように思われる。等位接続される等位項の範疇は、一般的に同じものに限られている (Emonds 1976; Napoli 1983; Bowers 1993; Radford 1988; 1997)。補文標識の選択が第1等位項と第2等位項との間で同

---

7 但し、BNCには数は少ないが、次のような補文標識の選択が不一致の例も見られる。
(i) a. They were asked what instruction they had received, *whether* they put drops in by themselves and *if* they had experienced any problems.
b. The work may reveal *whether* ozone depletion is cyclical and *if* chlorofluorocarbons (CFCs) are the only cause of the hole.

じになるということは、第1等位項と第2等位項の範疇が同じものになる——つまり、一方がCPであれば他方もCP、一方がTopPならば他方もTopP——ということである。もしthat節もØ-that節もCP、whether節もif節も一律にCPであるとすれば、補文標識選択の一致の要請が、範疇の同一性という等位構造の一般性からは導き出せない。

(41)の例文は等位構造の第2等位項の位置ではTopPタイプの補文が現れずにCPタイプの補文だけに限られていることを示しているように思われたが、疑問節のwhetherとifの分布をも考慮に入れると、そうした印象が正しくないことが明らかになった。第1等位項がCPタイプの場合には第2等位項もCPタイプに限られ、第1等位項がTopPタイプであれば第2等位項もTopPタイプに限られる。これは平叙節の場合にも疑問節の場合には当てはまる。したがって、平叙節がthat節となる環境では疑問節がwhether節となり、平叙節がØ-that節となる環境では疑問節がif節となるのであるから、等位構造でもthat節とwhether節、Ø-that節とif節の分布が一致している。

◇**thatとØ-thatの組み合わせ**

ところがDoherty (1997) は、平叙節の等位接続に関して、thatとØ-thatとが自由に組み合わせ可能であるとしている。(a) はthatとthat、(b) はthatとØ-that、(c) はØ-thatとthat、(d) はØ-thatとØ-thatの組み合わせの例である。

(47) a. I believe that he's right and that you're wrong.
　　　b. I believe that he's right and you're wrong.
　　　c. I believe he's right and that you're wrong.
　　　d. I believe he's right and you're wrong.

(Doherty 1997, 208–209)

第1等位項と第2等位項で補文標識が一致しているのは、(47a) と (47d) だけである。(47b) が文法的であるという判断は、上で見たQuirk, et al. (1985) やHuddleston and Pullum (2002) とは異なる。だがBjorkman (2014) によると、(47b) が文法的であるとしても、等位接続された2つのTPが1つの補文標識thatによって導かれているものであり、2つのCPが等位接続されて

いる (47a) とは意味が異なるとしている。2 つの that 節が等位接続されている (47a) の場合には、可能性として、2 つの独立した出来事が等位接続されており、第 1 等位項と第 2 等位項を相互に入れ替えることができる (但し、実際には、両者の順序は時間的推移や因果関係を表したりしている場合が多いので、常時入れ替えが可能なわけではない)。一方 2 つの TP が that に導かれている (47b) では、2 つの TP で述べられている内容が一緒になって 1 つの出来事を成しており、相互に順序を入れ替えることができない。(47b) 型を非文法的とする Quirk, et al. (1985) や Huddleston and Pullum (2002) の判断は、(47a) 型の意味を仮定した場合の判断であろう。

問題として残るのは、Ø-that と that の組み合わせの (47c) の型である。Doherty (1997) が挙げている (47c) 型の例文に対する母語話者の判断は、それほど悪いというものではない。7 頁の注 2 で触れたように Bianchi (1999) は本書と同様に that 節を CP (または ForceP)、Ø-that 節を TopP と分析しているが、彼からの私信によると、(47c) に対する文法性の判断は微妙であり、多くの母語話者に、内容を様々に変えて調査する必要があるとしている。Radford (1997, 149) は (47c) 型を非文としているが (*John said [Peter left] and [that Bill kissed Mary].)、Radford (2004, 125) では文法的としており (We don't know [he had registered] and [that he had been accused of corruption].)、判断に揺れが見られる。

BNC にも (47c) 型の用例が見られるので、そのいくつかを紹介し少し考察してみることにしよう。第 1 等位項の前に Ø-that を表す Ø が添えられている。

(48) a. But in justice I think Ø a society needs civil divorce and *that* the real concern of the Church and the community should be to work at understanding prevention. (*Irish Times*, 22 May 1986)
   b. Many influential people think Ø it holds the key to strategic defense planning, and *that* we should study it to prevent a third world war.
   c. He believes Ø much more can be done with more resources and *that* the industry needs Springboards in other conurbations such as Birmingham, Manchester, Glasgow and Bristol, Avon, if people are to attach a lot more importance to it.

d. I believe ∅ this is true, and *that* it is a major gain from the televising of Parliament.
e. the Yogi believes ∅ you will succeed in your yoga practice and *that* you will grow mentally, emotionally and spiritually . . . .
f. Mr Lavery said ∅ his would be delicious, and *that* you can't over-fertilise a pumpkin, or it wilts.

　これから先の考察は、試案的なものでありさらに詰める必要があることを前もって断っておく。(48b), (48d), (48f) では第2等位項の前にカンマが入っている。等位接続で最後の等位項の前にカンマが入るのは珍しいことではないが、第2等位項が節である場合、その前にカンマが入ることにより意味的に第1等位項からの独立性が高くなり、カンマの前で一段落して、第2等位項で「後からの付け足し」(afterthought) を述べているように思われる。例えば (48d) ならば、このこと (国会の委員会をテレビ中継することにより議員の地位や権威が向上したという意見) は事実であると思うと述べ、それをすぐに補足するように、そのことが国会テレビ中継から得られた主要な収穫だと思うと付け足している。and の後ろでもう一度 I think という主節を立ち上げており、その主節が第1等位項の主節と同じであることがまだ話者 (書き手) の記憶に残っているので省略されている。等位接続されているのは主文 CP と主文 CP である。

(49)　[$_{CP}$ I think [this is . . .]] , and [$_{CP}$ ~~I think~~ [that it is . . .]]

　もう1つの可能性は、(48) の多くの例では、and that が therefore や moreover のような文と文を繋ぐ接続詞の役割を果たしていると考えることである。意味は異なるが and yet が however のような接続詞の働きをしているのと類似している。and that を挟んで第1等位項と第2等位項が等位接続されていると見るならば、∅-that 節と ∅-that 節、つまり TopP と TopP が等位接続されているということになる。

(50)　I think [[$_{TopP}$ this is . . .] and that [$_{TopP}$ it is . . .]]

さらに、第 1 等位項の主節主語が 3 人称である (48b), (48c), (48e), (48f) などでは、第 2 等位項の that 節は第 1 等位項の主節に続く従属節（つまり、主節主語の見解を述べている）というよりも、話者の見解を述べているようにも理解することができる。あるいは、主節主語の見解に沿って話者が言い換えたり追加したりしている。例えば (48b) では、多くの有力者がそれ（「囚人のジレンマ」理論）が戦略的防衛計画でカギを握っていると考えているので、それに対する話者の意見として、我々は第 3 次世界大戦を防ぐ上でそれを研究するべきだ、と付け足していると理解することもできる。この解釈では、that 節の手前に I think のような主節（遂行分析を採れば、遂行節）が隠れている。それが隠れているために、形の上では第 1 等位項の主節に続く従属節のように見える。この分析では、and で等位接続されているのが、(51) のように、どちらの主節も CP から成る複文と複文ということになる。

(51)　[CP Many influential people think [it holds . . .]], and [CP I think [that we should . . .]]

　これらの試案的分析ではいずれも等位接続されているのが同じ範疇ということになるが、その妥当性をさらに固めるには多くの統語的証拠を提示する必要がある。
　本節で見てきた (47) の (c) 型を別にすれば、(a), (b), (d) 型では同じ種類の範疇が等位接続されている。これらの環境でも、平叙節の that と疑問節の whether、Ø-that と if の分布が並行関係になっている。等位構造の第 2 等位項の位置は必ずしも CP タイプの節に限定されるわけではない。むしろ節の等位接続には、補文標識の一致——それは、本書の立場では、範疇の一致という等位接続の一般化に帰することができる——が求められている。

1.4　ま　と　め

　本章の 1.3.1～1.3.5 では新たに、叙実的補文、分裂文の焦点、同格文の焦点、付加部、等位構造を取り上げた。これらのうち前 4 者では、平叙節では補文標識が that、疑問節では whether に限定されることを見た。等位構造の等位項としては、CP タイプ補文も TopP タイプ補文も生じるが、平叙節でも疑問節でも、等位項の補文タイプが一致していなければならないという点で

は並行性が成り立っている。Nakajima (1996) で取り上げた7つの環境と新たに加わった5つの環境における補文標識の分布については、次章の冒頭で表にして提示する。

第2章

補文標識分布のより自然な説明を求めて
～～フェイズ理論による説明～～

2.1 問題再考

前章では、Nakajima (1996) で取り上げた 7 つの環境とは別に、新たに 5 つの環境を取り上げた。これら都合 12 種の環境を縦軸に、平叙節の補文標識 (that と Ø-that) および疑問節の補文標識 (whether と if) の分布を横軸に示すと、下記 (1) のようにまとめられる。太線から上の (A)–(G) は Nakajima (1996) で取り上げられたもの、下の (H)–(L) は前章で新たに付け加えられたものである。

(1)

環境＼補文標識	平叙節		疑問節	
	that	Ø	whether	if
A. 動詞の補部	OK	OK	OK	OK
B. 形容詞の補部	OK	OK	OK	OK
C. 名詞の補部	OK	*	OK	*
D. 前置詞の補部	(OK)	*	OK	*
E. 主語位置	OK	*	OK	*
F. 話題化位置	OK	*	OK	*
G. 焦点化位置	OK	*	OK	*
H. 叙実的補文	OK	*	OK	*
I. 分裂文の焦点	OK	*	OK	*
J. 同格文の焦点	OK	*	OK	*
K. 付加部位置	OK	*	OK	*
L. 等位構造の等位項	OK	OK	OK	OK
	(但し、等位項間で補文標識の一致)			

1.2 で見たように、Nakajima (1996) では、太線より上の (A)–(G) の環境に関して、次のような 4 つの問題を投げかけた。

(2) a. なぜ CP タイプの節は、あらゆる種類の主要部の補部として現れることができるのか。
   b. なぜ CP タイプの節は、主要部から切り離された位置にも現れることができるのか。
   c. なぜ TopP タイプの節は、非動詞的な主要部 (N と P) の補部として現れることができないのか。
   d. なぜ TopP タイプの節は、主要部から切り離された位置に現れることができないのか。

1.2 で見たこれらの問題に対する Nakajima (1996) の答の要約をさらに概括すると次のようになる。CP タイプの補文 (that 節と whether 節) は補文の θ 役割の規範的構造具現化なので、どのような位置にでも生じることができるが、TopP タイプの補文 (Ø-that 節と if 節) は θ 役割の表れ方として非規範的なので、補文はそれを取る主要部によって、「補文の範疇の選択は適切か」(すなわち、主要部は補文と [+V] の点で一致しているか) というチェックを受けなくてはならない。

この説明法は、特定タイプの補文の特定の構造的位置における生起可能性を、補文の性質 (規範的構造具現化か、[+V] の投射か) と構造的位置 (主要部が補文を c 統御しているか) に基づいて説明しようとするものである。こうした説明の仕方を今日的な観点から振り返ると、1.2 で指摘した通り、次のような問題がある。主要部と補部 (の主要部) との間でチェックされるのは、なぜ [+V] という性質なのだろうか。TopP タイプの補文は本当に動詞的 [+V] なのだろうか。なぜ規範的構造具現化の範疇に限って、主要部に c 統御されていない位置でも生じることが許されるのだろうか。

さらに重大な問題は、前章で新たに太線より下の (H) の叙実的補文、(I) の分裂文の焦点位置、(J) の同格文の焦点が付け加わったが、これらはいずれも、叙実的動詞や be 動詞の補部位置に生じている、という点である。これらの位置では、動詞と節の間のチェッキングが成り立ちそうであるにも拘らず、TopP タイプの節が生起することができない。

本章では、CP タイプの補文、TopP タイプの補文の生起可能性に関しては特別な制限が何も課せられていない、という帰無仮説（null hypothesis）を立てることにする。その上で、次のように問うことにする。

（3）　なぜ CP タイプ補文、TopP タイプ補文の分布が、(1) のようであるのか。

本章では、(1) の分布は、ある原則——できれば、十分に独立的に動機づけられた原則——が確立すると、それに関連した操作の付帯現象（epiphenomenon）であり、その原則から自然な形で導き出されることを示していこうと思う。

こうした説明の中で中心的な役割を果たすようになるのが、ミニマリスト・プログラムで最も基本的な概念の 1 つであるフェイズ（phase）という概念である。まずフェイズについて見ておこう。

2.2　フェイズ

2.2.1　フェイズと内的併合の原則

フェイズは、Chomsky (2001, 12) によると、「命題的」な内容を表すようなまとまりのことである。「命題的」とは、概ね、主語と述部で表されるような内容ということである。命題的なまとまりが文法において重要な役割を果たすことは、ミニマリスト・プログラム以前にも、完全機能複合（Complete Functional Complex）とか統率範疇（governing category）など類似した概念が提案され、それらが照応形や代名詞の束縛において重要な役割を果たしてきたことからも明らかである。

これまでのところ、フェイズとして vP、CP、そしておそらく DP の 3 つが広く認められている（Chomsky 2004; 2005; 2008a）。まず、主語に関して動詞句内主語仮説（VP Internal Subject Hypothesis）を採るならば、主語は vP の内部に生成されるので、vP は主語と述部を揃えた命題的な内容を表している。

次に、主語が vP から TP の中に移動すると、表層レベルでは TP を支配する CP も命題的なまとまりを成している。TP ではなく CP をフェイズと見なすのは、TP の主要部 T が持つ ϕ 素性や時制などが CP の主要部 C との関係（C に生じる補文標識の選択との関係）で決まるので、CP でもってまとまり

を成していると考える (Chomsky 2008a, 143)。

　さらに、名詞句に当たる DP でも、主語＋述部に相当する命題的な内容を表すことができる。*v*P, CP, DP 以外の統語範疇のフェイズの可能性については、本節の最後の箇所で立ち戻る。

　フェイズは 2 つの重要な機能を担っている。1 つは、文法操作の「適用段階」という働きである。Chomsky (2008a; 2013) によると、フェイズは、内的併合 (Internal Merge) や一致 (Agree)、転送 (Transfer) など、外的併合を除くすべての文法操作が行われる段階である。外的併合によって語句が組み合わされてフェイズというまとまりができると、その段階で、内的併合や、一致、インターフェイスへの転送などの文法操作が一斉に適用する。外的併合はフェイズができる以前に語句を結合してフェイズを作っていくのであるから、その適用段階は、その働きからして、フェイズ以前の段階である。そのために文法操作の中で唯一フェイズができる以前に適用する操作である。こうした点を Chomsky (2013, 18) は、次のように述べている。

（4）　1 つの適切と思える一般的な原理は次のようなものである。外的併合を除くすべての文法操作（すなわち、内的併合、一致、インターフェイスへの転送）はフェイズ段階に限定される。[1]

(Chomsky 2013, 18)

　フェイズのもう 1 つの機能は、音韻部門、意味部門へと転送される「構成素」という働きである。すなわち、統語規則の適用によって作られた統語的構築物 (syntactic object) のことである。フェイズという統語的構築物が、転送という操作によって音韻部門、意味部門へと手渡される（下記 (5) 参照）。

（5）　(2 つの) 転送操作があり、その一方は既に出来ている統語的構築物を音韻部門に手渡し、感覚・運動インターフェイスへと写像される。もう一方は統語的構築物を意味部門へと手渡し、概念・意図インターフェイスへと写像される。これらの統語的構築物をフェイズと呼ぶ

1　One plausible general principle is that operations are restricted to the phase level—with the exception of EM; hence IM, agreement, and the operation of transfer to the interfaces.（Chomsky 2013, 18）

ことにしよう。[2]　　　　　　　　　　　　　（Chomsky 2008a, 142）

　音韻部門、意味部門へと手渡される（換言すれば、それらへの入力となる）フェイズという統語的構築物は、(4) で見たフェイズ段階で適用される内的併合や一致などの文法操作の適用を受け終わった「出力」にほかならない。内的併合などの文法操作には、統語構造に新たなものを一切付け加えたり変更をもたらしたりはしないという趣旨の改竄禁止条件 (No Tampering Condition) が課せられている。とすると、文法操作の出力がフェイズという統語的構築物であるならば、その入力もフェイズという統語的構築物ということになる。これは、外的併合によって作られた統語的構築物に対して内的併合などの統語操作がフェイズ段階で適用するのであるから、その適用対象となる統語的構築物がフェイズであるのは当然なことと言えよう。フェイズ段階で適用する統語操作の入力となるのがフェイズという統語的構築物であり、その適用の結果出力として出来上がる統語的構築物もフェイズであり、そのフェイズという統語的構築物が意味論、音韻論への入力となる。

　こうした関係を図示すると下記 (6) のようになる。〈　〉は適用段階、飾りなし文字は各種の文法操作、四角囲みはそれらの操作の適用対象となる統語的構築物を、それぞれ示している。各種文法操作の左はその入力、右は出力に相当する。内的併合や転送などの文法操作は〈フェイズ〉の段階で適用し、フェイズというまとまり（統語的構築物）を適用対象として、その入力および出力がフェイズであり、そのフェイズを〈意味論 / 音韻論〉への入力として転送する。

(6)

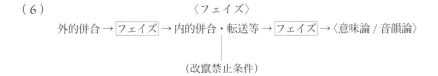

そこで、(5) の転送の適用対象の原則を、下記 (I) のように、転送のみならず文法規則全般の適用対象の原則に一般化することができる。

(I)　文法操作は、外的併合を除き、フェイズの段階で、フェイズに対してのみ適用する。

文法操作全般の (I) の原則から、とりわけ本章の以下の議論で中心的役割を果たすことになる内的併合の適用対象に関する部分を抜き出すと、次のような原則 (II) を導き出すことができる。(II) を「内的併合の適用対象の原則」、略して「内的併合の原則」と呼ぶことにしよう。

(II)　内的併合の (適用対象の) 原則：内的併合は、フェイズに対してのみ適用する。

フェイズは、1 つには文法操作の適用段階のことであり、またその適用対象のことであり、さらに意味論や音韻論への入力のことでもある。なお syntactic object の訳語として「統語的構築物」という訳を当てているが、上述の説明からも分かるように、object には、統語操作によって作られた構築物 (object) という意味と、統語操作の適用の対象 (object) という意味が込められている。統語操作は、フェイズという統語的構築物 (object) をその適用対象 (object) とする。

本書の以降の議論には直接関係してこないが、もし主要部移動 (Head movement) が併合によるものであれば (Travis 1984; Chomsky 1986; Radford 2004, Ch.5 など)、内的併合の適用対象にはフェイズ以外に主要部位置に生じる語彙項目も含まれることになる。但し、主要部移動が、いわゆる狭い統語論 (narrow syntax) の操作であるのか、すなわち併合の一種であるのかは自明なわけではない。例えば Chomsky (1995, 368; 2001, 37) などは、統語論ではなく音韻部門 (PF) の操作であると主張している (さらに Brody 2000, Schoorlemmer and Temmerman 2012)。また Chomsky (2008a) によると、[3] 内的併合を駆動するのはフェイズの主要部であるとされるが、主要部移動が主要部移

3　Chomsky (2008a, 143)

動制約（Head Movement Constraint, Travis 1984）に従って連続循環的に行われるには、フェイズ以外の主要部も主要部の内的併合を駆動すると考えねばならない。本書では、主要部移動が本書の中心的議論に関わることはないので、主要部移動には深くコミットせずに、内的併合の原則 (II) では触れないことにする。

　内的併合の原則 (II) の必要性は、Chomsky (2008a; 2013) などでも暗に認められている。Chomsky (2013, 45) では、フェイズ主要部 C の補部 α が繰上げ（内的併合）の対象にならないのは、「フェイズを成さない要素の移動 (non-phasal movement) 全般に関係している条件」によるとしている。この条件とは、正しく (II) の内的併合の原則の裏返しにほかならない。(II) で述べているように phasal movement のみが許されるということは、その補集合である non-phasal movement は許されないということである。Chomsky (2008a, 148) で内的併合を阻むフェイズ主要部（C と v）の補部を具体的に TP と VP としていたところを、Chomsky (2013) では敢えて統語範疇を特定化せずに α としている点に注目したい。α には TP のみならず、TopP なども該当する。

2.2.2　内的併合の原則の経験的妥当性

　内定併合の原則 (II) の妥当性を、内的併合の例として話題化を取り上げ、それぞれのフェイズ（CP, vP, DP）ごとに見て行こう。まず CP は、すぐ上で触れたように、話題化の適用対象になるのに対して、フェイズではない TP は適用対象にならない。(7) では、主文が否定形であり、否定形は挿入節にすることができないので、主文の「挿入節化」の例ではない点に注意。(7b) では、補文標識 that が補文の位置に留まり、TP の部分だけが移動（話題化）されている。

（7）　a.　[$_{CP}$ That George was really afraid], I can't think.

(Close 1975, 43)

　　　b.　*[$_{TP}$ George was really afraid], I can't think that.

次に vP がフェイズであることを示す例について。下記 (8) では、話題化された [　] 内に、補文主語 Bill と同一指示的な再帰代名詞 himself が現れている。

（8） [*t* Criticize himself], they think Bill never will. （Huang 1993, 109）

　（8）が文法的であるということは、（束縛原理との関係から）前置された[　　]内に再帰代名詞の先行詞が含まれていると考えなければならない。動詞句内主語仮説に従えば、*v*Pの指定部に主語があり、そこからTPの指定部へと移動していく。移動の際に痕跡を残していく（またはコピーを残しのちに削除される）ので、それが再帰代名詞の先行詞となる。移動（話題化）されている構成素は、主語の痕跡を含んだ*v*Pである。

　次の（9a），（9b）は主語（外項）の他に2つの内項（the truck と with hay）を持つ動詞 load の例である。句構造の二股分岐（binary branching）の原則からすると、基底構造として（9c）のような構造を仮定しなければならない（Radford 2004）。動詞 V と2つの内項を含むVPと、そのVPと外項を含む*v*Pから成り立っている。動詞 V (load) は、2つの内項より手前に生じるために*v*の位置へ繰り上がり、*v*P内に生じている（下記（9c）の矢印参照）。（9a）の前置（話題化）された[　　]は、繰り上がったVを含んでいるので*v*P、一方（9b）の[　　]はVを含んでいないので、Vが抜け出した後のVPの部分である。フェイズである*v*Pを話題化した（9a）は文法的だが、フェイズではないVPを前置した（9b）は非文法的である。

（9）　a.　[Load the truck with hay], they will.
　　　b.　*[The truck with hay], they will load.
　　　c.

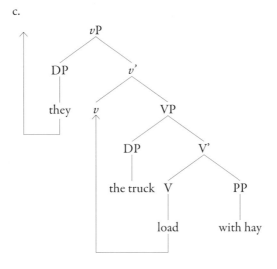

今度は、DP がフェイズであることを示す例について考える。次の (10a) と (10b) では名詞句表現が話題化されているが、(10a) では指示的な名詞句、(10b) では叙述名詞句である。Longobardi (1994) や Bianchi (1999) によると、指示的名詞句の範疇は DP、叙述名詞句は NP である。DP である指示的名詞は話題化できるが、NP である叙述名詞句は話題化できない。したがって、DP はフェイズだが、NP はフェイズではないと言える。

(10)　a.　［That bodyguard］, Frank will never employ.
　　　b.　*［A good bodyguard］, Frank is.　　　（Postal 1998, 28）

以上、話題化との関係で、フェイズとされる CP, vP, DP が内的併合の適用対象になることを見てきた。これら 3 種類の統語範疇以外に、フェイズの候補になり得る統語範疇はないだろうか。次の (11) を上記 (8) と比べてみよう。述語として、動詞の代わりに形容詞が現れている。ここでも、［　　］内の再帰代名詞は補文主語と同一指示的であるのだから、その内部に再帰代名詞の先行詞となる補文主語の痕跡が残されていると見なければならない (Huang 1993)。

(11)　［How proud of himself］ do you think John should be?
　　　　　　　　　　　　　　　　　　　　　（Huang 1993, 108）

形容詞句の内部にも主語があったとするならば——すなわち、動詞句内主語仮説を「述部内主語仮説 (Predicate Internal Subject Hypothesis)」と拡張すれば——、基底の段階で、形容詞句も主語+述部を備えた「命題的」内容を表していることになる。形容詞句 AP と主語 (外項) から成る範疇を、vP に準じて、aP と呼ぶならば、aP もフェイズに加えることができるかもしれない (Bowers 2002; Harves 2002)。

前置詞句 PP も話題化できる。実際、PP をフェイズと見なす立場もある (Citko (2014) の 5.2 を参照)。だが、PP が話題化できるのは、前置詞 P がフェイズである DP に随意的に随伴しているためと考えられる。そう考える理由の 1 つとして、いわゆる副詞的不変化詞 (adverbial particle) を、目的語を持たない自前置詞 (intransitive preposition) と分析することができるが

(Emonds 1976)、目的語 DP を持つ他前置詞 (transitive preposition) の PP は話題化できるのに対して、DP を伴わない自前置詞の PP は話題化できない、という点を挙げることができる。

(12) a. The baby crawled under the table slowly.
  b. Under the table, the baby crawled slowly.
(13) a. The baby crawled under slowly.
  b. *Under, the baby crawled slowly.

疑問詞を移動する WH 移動 (WH-movement) も内的併合の 1 つである。WH 移動の適用対象となる疑問詞のうち、what, who さらに指示的な when, where のような項的 (argumental) な疑問詞は DP の一種と見ることができるかもしれない。だが why, how のような付加詞的な疑問詞が、広く認められているフェイズの一種であるかについては疑問が残る。54 頁注 9 を参照。

以上、内的併合の適用対象になるのはフェイズに限られるという、内的併合の原則 (II) の経験的な妥当性を、内的併合の 1 例である話題化との関係で見てきた。この原則が、本章の本題——すなわち、平叙節および疑問節の補文標識の分布 (1) を原理的に説明する——にとって、大きな役割を果たすことになる。

この本題に入る前に、Nakajima (1996) における平叙節および疑問節の統語範疇 (投射の種類) と、ミニマリスト・プログラムにおけるフェイズとの対応関係を整理しておこう。Nakajima (1996) では、平叙節および疑問節の補文標識のうち、that と whether は CP の主要部に、Ø-that と if は TopP の主要部に生じると主張した。つまり、that と whether を補文標識として持つ補文は CP タイプの補文、Ø-that と if を補文標識として持つ補文は TopP タイプの補文である。フェイズに即して言えば、CP タイプの補文はフェイズであるのに対して、CP より小さめの TopP タイプの補文はフェイズを成していない。

(14)

節の種類 \ 範疇 フェイズ	範疇	フェイズ性
that 節、whether 節	CP	フェイズを成す
Ø-that 節、if 節	TopP	フェイズに非ず

したがって、内的併合の原則 (II) からすると、CP タイプの補文は内的併合の適用対象になるが、TopP タイプの補文は適用対象にならない。

2.3 話題化位置

まず、(1F) の話題化位置における節の分布について見る。話題化位置には、下記 (15), (16) の (a) に見る通り、CP タイプの補文 (that 節および whether 節) は生じることができるが、(b) に見る通り、TopP タイプの補文 (Ø-that 節および if 節) は生じることができない。

(15) a. That he's awake, I don't know.
　　 b. *Ø he's awake, I don't know.
(16) a. Whether he's awake, I don't know.
　　 b. *If he's awake, I don't know.

話題化された要素は、Nakajima (1996) を含む標準的な分析や、最近の Rizzi らの地図理論 (Cartography Theory) では、TopP の指定部へ移動すると広く考えられている (下記 (17a))。話題化要素 XP (上記 (15), (16) では補文) は内的併合によって、動詞の補部位置から TopP の指定部へと移動される。一方 Chomsky (2013) のラベル付けの理論では、指定部という概念が存在しない。おそらく、話題化要素 XP が [Top] のような素性を持ち、それが同じ素性 [Top] を持つ TopP 内から内的併合 (コピーして TopP に付加) されるものと考えられる (下記 (17b)、TopP より下の投射については簡略化)。その結果 XP と TopP が素性 [Top] の点で同一である (identical) ので、その素性が全体のラベル {Top, Top} となる (ラベル付け計算法 labeling algorithm については、2.15 の (67) を参照)。

(17) a.

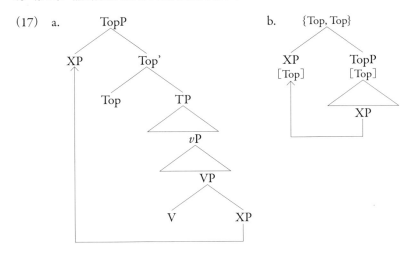

　(17a), (17b) どちらにおいても、内的併合が行われている。内的併合の原則 (II) からすると、内的併合の対象になるのは、フェイズを成す構成素である。フェイズである CP タイプの補文 (that 節および whether 節) は内的併合の適用対象になるが、フェイズではない TopP タイプの補文 (Ø-that 節および if 節) は適用対象にならない。そのために、上記 (15), (16) で見たように、前者のタイプの補文は話題化位置へ移動 (内的併合) するのに対して、後者のタイプの補文は話題化位置へ移動することがない。平叙節、疑問節の話題化位置における分布が、特別な措定を一切設けることなしに、原則 (II) から自然に導き出される。

　若干の注記を添える。本章および次章の説明では、基本的に (17a) のような伝統的な統語構造に従い、必要に応じて、(17b) のようなラベル付けによる統語構造に言及する。

　ラベル付け理論では、ラベル付け計算法が適用されるのは、他の文法操作と同様にフェイズ段階であると考えられる (Chomsky 2013, 43)。[4] したがっ

4　there is a fixed labeling algorithm LA that licenses SOs so that they can be interpreted at the interfaces, operating at the phase level along with other operations. (Chomsky 2013, 43)

　但し、Chomsky (to appear, 4) では、転送操作の一部としている。

て、フェイズは、上で見た文法操作の適用段階、およびその適用対象という機能のほかに、ラベル付け計算法の適用段階という機能を担うことになる。

もしラベル付け計算法がフェイズ段階で適用するとなると、同じくフェイズ段階で適用する内的併合などの文法操作との間に「順序付け」の問題が生じてくる（池内正幸氏の指摘）。内的併合が適用する段階で、統語的構築物が未だ CP や vP などのラベルを持っていなければ、原則 (II) は、内的併合が統語的構築物に適用できるか否かを決めることができない。したがって、ラベル付け計算法が内的併合よりも先に順序付けられなければならない。この問題については 2.15 で扱う。

フェイズ理論では、通過したフェイズの主要部および指定部を除いた部分（すなわち、主要部の補部）には文法操作が接近して変更を加えることができないが、その部分が消えてしまうわけではない (Chomsky 2013, 42)。[5] 上記 (15), (16) で補文 CP が内的併合を受ける際、通過したフェイズを含めその中身全てが表層的位置に姿を現すことになる。

2.4　主語位置

今度は (1E) の主語位置における平叙節、疑問節の分布について見てみる。動詞句内主語仮説からすると、主語 XP は、基底構造の段階では vP 内（vP の指定部）にあり、それが TP の指定部へと移動していく (18a)。移動を内的併合として捉え直すならば、vP 内の主語 XP をコピーして、既にできている TP に併合する (18b)。XP の内的併合の結果できる構成素 α のラベルをラベル付け計算法で決めるとすれば、XP と TP が共有している素性（ϕ 素性）ということになる。

　　. . . it [labeling, H.N.] must take place at the phase level, as part of the Transfer operation.

5　次の引用を参照。Z とは過ぎ去ったフェイズの補部、SO は統語的構築物のことである。

　　While Z is immune from further changes, it does not disappear. If an SO containing Z is raised by IM, then Z will appear in the surface position. (Chomsky 2013, 42)

(18) a.

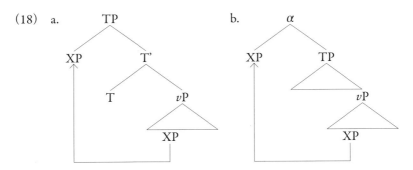

移動する主語 XP が節である場合、移動（内的併合）の対象になるのは、原則 (II) からして、フェイズである CP に限られる。そのために、CP タイプの that 節や whether 節は主語位置に生じるが、TopP タイプの Ø-that 節や if 節は主語位置に生じることがない（下記 (19)）。ここでも、平叙節、疑問節の分布が、特別な措定を一切設けることなしに、原則 (II) から自然に導き出されることになる。

(19) a. {That/ *Ø} he's awake is certain.
　　 b. {Whether/ *If} he's awake is not certain.

なお、Emonds (1976) や Stowell (1981) らによれば、節から成る主語（文主語）は TP 指定部からさらに上方へ移動して行くとされる。本書のように TP の外側にさらに TopP を仮定するならば、TopP の指定部へと移動しているものと思われる。この移動も、(II) の原則からして、フェイズである CP タイプの節に限られる。

2.5　焦点化位置

外置化は、新情報を担う要素や重い要素を焦点化する働きをする（(1G)）。焦点要素がたどり着く位置として、Emonds (1976) では、VP の右端に前もって空の位置が用意されている。また Rizzi (1997) らが提唱する地図理論では、機能範疇の 1 つとして FocusP（焦点句）という投射が用意されており、焦点要素はその指定部に移動していく。より伝統的には、焦点要素は右方移動され、vP に付加されるものと仮定されている（付加と併合の関係については 2.9

を参照)。[6]

いずれの分析を採るにしても、補文は動詞などの補部の位置から別の位置へと移動（内的併合）している。内部併合の原則 (II) からして、フェイズである CP タイプの that 節および whether 節は焦点位置へ移動することができるが、フェイズではない TopP タイプを移動することはできない。

(20) a. I am sure, because I have been at home, {that/ *∅} he's awake.
　　 b. I am not sure, because I have not been at home, {whether/ *if} he's awake.

2.6　叙実的動詞の補部位置

次に (1H) の叙実的動詞の補部位置に関して考えてみよう。叙実的動詞 (regret, resent, complain など) に続く叙実的補文 (factive complement) は、Kiparsky and Kiparsky (1971) の古典的な論文以来、名詞句 the fact に続く補文とする分析が広く受け入れられている。その論拠のいくつかを簡単に振り返っておこう。例文はいずれも、Kiparsky and Kiparsky (1971) から引用。

第 1 に、叙実的動詞に限り、補文の前に the fact を補うことができ、補っても基本的な意味が変わらない。

(21) a. I want to make clear the fact that I don't intend to participate.
　　 b. *I assert the fact that I don't intend to participate.

---

[6] Kayne (1994) の anti-symmetry syntax では、右方への移動は認められない。伝統的に「右方移動された」と考えられている要素は一切動かず、それより手前に生じている要素が「左方移動」しているものと分析する。本書では、必ずしも Kayne の anti-symmetry syntax に従うわけではない。なお Belletti (2004) は、TP より上にある FocusP とは別に、vP の縁に FocusP があると主張している。いわゆる右方移動された焦点要素は、この FocusP に移動すると考えることもできる。

なお Maeda (2014) は、この線に沿って次のような分析を行っている。vP 領域は基本的に CP 領域と平行的な構造をしており、VP の上に FocusP および TopP があると仮定する。いわゆる右方移動される要素は FocusP へ左方移動し、VP の残部がひとまとまりで TopP へ左方移動する。「右方移動要素」が焦点位置 (FocusP) にあることが明示される。この分析でも、焦点要素が移動されており、移動の対象はフェイズに限られるという本章の主張と矛盾しない。

第 2 に、叙実的補文に限り、動名詞に代えることができる。この事実は、叙実的補文が名詞句的であることを示唆している。

(22) a. Everyone ignored Joan's being completely drunk.
b. *Everyone supposed Joan's being completely drunk.

第 3 に、補文内の否定対極表現 (例えば cannot help -ing のように常に否定の文脈で用いられるもの) が、非叙実的補文では主文の否定辞によって認可できるが、叙実的補文ではできない。同じことが、the fact ＋節から成る複合名詞句にも当てはまる。叙実的補文には複合名詞句と同じように、補文の内側と外側との間に「厚い壁」があることを示している。

(23) a. *I don't regret that he can help doing things like that.
b. I don't believe that he can help doing things like that.
c. *I don't believe the fact that he can help doing things like that.

叙実的動詞の補部位置には、下記 (24) に見る通り、CP タイプの補文 (that 節と whether 節) のみしか現れることができない。

(24) a. I regret {that/ *Ø} it is raining.
b. You have to justify {whether/ *if} your journey is really necessary.

叙実的補文が名詞 fact の補文であるとすれば、それが CP タイプに限られる理由は、名詞の補文 ((1) の (C)) が CP タイプに限られる理由と同じことになる。その理由については、2.9 で明らかになる。

2.7 分裂文の焦点位置

(1I) の分裂文の派生法には、いろいろな分析法が考えられるが、焦点の位置を占める要素またはそれに関係する要素が、何らかの形で移動しているものと考えられる。というのは、Chomsky (1977a) が指摘するように、分裂文でも移動操作に特有な島の制約 (island constraints) の規制を受けるからである。(25b) は複合名詞句制約の例、(25c) は WH 島の例である。

(25) a. It is this book that I asked Bill to get his students to read.
　　 b. *It is this book that I accept the argument that John should read.
　　 c. *It is this book that I wonder who read.　（Chomsky 1977a, 95）

　ここでは最も単純に、分裂文の焦点位置（It is ... that の点線部）に現れる要素が焦点位置へ直接移動するものと仮定することにしよう。
　焦点要素が移動するのであれば、焦点要素が節の場合、その節は原則（II）からして、フェイズである CP タイプに限られることになる。そのために、分裂文の焦点位置に生じる節は、平叙節では that 節、疑問節では whether 節に限られるわけである。[7]

(26) a. It is {that/ *Ø} I was planning to leave that I asserted.
　　 b. It is {whether/ *if} you were planning to leave that I asked you.

7　分裂文の焦点位置には、フェイズとは見なし難い副詞が現れることもある。
　（ⅰ）It was only gradually that I came to realize how much I was being exploited.
　　　　　　　　　　　　　　　　　（Huddleston and Pullum 2002, 1419）
　だが、焦点位置に現れている副詞は、単純に that 節の内部から移動しているとは考えにくい。例えば、下記（iia）,（iib）どちらの文にも副詞 often が生じているが、それが焦点位置に生じている（iic）では（iia）の読みが成り立たない。
　（ⅱ）a. He does not attend the meeting often.（作用域が not ＞ often）
　　　　b. He often does not attend the meeting.（作用域が often ＞ not）
　　　　c. It is often that he does not attend the meeting.（作用域が often ＞ not）
　同様に下記（iiia）,（iiib）にも副詞 carefully が生じているが、それが焦点位置に生じている（iiic）では（iiia）の読みが成り立たない。
　（ⅲ）a. Mary carefully wrote a letter to him.（主語志向の文副詞）
　　　　b. Mary wrote a letter to him carefully.（様態副詞）
　　　　c. It was very carefully that Mary wrote a letter to him.（様態副詞）
　さらに（ⅲ）が否定文の場合には、副詞が焦点位置に生じている分裂文はいずれの文にも該当しないように思われる。
　（ⅳ）a. Mary carefully did not write a letter to him.（主語志向の文副詞）
　　　　b. Mary did not write carefully.（様態副詞の否定）
　　　　c. It was very carefully that Mary did not write (a letter to him).
　さらに、形式的に分裂文の焦点位置に現れている副詞が、本当に焦点の役割を果たしているのかについても疑問が残る。

2.8 同格文の焦点位置

次に (1J) の同格文 (この名称については 15–16 頁を参照) は、主語の DP と節が be 動詞によって結ばれている形 (DP *is* XP) である。その基底構造として、同格関係を直接的に捉えている、下記 (27) のような DP と節 (XP) が同格の関係になっている構造を仮定することにする (Moro 2000; Chomsky 2013)。DP と XP から成る構成素 ($=\alpha$) は小節 (small clause) を成している。DP は格付与 (照合) その他の目的で TP 指定部へと移動して行く。

一方ラベル付け理論に従えば、構成素 α のラベルを決定する必要がある。DP と XP が共に最大投射であり、このままでは α のラベルを決定することができないので、DP が主語位置 (be 動詞の指定部) へと移動 (内的併合) する。

(27)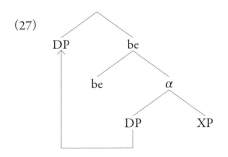

標準的な小節分析でも、ラベル付け理論の分析でも、DP の主語位置への移動が行われている。移動 (内的併合) の対象となる句は、内的併合の原則 (II) からして、フェイズに限られる。実際 (27) で移動している主語は、フェイズの DP である。DP がフェイズであれば、それと同格関係である XP (同格文の焦点) もフェイズであると考えるのが自然であろう (さらに次節 2.9 を参照)。そのために、XP が節の場合、その節は CP タイプの that 節または whether 節に限定されるのである。

(28) a. My opinion is that he really doesn't understand you.
 b. My main problem right now is {whether/ ?*if} I should ask for another loan.

(28a) から that が欠落している My opinion is he really doesn't understand you. のような文の生成過程については、1.3.3 を参照。

同格文の be 動詞に続く節 ((27) の XP) がフェイズであるならば、DP の代わりに節を主語の位置へ移動することができるものと予測される。つまり、DP がその場に留まり XP の方が主語位置へ移動して、(28) の主語 DP と be 動詞に続く節とが入れ替わったような文ができるはずである。予測通り、次のような同格文が可能である。

(29) a. That he really doesn't understand you is my candid opinion.
b. Whether I should ask for another loan is my main problem right now.

(28), (29) では、be 動詞の前後に現れる要素が DP と節であった。同格文では、be 動詞の前後の要素がともに名詞句表現の場合もある。2.2.2 で、名詞句が指示的な場合には DP、叙述的な場合には NP であり、前者の DP のみがフェイズであることを見た。下記 (30a) のように be 動詞の後ろの名詞が指示的な場合には、主語 DP とその名詞句を入れ替える (つまり、主語 DP の代わりに be 動詞の後ろの名詞句が移動する) ことができるが、(30b) のように be 動詞の後ろの名詞が叙述的な場合には、主語 DP とその名詞句を入れ替えることができないものと予測される (池内正幸氏の指摘)。

(30) a. Our teacher of science is the Nobel Physics winner of this year.
b. Our teacher of science is a Nobel Physics winner.

事実、(30a) の be 動詞の前後を入れ替えた (31a) は文法的だが、(30b) の be 動詞の前後を入れ替えた (31b) は非文法的である。

(31) a. The Nobel Physics winner of this year is our teacher of science.
b. *A Nobel Physics winner is our teacher of science.

同じ名詞句表現でもフェイズである DP のみが、移動の対象になる。

2.9 名詞の補部位置

これまで見てきた (1) の (E) 主語位置、(F) 話題化位置、(G) 焦点化位置、(I) 分裂文の焦点、(J) 同格文の焦点の環境では、そこに現れる要素が移動（内的併合）を受けていることが、比較的明白である。だが、(C) の名詞の補部位置に現れる補文は、移動を受けているようには見えないものの、CP タイプの補文に限られる。

(32) a. We must show the proof {that/ *∅} this is correct.
　　　 b. We must answer the question {whether/ *if} this is correct.

名詞 belief, claim, conclusion, decision, hope, proposal, realization, および question, inquiry, investigation などに続く that 節や whether 節は、広く、名詞の補部と考えられており、Nakajima (1996) でもそのように見なしてきた。これらの名詞には対応する動詞が存在し、それらの動詞が補部として that 節や whether 節を取るからである。

だが、that 節を伴う名詞でも、fact, idea, manner, message, news, opinion, principle, theory, view などには対応する動詞が存在しない。whether 節を伴う名詞でも problem, issue, premise などには対応する動詞がない。

対応する動詞が存在する場合でも、その動詞が補文を伴っている時と、動詞から派生した派生名詞が補文を伴っている時では、節の表す意味が違う。動詞は行為やプロセスを表すのに対して、派生名詞は結果としてできた「モノ」（広義の「言説」）を表している (Stowell 1981)。

動詞から派生した派生名詞には、動詞と同じように行為やプロセスを表すものもあるが、ここで問題にしている「節を伴う名詞」の場合には、結果としてできたモノを表す。Grimshaw (1990) に従い、行為を表す派生名詞を事象名詞 (event nominal)、結果のモノを表す派生名詞を結果名詞 (result nominal) と呼ぶことにしよう。that 節を伴う派生名詞、および news のように対応する動詞を持たない名詞は、いずれも結果名詞である。

結果名詞の最大の特色は、対応する動詞にとって義務的な補部が、結果名詞にとっては必ずしも不可欠ではないという点である。that 節を伴う名詞は結果名詞であるので、that 節は名詞にとって不可欠であるわけではない。that

節が不可欠ではないということは、名詞にとっての項 (argument) ではない、つまり、名詞の補文ではないということである。

結果名詞と事象名詞の間にはいくつかの明確な相違が見られる。それらを見ておくことにしよう (例文は Grimshaw (1990) を参照している)。第 1 に、既に触れたように、事象名詞には補部が必要だが、結果名詞には不可欠ではない。事象名詞の (33a) では名詞の補部 of one's feelings を削除できないが、結果名詞の (33b) では that 節を取り除いても文法的である。

(33) a. The expression of one's feelings is desirable.
    b. The rumor (that he passed away) is circulated.

第 2 に、動作やプロセスを表す事象名詞を、frequent のような出来事の頻度を表す形容詞で修飾することはできるが、結果名詞を修飾することはできない。

(34) a. The frequent expression of one's feelings is desirable.
    b. *The frequent rumor (that he passed away) is circulated.

第 3 に、事象名詞では、動作やプロセスの主体 (行為者) が含意されているので、行為者に関係した intentional や deliberate などの形容詞による修飾ができるが、結果名詞ではできない。

(35) a. The intentional examination of patients is desirable.
    b. *The intentional agreement that they will never fight is doubtful.

第 4 に、事象名詞は、動作やプロセスを表すので、それに要する時間を表す表現 (例えば、take a long time) の主語として生じることができるが、結果名詞は、できたモノを表すので、そのような表現の主語にはならない。

(36) a. The careful examination of patients takes a long time.
    b. *The unanimous agreement that they will never fight doesn't take a long time.

Stowell (1981) によると、結果名詞に続く that 節は、名詞の補部ではなく、先行する名詞（句）と同格関係 (apposition) にある。「名詞句 (DP)＋同格節」は、2.8 で見た同格文として書き換えることができる (Stowell 1981, 200)。

(37) a. [Andrea's guess] was [that Bill was lying].
　　 b. [John's claim] was [that he would win].
　　 c. [Paul's explanation] was [that he was temporarily insane].

同様に、whether 節の場合も同格文に書き換えることができる。

(38) a. [His question] is [whether she told the truth or not].
　　 b. [Their issue] is [whether they should help the developing country soon].
　　 c. [The problem] is [whether he can find a new good job].

さらに名詞に続く節が疑問節の場合には、名詞句と疑問節の間にいわゆる「同格の of」（例えば、the city *of* London の of) が現れ得るので、両者が同格関係であることが一層はっきりとする。

(39) a. People were concerned with [the question *of* whether she told the truth or not].
　　 b. They discussed [the issue *of* whether they should help the developing country soon].
　　 c. His parents are anxious about [the problem *of* whether he can find a new good job].

名詞の後ろの節を、今後、名詞補文ではなく、「名詞同格節」と呼ぶことにしよう。DP＋名詞同格節から成る DP を、「同格節付き DP」と呼んでいこう。同格節付き DP の構造は、be 動詞がないことを除いて、(27) で見た同格文の構造——DP と同格節が同格関係になっている構造——と同じであると仮定できる。

(40)

ラベル付け理論では、ここでもαのラベルを決める必要があるが、be動詞がないために、DPが (be動詞の指定部へ) 移動していくことができない。

下記 (41) (= (27)) における DP の移動は、DP の内的併合 (DP がα内部から移動し、be の投射に付加) によるものである。この内的併合では、DP が be の投射 (主要部 be がその投射のラベルになる) と対等に、対称的に併合している。このような併合の仕方をセット併合 (set Merge) という。αの下の DP と CP もセット併合である。

(41)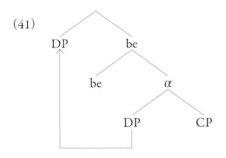

併合には、内的併合 / 外的併合という二分法とは別に、セット併合 / ペア併合 (pair Merge) という二分法がある。セット併合は、(41) で見たように、併合する 2 つの要素が対等に、対称的に結び付く併合の仕方である。それに対して、ペア併合は、一方が第 1 成分、他方が第 2 成分という具合に非対称的に、順序付けられた対 (ordered pair) を作るような併合の仕方である。2 種類の二分法を組み合わせると、(42) に示すような 4 種類の併合が成り立つ。

(42)

	セット併合	ペア併合
外的併合	①	②
内的併合	③	④

これら4種類の可能性のうち、ミニマリスト・プログラムでは、網の掛かった①、②、③の3種類が広く認められている。①は、例えば、動詞 eat と名詞句 the apple を併合して eat the apple という句を作るような、最も一般的な併合のことである（さらに、すぐ上の (41) の説明を参照）。②は、eat the apple *in the kitchen* における副詞的前置詞句（斜体部）のように、動詞句（第1成分）に随意的に付加している付加部（第2成分）を導入する際に用いられるような併合のことである。ペア併合では、第1成分のラベルが全体のラベルにもなるので、1つのまとまりが2つの第1成分の分節 (segment) から成っている。下記 (43) では、VP が第1成分、副詞的な PP が第2成分で、全体が VP の2つの成分から成り立っており、それが全体のラベルになっている。

(43)

①, ②どちらでも、一方の要素の外側に別の要素を結び付けるので、外的併合である。それに対して③は、(17b), (18b) で見たように、既に出来ている要素の内部からその一部分をコピーして、それを別の要素の外側に併合するやり方である。一方の要素の内部の一部を取り出すので内的併合と呼んでいる。内的併合により、要素の移動が行われる。

Richards (2009) は、もう1つの可能性の④として、一方の要素をコピーしてそれを他方の要素に付加する併合の仕方があり得ることを主張している。例えば、2.5 で見た焦点化要素の右方移動は、焦点化要素（下記 (44) では CP）をコピーしてそれを *v*P に付加するペア併合による内的併合の例と見ることができる。

(44)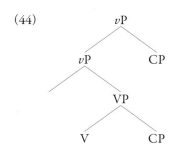

下記 (45) の同格節付き DP のラベル α を決めるには、Chomsky (2013) に従い、DP または XP のいずれかを移動しなければならない。しかも移動の結果、「名詞句＋節」でもって名詞句という単一の構成素を成しているのであるから、統語範疇（ラベル）が名詞句 DP とならなければならない。④のペア併合による内的併合でもって、XP を DP に付加することにより、こうしたことを担保することができる。α のラベルは、XP が抜け出ていくことにより、もう一方の要素 DP のラベルとなる。α（＝DP）に XP がペア併合することによってできる構成素のラベルは、第 1 成分のラベルと同一の DP である。しかも、元の DP と XP でもって単一の構成素 DP となっている。[8]

(45)
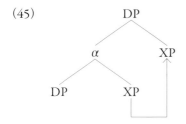

　ここで本節の議論にとって重要なことは、名詞同格節 XP が、同格節付き DP である α のラベル決定のために内的併合で移動している点である。線的順序 (linear order) には影響を与えないが、より上方に移動しているのである。名詞同格節では、線的配列を変えない空虚な移動 (vacuous movement) を行っているのである。Stowell (1981, 198–203) は、いわゆる名詞補部が補部ではなく同格節であると主張するとともに、名詞句に付加されていると主張しており、我々の (45) とほぼ同じ構造を仮定している点に注目したい。移動（内的併合）の対象になるのは、原則 (II) からしてフェイズに限られるのであるから、空虚な移動の対象となる名詞同格節（従来名詞補文と呼んできたもの）は、CP タイプである that 節および whether 節に限られるわけである。

8　(45) の下方の XP が削除されれば、α（＝DP）を表示する必然性がなくなり、次のような付加構造となる。

(i)

(46)　a.　We must show the proof {that/ *∅} this is correct.
　　　b.　We must answer the question {whether/ *if} this is correct.

　前節 2.8 で、同格文の基底構造として、DP と XP が同格関係にある本節 (40) の構造が be 動詞の元に埋め込まれている本節 (41) の構造を提案した。(41) の構造では、α のラベル決定のために DP が移動するので、DP はフェイズであり、それと同格関係にある XP もフェイズであると論じた。XP がフェイズであることを、移動する DP との関係で、間接的に主張したのである。だが本節の同格節付き DP では、XP がフェイズであることを、XP 自体の移動（ペア併合の内的併合）の点から直接的に論じた。DP と XP の同格関係は、2.8 の同格文でも本節の同格節付き DP でも同じであるのだから、同格文の XP（すなわち、節）の範疇がフェイズを成す CP であることが直接的に明らかにされたわけである。[9]

　2.6 で、叙実的補文は（音形を持たぬ）fact に続く名詞補文であることを見てきた。名詞補文は名詞同格節として捉え直されるのであるから、叙実的補文も fact に続く名詞同格節の一種として捉え直されることになる。名詞同格節は内的併合により（空虚に）移動しているために、その節はフェイズである CP タイプに限られることになる。それ故、叙実的補文も CP タイプの that 節および whether 節に限られるわけである。

　以上、名詞同格節（名詞補文）においては、明示的な移動が行われていないが、ラベル付け理論の元ではラベル付けとの関係で移動（内的併合）が行われ

---

[9]　WH 移動の対象となる疑問詞（wh-phrase）のうち、what, who は問題なく DP である。指示的な when, where も DP と見ることもできる。だが、非指示的な why と how は副詞的な付加詞であり、フェイズに含まれそうにない。
　併合理論では、付加詞は、ペア併合の外的併合（(42) の②）によって導入される。ペア併合の第 2 成分として導入された要素は第 1 成分の一部に組み込まれており、いわば、文法操作からは「見えない」状態である（Irurtzun and Gallego 2007, 187）。そうだとすると、why や how の WH 移動は起こり得ないことになる。
　解決法の 1 つは、付加詞は VP や TP の付加部に導入されるのではなく、CP の指定部に直接生成される（直接 CP と外的併合する）と仮定することである（Rizzi 1990）。もう 1 つの解決法は、how や why もセット併合で導入されると仮定し、内的併合の原則 (II) を、「内的併合は、フェイズと語彙項目に適用する」と修正することである。34 頁の主要部移動の議論を参照。

ていることを述べてきた。同格節付き DP の DP と同格節 CP の関係は、2.8 で見た同格文（DP *is* CP）の DP と同格節 CP との関係と基本的に同じである。同格文で内的併合が行われているのと同様に同格節付き DP でも内的併合が行われている。両者の相違は、移動するのが DP であるか CP であるか、内的併合の種類がセット併合であるかペア併合であるかの違いだけである。

2.10　前置詞の補部位置

　前置詞の後ろには、現代英語では、that 節が現れることができない。若干の例外が in that や except that など、ごく限られた前置詞に続く that 節である。

　平叙節が前置詞のあとに続くには、動名詞節または派生名詞に「名詞化」されなければならない。前置詞の後ろでは、節が名詞的であることが求められる。

(47)　a.　I am aware of Max getting arrested.
　　　b.　They are pleased with her winning.
　　　c.　I am interested in him studying so hard recently.
(48)　a.　I am aware of Max's arrest.
　　　b.　They are pleased with her success.
　　　c.　I am interested in her alleged discovery of so-called STAP stem cells.

それに対して、whether 節はどのような前置詞の後にも続くことができる。下記用例は BNC から引用したものであり、注目すべき点は、that 節の場合とは異なり、whether 節がどのような前置詞（下線部）の目的語としても生起できるという点である。

(49)　a.　Questions are now being asked <u>about</u> whether his combative and aggressive style is really appropriate for Eurotunnel's latest debacle.
　　　b.　This raises the question <u>of</u> whether it will then be possible to publish and be damned.
　　　c.　They concerned the key issue <u>of</u> whether passengers should be separated from their cars on trains using the tunnel.

d. The decision <u>on</u> whether to remove the organs is made by the doctors concerned.
e. I was only interested <u>in</u> whether I liked you.
f. This is a separate argument <u>from</u> whether you actually made the statement or not, ...
g. The ASB is conducting research at the moment <u>into</u> whether a permanent diminution could be measured, ...
h. Debate grows <u>over</u> whether time is ripe to join ERM.

さらに前置詞の後ろには、whether 節に限らず、どのような WH 句（斜体部）で始まる疑問節でも続くことができる。疑問節全般が、前置詞の後ろで名詞句のように振る舞う。

(50) a. A question is now being asked <u>about</u> *what* we should do soon.
b. This raises the question <u>of</u> *where* we should go first.
c. They concerned the key issue <u>of</u> *who* was nominated as a candidate.
d. The decision <u>on</u> *when* we should leave was made.
e. I was only interested <u>in</u> *who* would take care of their baby.
f. This is a separate argument <u>from</u> *how much* we would donate to them.
g. The ASB is conducting research at the moment <u>into</u> *how* to solve the problem.
h. Debate grows <u>over</u> *why* we have to support them.

(49), (50) におけるように疑問節が名詞句のように振る舞うのは、基本的に、前置詞の補部として生じた時に限られる。例えば、DP は助動詞と倒置して Yes-No 疑問文を作るが、節は疑問節であれ平叙節であれ[10]、助動詞と倒置することはできない。つまり、節は、Yes-No 疑問文においては DP のよう

---

10 但し話者によっては、疑問節は助動詞との倒置が可能であるとする者もいる。平叙節の (i) と疑問節の (ii) を比較せよ。
(i) a. *Did that John showed up please you?
b. *Is that the earth is round obvious to you?（共に Kuno 1973a, 363）
(ii) Is whether John wins or not of any great importance?（Kuno 1973a, 370）

に振る舞うことはない。

(51) a. *Did that he played the piano surprise you?
b. *Is whether he played the piano known? （Ross 1967, 251）

そこで前置詞は、広く一般的に考えられているように、名詞句の前に置かれる語、つまり、補部として DP を取る品詞と考えるのが穏当だろう。前置詞一般の語彙的特性として、外的併合の対象は DP に限られると指定されているわけである。前置詞の補部として生じる疑問節は、実は DP ということになる。

疑問節が DP または名詞的であることを担保する 1 つの方法は、疑問節 CP の主要部 C に［＋WH］という素性があり、その素性が名詞的であると仮定して、その投射である疑問節 CP も名詞的である、と見なすことであろう。だが、［＋WH］という素性は、疑問詞に共通する性質を素性という形で捉えようとするものであるが、疑問詞には how や why など疑問副詞もあるので、［＋WH］という素性が名詞的と仮定することには少し無理があるように思われる。

疑問節が名詞的であることを担保するもう 1 つの方法は、疑問節が前置詞に続く場合には、the question のような名詞句と一緒になって DP を成していると仮定することである。疑問節の前に the question/problem を補ってもほとんど意味に変化がない。

(52) The assailant was reckless about whether his victim was a policeman.
≒ The assailant was reckless about the problem whether his victim was a policeman.
(53) They will advise on whether Libya should give economic aid to her ally.
≒ They will advise on the question whether Libya should give economic aid to her ally.

疑問節が the question に続く補文——2.9 で見た通り、正確には補文ではなく、名詞同格節——であるとするならば、前節で見たように、疑問節は移動（ペア併合による内的併合）を受けることになる。その移動の対象になり得る

のは、内的併合の原則（II）からして、フェイズの CP タイプの節（whether 節）に限られるわけである。

(54)　Our success depends upon {whether/ *if} it will be fine.

同じように、in などの前置詞に続く that 節に関しても、名詞句 the fact/ the point などに続く名詞同格節と見ることができる。次例では、that 節の手前に the fact などの名詞句が存在してもしなくてもほとんど意味に変化がない。

(55)　a.　Japanese department stores differ from those in the West in (the fact) that they not only sell goods but also organize cultural events of importance.
　　　b.　The answer lies in (the fact) that liturgical signs are not simply natural indicators: they are also literary symbols.
　　　c.　Nothing else mattered at the moment except (the fact) that I wanted to be a follower of Jesus Christ.

実際、前置詞に続く that 節の内容は、真であることが前提（presupposition）になっている。例えば in that が用いられている上記 (55a) では、that 節の内容（日本の百貨店が品物を売るだけではなく催し物を催すこと）が既存の事実として成り立っていることを前提にして、日本と西洋のデパートの相違を述べている。except that が用いられている上記 (55c) でも、that 節の内容（私がキリストの信者になりたいこと）が真であることを前提にして、その事実を除いては何ら重要ではないと述べている。したがって、主節が否定されてもその影響が前提となっている that 節の内部に及ぶことはない。(55a) の主節が否定されている下記 (56) では、主文動詞 differ または相違点としての in that 節全体が否定されており、in that 節の中身が否定されることはない（つまり、「日本の百貨店が催し物を催すことはない」という意味になることはない）。

(56)　Japanese department stores do not differ from those in the West in that they organize cultural events of importance.

やや例外的に生じる前置詞に続く平叙節も名詞同格節であるとなれば、平叙節は空虚な移動（ペア併合による内的併合）を受けることになる。その移動の対象になり得るのは、内的併合の原則 (II) からして、フェイズの CP タイプの節（that 節）に限られることになる。

(57) a. Japanese department stores differ from those in the West in {that/ *Ø} they not only sell goods but also organize cultural events of importance.
　　 b. The answer lies in {that/ *Ø} liturgical signs are not simply natural indicators: they are also literary symbols.
　　 c. Nothing else mattered at the moment except {that/ *Ø} I wanted to be a follower of Jesus Christ.[11]

2.11　付加部位置

最後に、付加部位置に生じる平叙節および疑問節について考えてみる。1.3.4 で、付加部位置に生じている平叙節および疑問節として、(58) のような目的を表す that 節や、(59) のような包括的条件を表す whether 節の例を挙げた。これらの that, whether をそれぞれ Ø-that, if に交替することはできない。

(58) a. 'This is my party card', he said, holding it high, {*that/ *Ø*} *all might see it*.
　　 b. They warned him, {*that/ *Ø*} *he could avoid danger and seduction*.

11　Except that の that が、「複合前置詞」の一部ではなく平叙節の補文標識であることについては Huddleston and Pullum (2002, 1013–1014) を参照。except に続く that は常に義務的であるわけではない。次例では随意的である。
　（i ）a. Stuart is just like everybody else, except (that) he is very short and a mouse.
　　　 b. It looks like any other typewriter except (that) it has phonetic symbols.
しかし上記 (57c) や (ii) の例では、that が義務的である。
　（ii ）a. He could not give me any more information, except that from now on I would have five hundred pounds a year to spend as I liked.
　　　 b. Little is known about how Macedonian Greek was spoken, except that for instance Philip was pronounced Bilip.
　(i) と (ii) の相違は、(i) では except (that) が主文全体の付加部であるのに対して、(ii) では数量詞（を含む）名詞の補部という点にあるようである。

(59) a. You got paid {*whether*/ **if*} *business was good or bad*.
   b. I'm going with them, {*whether*/ **if*} *you like it or not*.

　これらの例に共通していることは、付加部位置に生じる節 (副詞節) は、通常 because とか after など何らかの「副詞的接続詞」によって導かれているのだが、そのような副詞的接続詞に導かれていない点である。意味からすると、(58) の平叙節は、so that や in order that のような接続詞的要素によって表される意味を、また (59) の疑問節は、irrespective of whether や no matter whether のような接続詞的要素によって表される意味を、それぞれ表している。こうした接続詞的要素の一部が省略されていると見ることもできなくはないが、場当たり的な解決法の感じを否めない。

　(58), (59) の斜体部の節は、何らかの主要部の補部でありその主要部から移動によって「切り離された」補文であるとは考えにくい。補文ではないという点で、これまで見てきた補文の that 節、whether 節とは異なる。付加部位置に生じる付加詞は、一般的に、ペア併合の外的併合 ((42) の②) によって導入される (51 頁)。34 頁の原則 (I) に関わる議論で、あらゆる文法操作はフェイズの段階で、しかもフェイズという統語的構築物を対象にして適用するという一般的原則を設けたいのだが、その唯一の例外として外的併合を認めざるを得ない、ということを見た。ここでの外的併合とは、構造構築の原子単位 (atom) である語彙項目を結合していくセット併合 ((42) の①) のことである。セット併合の外的併合は、語彙項目と語彙項目、あるいは語彙項目と既にできている構成素を結合し文構造を形成していく働きをし、その適用対象は必ずしもフェイズとは限らない。そのために、文法操作の適用段階・適用対象を「文法操作はフェイズの段階で、フェイズに対して適用する」という具合に一般化したいところなのだが、(I) に示した通り、外的併合をその一般化に対する例外として認めなくてはならなかった。

　だが、同じ外的併合でも、それが、内的併合と同じように、既にできている構造 (統語的構築物) に適用する場合には、他の文法操作と同様に、適用対象となる統語的構築物がフェイズに限られると見なすのが、上述の文法操作の適用段階・適用対象の一般的原則に沿っているように思われる。外的併合のペア併合は、既にでき上がっている構造に対して適用する併合である。そこで、外的併合の中でも、セット併合に限りその例外とし、(I) の原則を下

記 (I′) のように修正することにする。例外となる外的併合の箇所がより限定的になる。[12] 但し、このように外的併合の部分に修正を加えても、本章で重要な役割を果たしてきたのは内的併合に関する原則 (II) なので、この修正が本章のこれまでの説明に影響を及ぼすことは全くない。

(I′)　文法操作は、セット併合の外的併合を除き、フェイズの段階で、フェイズに対してのみ適用する。

外的併合についてこのように修正すれば、(58), (59) の付加部のように、ペア併合の外的併合によって付加部位置に導入される節は、フェイズであるCP タイプの節、すなわち that 節と whether 節に限られることになる。

2.12　等位構造の等位項

(1) の (L) の等位構造については、等位項として CP タイプの補文も TopP タイプの補文も生じ得ることを見た。但し、等位項の間で補文標識の一致（本書の立場では、範疇の一致に還元できる）が求められる。内的併合の原則 (II) からすると、フェイズではない TopP タイプの補文も等位項として生じるのであるから、等位構造の形成には移動（内的併合）が関与していないものと仮定される。

Chomsky (2013) は、等位構造の基底構造として (60) のような等位項が併合されている構造を仮定し、ラベル付けの関係で一方の等位項が移動（内的併合）するという分析を提案している。Z と W から成る構成素 β のラベルを決めるために Z が移動すると、残っている W が β のラベルとなる。

(60)　a.　[Conj [$_\beta$ Z W]]
　　　b.　[Z Conj [$_\beta$ Z W]]

この派生法だと、「接続される等位項は同一の範疇」という等位接続の原則をどのように担保するのかという問題が生じる。またこの等位接続の原則に

12　従属副詞節は主節の後ろにも前にも生起することができる。この異なる生起位置が移動によるものであるとすれば、ペア併合の外的併合によって導入された副詞節も移動の対象になるのであるから、フェイズであることになる。

従い、(60) の Z と W が範疇の点で同一 (identical) であるならば、Chomsky (2013) のラベル付け計算法 (67 頁 (67) を参照) からして、その範疇の素性が β のラベルとなるはずである。このようにして β のラベルが決まるとなれば、わざわざ一方の等位項 Z を β の外へ移動する理由がなくなる。

また次のような例では、等位項が語と語であり、この場合も、基本的に、等位項間の範疇の同一性が求められる。語はフェイズであるとは考えられない。(61) のような例についても、上記 (60) のような構造および派生を仮定するならば、フェイズではない一方の語が内的併合により移動することになる。これは、明らかに内的併合の原則 (II) に違反する。

(61) a. a [knife and fork]
    b. his [wife and child]
    c. He climbed [up and over] the wall.
    d. [for or against] the proposal

(61) に見るようにフェイズではない要素も等位接続されるとなれば、従属節の等位接続に関しても、1.3.5 で見たように、CP タイプの補文のみならずフェイズではない TopP タイプの補文も等位接続されるとしても問題ない。

等位接続の構造については、さらに詳しい検討が必要である。原則 (II) を中心とした本章の分析からすると、Chomsky (2013) とは異なり、等位構造の派生には移動が関与していないものと考えられる。[13]

2.13 ま と め

(1) で挙げた (A)–(L) の環境ごとに、本章での扱い方、移動の有無、移動のあるものについては移動先、移動をもたらす併合の種類をまとめると、下記 (62) のようになる。(H)–(L) は第 1 章で新たに付け加わったもの、(C)–(K) は TopP タイプの補文が生起できない環境である。(G) については、伝

---

13 等位接続構造に移動が関与していないとなると、次章で見る「島」の問題が生じてくる。一般に移動 (内的併合) した構成素が島を形成するが、移動していない等位項がなぜ「島」を成すのであろうか。ここでは暫定的に、範疇素性などある種の範疇の同一性に基づきラベル付けされた構成素は、それ以降の文法操作を受け付けない——すなわち、「島」を成す——と仮定しておく。

統的な右方移動分析（vP への付加）と地図理論における FocusP の指定部への移動分析の両分析が併記されている。(L) の等位構造については暫定的なものである。網掛けは何らかの移動（内的併合）が関与するもの。

(62)

補文の位置	本章での扱い	移動先	併合	
			外的—内的	セット—ペア
A. 動詞の補部		（移動なし）	外的	セット
B. 形容詞の補部		（移動なし）	外的	セット
C. 名詞の補部	名詞同格節	DP へ付加	内的	ペア
D. 前置詞の補部	名詞同格節	DP へ付加	内的	ペア
E. 主語位置		TP 指定部へ	内的	セット
F. 話題化位置		TopP 指定部へ	内的	セット
G. 焦点化位置		vP へ付加 FocusP 指定部へ	内的 内的	ペア セット
H. 叙実的補文	名詞同格節	DP へ付加	内的	ペア
I. 分裂文の焦点		焦点位置へ	内的	セット
J. 同格文の焦点		(TP 指定部へ移動した DP と同格)	(DP の移動は内的)	(DP の移動はセット)
K. 付加部位置		（移動なし）	外的	ペア
L. 等位構造の等位項		（移動なし）	外的	セット

本章の冒頭で、(3) のような問いを設定した。

64　第 2 章　補文標識分布のより自然な説明を求めて

（3）　なぜ CP タイプ補文、TopP タイプ補文の分布が、(1) のようであるのか。

(62) の (A)–(K) の環境のうち、TopP 補文が生じることができない (C)–(J) では、何らかの移動が関与していることを主張してきた ((62) の網掛け部分)。(K) は、正確には補文ではなく副詞的な節である。副詞的 (付加的) な要素なので、ペア併合が関与していると仮定した。(L) については断定的な議論を避けた。内的併合の原則 (II) からすると、移動 (内的併合) の対象となるのはフェイズだけである。またペア併合の対象となる節的な構成素もフェイズに限られる。そのために、結果的に、(C)–(K) の位置にはフェイズである CP タイプの節は現れることができるが、フェイズではない TopP タイプの節が現れることはできないのである。このように、内的併合の原則 (II) が与えられるならば、CP タイプの節と TopP タイプの節の分布の相違は、ほとんどが移動 (内的併合) に伴う付帯現象 (epiphenomenon) ということになる。

2.14　おまけの蛇足

もし生成文法に馴染みの薄い人から、なぜ平叙節の that 節と Ø-that 節、および疑問節の whether 節と if 節が、(1) に示したような分布をするのかと問われれば、次のように答えることができるかもしれない。補文標識の that は従属節の位置で平叙節が始まることを合図する標識であり、whether は従属節の位置で疑問節が始まることを合図する標識である。そのために、that 節や whether 節は、それを補部として取る主要部からたとえ「切り離された」としても、その始まりを合図する補文標識からして、何らかの主要部の補文であることが一目瞭然である。そのために、主要部から切り離された位置にも生じることができるのである。

それに対して、Ø-that 節には that がないので、独立文として誤認される可能性がある。また if 節には、条件節という、疑問従属節よりも馴染みの深い用法がある。そのために、Ø-that 節や if 節は、それを補部として取る主要部から切り離されてしまうと、こうした用法と誤認されてしまう可能性がある。そのような誤認を避けるために、主要部の補部の位置に留まっていなければならないのである、と。

こうした説明は、基本的に Nakajima (1996) で採った説明法と同じである。

比較的常識的に理解しやすいかもしれないが、(1)に示した分布を包括的に捉えることはできない。例えば、名詞の補部位置(1C)では、補文を取る主要部のすぐそばの位置であるにも拘らず、∅-that節やif節は許されない。同様なことが叙実的動詞の補部の位置(1H)についても言える。また同格文の焦点位置(1J)では、be動詞を挟んで主語のDPと同格関係であるにも拘らず、that節やwhether節だけに限られる。

また上で示唆した常識的な説明法は、that節と∅-that節の交替、whether節とif節の交替には当てはまるかもしれないが、他の現象にも当てはまるような汎用性があるのかは疑わしい。結果を見て原因を考え出す「後知恵」の感を免れない。

では本章の分析を平明な言葉で、ざっくりと語るとするとどのようになるだろうか。that節とwhether節は節として十分成熟したまとまりであり、一般的に、十分に成熟したまとまり(構成素)はいろいろな所に移動し、主要部から切り離された所にも現れることができる。「十分成熟した節」とはフェイズのことであり、「移動する」とは内的併合のことである。本章の説明は、こうした平明な言葉で記述できるようなことを、フェイズと内的併合という専門的概念を用いて説明し直したものにほかならない。したがって、専門用語を用いているものの、あまりテクニカルな説明法ではないと言えよう。但し、フェイズと内的併合という専門用語を用いることによって、that節と∅-that節、whether節とif節の分布だけではなく、本章で扱った現象に限ってみても、動詞句の話題化(8), (9), 名詞句の話題化(10)などについても扱うことが可能になる。また「見えるような移動」が不在の同格文(28)や名詞同格節付きDP(46)などの例についても同じ原則で扱うことが可能になる。何よりも、なぜ「十分成熟した節だけが主要部から切り離すことができる」のかという根本的な問いに対して、答を内的併合の原則(II)から簡単に導き出すことができる。(II)は、内的併合のみならず文法操作全般が「十分成熟したまとまり(フェイズ)」だけに適用することを定めた原則(I) / (I′)から導かれるものであり、その内容の点でも無理のない原則のように思える。

2.15　フェイズにおける文法操作の順序付け

本章で中心的な役割を演じてきた原則(II)は、移動(内的併合)の対象がフェイズに限られることを述べたものである。(II)は、より一般的な原則(I′)

(すなわち、文法操作は、セット併合の外的併合を除き、フェイズの段階で、フェイズに対してのみ適用する) から一部を「抜き出した」ものであるのだから、当然、(II) の適用する段階はフェイズの段階ということになる。原則 (II) がフェイズの段階で適用するには、その前提として、構成素 (統語的構築物) がフェイズに当たるか否かが決められるように範疇 (ラベル) が確定していなければならない。構成素の範疇決定の方法は、Chomsky (2013) のラベル付け理論以降、それ以前の理論に比べて大きく異なっている。

標準理論の時代には、統語構造 (句構造標識) が下記 (63) のような句構造規則によって形成された。主語ならばその範疇は NP、述部ならばその範疇は VP という具合に、構成素の範疇が句構造規則によって指定されていた。換言すれば、範疇が指定されている構成素の組み合わせによって統語構造が形成された。

(63)　　S → NP VP
　　　　VP → V NP

いわゆる GB 理論の時代には、統語構造が、句構造規則を一般化した (64) の X バー原型に基づいて形成された。この場合も、主要部 X の範疇が決まると、その投射である X'、XP の範疇も自動的に決まってくる。(65) に見るように、主要部が C であれば、その投射も C'、CP という具合に決まってくる。統語構造が範疇の指定されている構成素の組み合わせによって形成されるという点では、基本的に標準理論と相違がない。

(64)　　XP → YP, X'
　　　　X' → X, ZP
(65)　　CP → YP, C'
　　　　C' → C, ZP

ところがミニマリスト・プログラム、とりわけ Chomsky (2013) 以降のミニマリスト・プログラムでは、構成素と構成素が外的併合または内的併合によって結びつけられてより大きな構成素が形成されるが、併合の操作には新たにできる構成素のラベルを決める任務は含まれていない。下記 (66) で、併

合は XP と YP を結合するが、その結果できる構成素 α のラベルは自動的に決まるわけではない。

(66)

　構成素のラベルは、併合操作とは独立した、ラベル付け計算法 (labeling algorithm) によって決められる。ラベル付け計算法の主だったものは (67) の通りである (Chomsky 2013)。

(67)　ラベル付け計算法 (labeling algorithm)
　　　A. 併合される 2 者のうち一方が語彙項目 (主要部) である場合 (すなわち、{H, XP})、H を全体のラベルとする。
　　　B. 併合される 2 者が共に語彙項目ではない場合 (すなわち、{XP, YP})、
　　　（ⅰ）一方が移動し、他方の主要部のみが見えるようにする。
　　　（ⅱ）2 者が重要な点で同一であれば、共にその場に留まる。

　では、(67) のラベル付け計算法はどの段階で適用されるのであろうか。40–41 頁の注 4 で触れたように、Chomsky (2013, 43) は、ラベル付け計算が他の操作と同様にフェイズの段階で行われるとしている。だがそう考えるべき根拠は明確に示されていない。ラベル付けの目的・必要性は、構成素が意味部門 (概念・意図インターフェイス) および音韻部門 (知覚・運動インターフェイス) で適切な解釈がなされるようにするための標識を与えることである。そうだとすれば、ラベル付けは、それを必要としているインターフェイスの段階で行われると考えることもできるかもしれない (池内正幸氏の指摘)。
　もしラベル付け計算法がインターフェイス段階で適用するとすれば、それよりも前の段階にあるフェイズの段階では、構成素のラベルが決まっていないことになる。とすると、フェイズ段階で適用する内的併合は、構成素がフェイズに当たるか否かを判別できないことになり、(Ⅱ) のような原則 (すなわち、内的併合の適用対象をフェイズに限定する趣旨の原則) は成り立たない

ことになる。ラベル付けが内的併合以前に済まされており、内的併合にとって構成素のラベルを判別できる状態になっている、ということを確実にしておく必要がある。

　ラベル付け計算法が、Chomsky (2013) で仮定されているように、フェイズの段階で適用されると考えるべき1つの理由は、ラベル付けも統語的構築物（統語構造）を形成する文法操作の1つである点に由来する。文法操作の一般的原則 (I') で述べられているように、ペア併合による外的併合を除く全ての文法操作がフェイズ段階で適用されるのであるから、文法操作の1つであるラベル付け計算法も、フェイズ段階で適用すると考えるのが自然である。ラベル付け計算法を、わざわざインターフェイス段階まで先延ばしすべき経験的な理由も見当たらない。また生成文法の歴史では、「文法的に有意」な段階をなるべく限定的にまとめる方向で洗練化されてきた。GB 理論の時代には有意な段階として、D 構造、S 構造、LF 表示、PF 表示などが認められていたが、ミニマリスト・プログラムでは2つのインターフェイス（概念・意図インターフェイス、知覚・運動インターフェイス）に収斂させている。こうした方向性からすれば、文法操作が適用する段階を、特別な根拠がない限り、わざわざ分散させるべき理由はない。

　もう1つの理由は、構成素のラベルは、意味解釈を行う際ばかりではなく、例えば省略 (ellipsis) のような音韻解釈を行う際にも必要であるからである。ラベル付けがインターフェイス段階で行われるとすると、全く同じラベル付けを概念・意図インターフェイスと知覚・運動インターフェイスの両方のインターフェイスで行わなくてはならなくなる。それに対して、インターフェイスよりも前の段階であるフェイズ段階でラベル付けが行われれば、そこで確定したラベル付けを意味解釈の際にも音韻解釈の際にも活用することができる。ラベル付けを1回で済ませることができ、文法全体の構成を単純化することができる。

　だが、ラベル付け計算法がフェイズ段階で適用するとなると、フェイズ段階では内的併合やインターフェイスへの転送など多種類の文法操作が行われるのであるから、それらの文法操作とラベル付け計算法との間の適用順序という問題が生じてくる。もし文法操作間の適用順序を人為的に（外在的に extrinsically）定めなければならないのであれば、かえって文法の構成が複雑化する。

多種類の文法操作はフェイズ段階で、特に適用順序が定められていないと仮定しよう（すなわち、特別な制限が課せられていない「帰無の仮説」に当たる）。例として、下記 (68) のような、V の補文 α が受動化により受動文の主語の位置へ移動される場合を考えてみる。vP のフェイズ段階で、α へのラベル付けと α の移動（内的併合）が関与する。内的併合が適用しようとすると、原則 (II) からして、ラベルが決まっていない（それ故、フェイズであるか判別できない）α に対しては「関心」を示さない。一方ラベル付け計算法が先に適用して、α のラベルが決められ、それが CP のようなフェイズであれば、内的併合はそれに接近して行き、vP のエッヂ（または、受動態の vP はフェイズを構成しないならば、TP の指定部）へ移動する。ラベルが決まった α を vP に内的併合する結果、今度は新たにできる構成素 β のラベルを決める必要が生じてくる。このように、内的併合とラベル付け計算法との間に特別に適用順序が定められていなくても自然発生的に適用順序が決まり、しかもその順序は、一律に一方の操作の方が他方の操作よりも先という具合に定められないことが分かる。

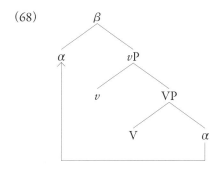

(68)

では、同じくフェイズ段階で適用する内的併合とインターフェイスへの転送の適用順序はどうだろうか。述語の項は、一方で基底の段階で、述語との関係で θ 役割が決められ、もう一方で表層の段階で、その生じている位置から、作用域 (scope) や談話における働き（第 3 章で扱う「δ 役割」）が決められる。項は、θ 役割の情報と談話的役割（δ 役割）の情報という 2 種類の意味的情報を帯びて概念・意図インターフェイスに転送され、そこで意味解釈を受けることになる。談話的役割（δ 役割）の情報は、表層段階で生じている位

置、すなわち、内的併合によって移動された移動先の位置に基づいて決められる（または認可される）のであるから、概念・意図インターフェイスに転送される前に内的併合が行われていなければならない。内的併合とインターフェイスへの転送に関しても、自然発生的に、前者が先に適用し後者が後に適用することになる。

　以上の通り、ラベル付け計算法、内的併合、インターフェイスへの転送のいずれの操作もフェイズ段階で適用し、しかもそれらの間に特別な適用順序が定められていないとしても、自然発生的にそれらの操作の適用順序が決まってくる。ラベル付け計算法がフェイズ段階で適用するとしても、不都合や文法の複雑化が生じてくるわけではない。

第3章

島的環境とδ役割

3.1 島的環境

　前章で、前章の (1) に見る CP タイプの補文 (that 節と whether 節) と TopP タイプの補文 (Ø-that 節と if 節) の分布の相違は、内的併合の原則 (II) に基づく移動 (内的併合) の付随現象であることを論じた。CP タイプのみしか生起できない位置には、多くの場合内的併合が関与している (前章 (62) を参照)。原則 (II) からして内的併合の対象になるのはフェイズのみであり、フェイズを成す CP タイプの補文は移動の対象になる (それ故、主要部から切り離された位置に生じる) ことができるが、フェイズではない TopP タイプの補文は移動の対象とはならない (それ故、主要部から切り離された位置に生じることができない)。

　こうした that 節と whether 節、Ø-that 節と if 節の分布は、生成文法の研究史の中で長い間関心を集めてきた「島 (island)」の問題とは直接的に関わりがなさそうに思われる。島の問題は、その内部にある要素の取出しの問題であり、補文標識の選択とは関係していなさそうだからである。Nakajima (1996) で補文標識の選択を論じた時にも、島の制約との関係はほとんど触れていなかったし、その後も、私自身を含め両者の関係について論じている研究は、私の知る限り、ほとんど何もない。

　ところが、前章 (1) の CP タイプの補文のみしか生起できない環境 (C)–(L) を改めて見ると、それらのほとんどが「島的環境」に当たることに気付く。島的環境というのは、Ross (1967) が提案した島 (island) と同じように、要素の取出しを阻む環境のことである。(C)–(L) のうち (C) のいわゆる名詞補文 (本書では、名詞同格節) は、Ross (1967) の複合名詞句制約 (Complex NP Constraint) に当たる。(E) の主語位置は、Ross (1967) が文主語に関して

文主語制約（Sentential Subject Constraint）として提案したものを Chomsky (1973) が名詞句主語にも拡張して主語条件（Subject Condition）と名付けた条件で扱おうとする島に当たる。広く主語の島（Subject Island）と呼ばれている。(K) の付加部位置は、Huang (1982) によって付加部の島（Adjunct Island）と名付けられた島に、また (H) の叙実的補文は、Cinque (1990) が叙実的島 (Factive Island) と呼んだものに、それぞれ該当する。(L) の等位構造は、Ross (1967) が等位構造制約（Coordinate Structure Constraint）と呼んだものである。その他の環境には特に島の名称が与えられていないが、上述の名称で呼ばれる島と同様に、要素の取出しを阻む構造である。まとめて、「島的環境」と呼ぶことにしよう。

　島的環境 (C)–(L) にある構成素は、それが句であろうと節であろうと、要素の取出しを阻む。一方 TopP タイプの補文の生起を許す (A) 動詞の補部、(B) 形容詞の補部では、要素の取出しが可能であり、島的環境にはならない。(A)–(L) から (A), (B) を除いた (C)–(L) は、CP タイプの補文のみが生じる環境であり、同時に島的環境である。両者が完全に一致しているのである。

　(A)–(L) の環境から要素の取出しが行われている例文を見ておこう。文法性を示す * や ?? などの記号は出典文献からそのまま引き継いでいる。

A. 動詞の補部
(1) a. Who did John hear [a story about ____]? （Chomsky 1973, 249）
　　b. Who did Sheila say [that Samuel would marry ____]?
　　　　　　　　　　　　　　　　　　　　（Akmajian and Heny 1975, 379）
B. 形容詞の補部
(2) a. Who was John proud [of ____]?　　　　（Stowell 1991, 126）
　　b. What are you certain [that John repaired ____]?
　　　　　　　　　　　　　　　　　　　　　　（Manzini 1992, 116）
C. 名詞の補部（名詞同格節）
(3) a. *What did you see [many attempts to portray ____]?
　　　　　　　　　　　　　　　　　　　　　　（Manzini 1992, 93）
　　b. *Who did Mary believe [the claim that John saw ____]?
　　　　　　　　　　　　　　　　　　　　　　（Chomsky 1977b, 70）

D. 前置詞の補部
（4） *Who are John and Bill alike in [that they hate ＿＿]?
E. 主語位置
（5） a. *What did [a story about ＿＿] terrify John?
　　　　　　　　　　　　　　　　　　（Chomsky 1973, 249）
　　　b. *What did [that John saw ＿＿] surprise Mary?
　　　　　　　　　　　　　　　　　　（Chomsky 1973, 249）
F. 話題化位置
（6） a. *Who do you think that [[pictures of ＿＿] John wanted ＿＿]?
　　　　　　　　　　　　　　　　　　（Corver 2005, 392）
　　　b. *The girl who [that John loves ＿＿] everyone knows is Mary.
G. 焦点化位置
（7） a. ??The Waco Post Office, she will send ＿＿ to Inspector Smithers [a picture of ＿＿]?　　　（Corver 2005, 385）
　　　b. *Which book did you meet a child ＿＿ yesterday [who read ＿＿]?
　　　　　　　　　　　　　　　　　　（Corver 2005, 389）
H. 叙実的補文（補文なので、句の例 (a) はなし）
（8） b. *Who is it strange [that she'll invite ＿＿]?
　　　　　　　　　　　　　　　（Huddleston and Pullum 2002, 1010）
　　　*I climbed the mountain which it is interesting [that Goethe tried to climb ＿＿].　　　（Kiparsky and Kiparsky 1991, 359fn）
I. 分裂文の焦点
（9） a. ??Who is it [a picture of ＿＿] that he decorated his door with?[1]
　　　*Who is it [with a picture of ＿＿] that he decorated his door?
　　　　　　　　　　　　　　　　　　（Gundel 1977, 548）
　　　b. *Who is it [that he was planning to meet ＿＿] that he asserted?
J. 同格文の焦点
（10） a. *What is John's proposal [the attack on ＿＿]?
　　　b. *Who is your opinion that he really doesn't understand ＿＿?

---

1 焦点位置に現れる要素が名詞句の場合とそれ以外の範疇との場合とで容認性に若干の違いがあるようである（Pinkham and Hankamer 1975; Gundel 1977）。

K. 付加部位置
(11) a. *Who did John make a fortune [by cheating ____]?
(Chomsky 1973, 262)
b. *The champion who I started to dream of a bright future [when I met ____] was Paola Rossi. (Longobardi 1985, 169)

L. 等位構造
(12) a. *John, who I bought [a picture of Henry] and [a story about ____].
(Pesetsky 1982, 442)
b. *What do you think [that I went to the store] and [that Mike bought ____]?

CP タイプ、TopP タイプどちらのタイプの補文も生じることができる (A), (B) は島的環境にならないのに対して、CP タイプの補文のみしか生じることができない (C)–(L) は島的環境になっている。但し、(L) の等位構造の等位項が実際に CP タイプ補文に限定されるか否かについては 1.3.5 を参照。(L) については、特に深入りしない。

3.2 移動と凍結

生成文法の研究史の中でこれまで、島的環境をなるべく統一的・原理的に説明しようとする試みが多数なされてきた。ここでは、本章の 3.3 以下の議論と関連するような代表的分析を 2, 3 例見ておこう。

3.2.1 凍結原理

Wexler and Culicover (1980) は、構成素の移動の結果、句構造規則では作り出せないような構造が派生すると、その構造は凍結 (freeze) し、それ以降の文法操作を寄せ付けないとしている (凍結原理　Freezing Principle)。話題化は、彼らが凍結原理を提案した時期には、話題要素 XP を文全体に付加し、下記 (13) のような構造を作り出すと考えられていた。また、外置や重名詞句移動についても、文の焦点として働く構成素 YP を右方移動して、その YP を動詞句全体に付加し、(14) のような構造を生み出すと考えられていた。付加 (adjunction) によって作り出される構造は、句構造規則から作り出される構造ではないので、それ以後に適用する文法操作に対して凍結する (上記例

文 (6), (7) を参照）。

(13)　　S
　　　／＼
　　XP　　S

(14)　　VP
　　　／＼
　　VP　　YP

ところが、受動化によって目的語が移動していく主語の位置は、句構造規則によって作り出される位置である（つまり、目的語から主語の位置への移動は、付加ではなく、置換 substitution）であるにも拘らず、主語の島が成り立つことから明らかなように、要素の取出しを拒む。これを凍結原理で扱うには、主語の位置へ移動していった要素も凍結していると考えなければならない（下記 (15)）。

(15)　　*Which cars were [the hoods of ＿＿] damaged ＿＿?

そこで Wexler and Culicover (1980, 542fn) は、(i) 付加の場合と (ii) 置換の場合を or で離接的に (disjunctive) 結び付けて、次のように定義している。但し、能動文の主語は（動詞句内主語仮説のように）上方への移動が想定されていないので、移動していないはずの能動文主語が主語の島を成すことについてはこのままでは扱うことができない。

(16)　　一般化凍結原理 (The Generalized Freezing Principle)：もし (i) ある節点のすぐ上の構造が基底生成されるものでないか、(ii) 節点が繰り上げられているならば、その節点は凍結している。[2]
　　　　　　　　　　　　　　　　　　（Wexler and Culicover 1980, 542fn）

(16) の一般化凍結原理が意図しているところは、移動の仕方が付加であろうと置換であろうと、移動された構成素は凍結するということである。主語の扱いに関しても動詞句内主語仮説を受け入れれば、能動態・受動態に関わ

---

[2] A node is frozen if (i) its immediate structure is non-base, or (ii) it has been raised.
　　　　　　　　　　　　　　　　　　（Wexler and Culicover 1980, 542fn）

りなく主語も vP 内から TP の指定部へ移動すると仮定されるので、次のように簡潔に言い換えることができる（Haegeman, et al. 2014, 77）。

(17) 凍結原理（Freezing Principle）：移動された構成素は、取出しに関して凍結している。[3]

(17) の言い換えは、第 2 章の我々の議論にとって大きな意味を持っている。本章の冒頭で、第 2 章で見た CP タイプの補文（that 節と whether 節）のみが生じる (C)–(L) の環境は、島的環境と一致することを指摘した。そして、(C)–(L) のほとんどの環境では、「空虚な移動（vacuous movement）」）を含めて移動（すなわち、セット併合またはペア併合の内的併合）が行われていることを主張した。(C)–(L) の環境が島を成すことを凍結原理 (17) で説明しようとするならば、(C)–(L) の環境では、第 2 章の主張のように、たとえ線的配列の点で変化が見られなくても、何らかの移動を受けていると考えなければならない。[4]

凍結原理 (17) は、我々の議論にとって確かに大きな意味を持っているが、ただ単に「移動した構成素は凍結する」（それ故、その中からの摘出を阻む「島」を成す）という事実を簡潔に記述した、記述的一般化（descriptive generalization）にほかならない。説明の洗練さや踏み込み方という点からすると、やや物足りなさを感じる。なぜ移動した構成素の中からその一部を取り出すことができないのだろうか。単なる記述的一般化よりも、凍結する理由についてもう少し洗練された説明方法が望まれる。

3.2.2 規準的凍結

Rizzi (1997, その他) の地図理論では、標準的な生成文法における機能範疇 CP が、ForceP（発話力句）、TopP（話題句）、FocusP（焦点句）などいくつか

---

3 A moved constituent is frozen for extraction. （Haegeman, et al. 2014, 77）
4 Aoun, et al. (1987, 544) は、that 削除の可能な（本書の立場で言えば、補文標識 Ø-that を取る補文が生じる）環境と要素の摘出が可能な環境との間に相関性が見られることを指摘している。
　（ i ） The deletability of Comp should correlate with the possibility of moving a wh-word from the embedded clause.

の機能範疇に分離されている。CP をいくつかの機能範疇に分離させる点で、Nakajima (1996) で提唱した CP を CP と TopP に分離させる「分離 Comp 仮説（Split Comp Hypothesis）」と通底している。これらの機能範疇の指定部は、話題や焦点など特定の機能を担った規準的位置（criterial position）あるいは単に規準（criterion）と呼ばれる。Rizzi (2014) は規準という概念を用いて、規準的位置へ移動した構成素はその位置で凍結し、それ以降の文法操作を受け付けない、という趣旨の規準的凍結（Criterial Freezing）を提案している。

（18）　規準的凍結（Criterial Freezing）：規準を満たす XP は、その場で凍結している。[5]　　　　　　　　　　　　　　　　　　　　（Rizzi 2014, 46）

規準的位置は機能範疇の指定部に当たり、機能範疇の指定部は A' 位置に当たるので、(18) は A' 移動に関して (17) の凍結原理を当てはめたものと言えよう。

Rizzi によると、主語の位置は提題（aboutness）という一種の話題の機能を担っており、規準的位置に当たる。動詞句内主語仮説に従うと、主語も vP 指定部から TP 指定部へと移動しており、この移動は A 移動である。したがって、規準的凍結の原理 (18) は、A' 移動、A 移動を問わず、その移動先が規準的位置である場合には凍結することを述べたものである。

本章 3.1 で、名詞に続く補文（名詞同格節）、前置詞に続く補文、叙実的補文、付加部の節も島を成すことを見た。これらの節が島を成すことを規準的凍結 (18) で説明しようとするならば、何らかの規準的位置（特定の機能範疇の指定部）へ移動していると考えねばならない。これらの節も規準的位置へ移動しているのかは定かではない。もし移動しているとすれば、どのような機能範疇の指定部へ移動しているのかという問題が生じる。

規範的位置で構成素が凍結することを述べた規準的凍結 (18) は、結局のところ、移動した構成素が凍結するということを述べた (17) の凍結原理とあまり大きな相違がないようである。なぜ規準的位置へ移動すると、それ以上移動に関して凍結されてしまうのであろうか。前頁で (17) の凍結原理は記述的一般化に過ぎないと述べたが、(18) の規準的凍結もやはりその域を出

5　An XP meeting a criterion is frozen in place.　　　　　　　（Rizzi 2014, 46）

ていないように思われる。

　但し、Rizzi の規準的位置という考え方は、統語論に、話題や焦点など談話的な役割を導入した点に大きな意味がある。とりわけ、本章の 3.3 以降で見る我々の分析には大きな示唆を与えている。

3.2.3　エッヂ条件

　Rizzi の規準的凍結と類似している原則として、Haegeman, et al. (2014) のエッヂ条件 (Edge Condition) が挙げられる。Chomsky (2001, 13) はフェイズという概念を用いた局所条件として、下記 (19) のフェイズ不可侵性条件 (Phase Impenetrability Condition; PIC) を提案している。(19) の HP はフェイズ、H はその主要部をそれぞれ指す。H の領域 (domain) とは H の補部の部分、H のエッヂとは、その指定部およびそれに付加された要素のことをそれぞれ指す。

(19)　フェイズ不可侵性条件 (PIC)：フェイズの主要部 H の領域は、フェイズ HP の外側からの操作に接近できない。主要部 H とそのエッヂのみが、そうした操作に接近できる。[6]

　フェイズを一旦通過すると、もはやフェイズの内側 (主要部の領域) には文法操作が接近できない (すなわち、変化を加えることができない) が、その縁 (エッヂ) の部分には接近可能である、としている。エッヂは、要素が長距離移動する際の「避難口 (escape hatch)」でもあり、移動の最終的な到達点でもある。

　PIC (19) からすると、エッヂに移動した構成素は、その外側からの操作にとって接近可能なはずである。ところが、実際には、エッヂに移動した構成素の内部にある要素に接近することは許されない。例えば、エッヂである CP 指定部に移動した疑問詞の一部をさらに移動することはできない。

(20)　a.　He knows [which picture of which statesman] Mary drew.

6　PIC: The domain of H is not accessible to operations outside HP; only H and its edge are accessible to such operations.　　　　　　　　　　　　（Chomsky 2001, 13）

b. *Which statesman does he know [which picture of ＿＿＿] Mary drew?

　そこで、フェイズのエッジに移動した構成素は、その内部からの取出しに関していわば「凍結」し、島を成すと仮定しなければならない。この仮定を、Haegeman, et al. (2014, 79) はエッジ条件 (Edge Condition) と名付け、次のように定義している。

(21) エッジ条件 (Edge Condition)：フェイズのエッジは、取出しに対して不透明である。[7]

　CP のエッジには、Rizzi が CP を分離した機能範疇 (TopP, FocusP など) のエッジも含まれる (Chomsky 2008a, 143)。したがって、話題化や焦点化された要素も CP (から分離した機能範疇) のエッジに移動されることになり、エッジ条件 (21) からしてその位置では取出しを許さないことになる。エッジには概ね移動した要素が生じるのであるから、エッジ条件 (21) は基本的に、移動先では凍結することを述べたものにほかならない。それ故、凍結条件 (17) や規準的凍結 (18) と同様に、記述的一般化の域を出ていないように思われる。しかも PIC では、エッジの部分には操作できるとしておきながら、そこに生じた構成素の内部には操作できないという、エッジの例外的扱いを認めるような条件である。

　エッジ条件の場合も、規準的凍結の場合と同様に、島的環境となる名詞に続く補文（名詞同格節）、前置詞に続く補文、叙実的補文、付加部の節などでも、節がエッジに移動していると考えねばならないが、移動しているとすればどのフェイズのエッジであろうか。

　凍結原理 (17)、規準的凍結 (18)、エッジ条件 (21) などはいずれも記述的一般化を述べているが、そこからもう少し踏み込んでみると、ではなぜ、移動した構成素は、その後の文法操作を受け付けないのだろうか、という疑問が生じてくる。文法の妥当性を表す用語で言い換えるならば、要素の摘出に関して記述的妥当性 (descriptive adequacy) を満たしているかもしれないが、より高次な基準である説明的妥当性 (explanatory adequacy) を満たしていると

7　The edge of a phase is opaque for extraction.　　　（Haegeman, et al. 2014, 79）

は言えない。

3.3 内的併合と δ 役割

本節以降では、島的環境のより洗練された説明の提案を試みる。単に「移動した構成素は島を成す」とか「島的環境にある構成素からは要素の取出しができない」と留めるのではなく、「なぜ島的環境から要素の取出しが行われると、非文になるのか」と一歩踏み込んだ説明を試みることにする。説明の中心となるのが、Chomsky (2001, 33) が提唱する、移動の結果表層構造における位置から決められる表層意味役割 (surface semantic role) という概念である。

Chomsky (2004; 2008a; to appear) は、併合に外的併合と内的併合の 2 種類が存在する理由を、1 つの要素が、D 構造 (基底構造) の段階で与えられる意味と S 構造 (表層構造) で与えられる意味の 2 種類の意味を担うという、意味論の二重性 (duality of semantics) に帰している。D 構造の段階で与えられる意味とは、述語との関係で決定される θ 役割 (シーターθ-role) のことを指す。一方、S 構造で与えられる意味とは、表層段階で生じている位置に基づいて決定される作用域や談話上の意味のことを指す。これを Chomsky (2001, 33) は表層意味役割と呼んでいるが、本書では θ 役割と対比しやすいように、談話 (discourse) の d のギリシャ文字を取って、δ 役割 (デルタδ-role) と呼ぶことにしよう。θ 役割は外的併合された位置で付与され、一方 δ 役割は内的併合された移動先で決定される。1 つの要素が基底意味役割 (= θ 役割) と表層意味役割 (= δ 役割) の両方を担っており、それぞれの意味役割の決定に与っているのが外的併合と内的併合である。異なる 2 種類の意味役割が必要なので、併合に 2 種類——外的併合と内的併合——が存在するのである。

δ 役割には、談話上の役割に当たる、話題 (topic)、焦点 (focus)、提題 (aboutness) や、作用域に関わる質問の Q などが含まれる (より詳しくは、3.8)。これらの δ 役割は、Rizzi の規準的位置が担っている談話的機能と概ね重なり合う。Rizzi は、標準的な生成理論の機能範疇 CP を、発話の力に関わる ForceP、話題の TopP、焦点の FocusP などの機能範疇に分離し、それらの機能範疇の指定部を規準的位置としている。要素が規準的位置へ移動していくということは、その要素が談話上の機能を担うためにそうした位置へ移動して行くと考えることができる。したがって、要素の移動は、δ 役割の決定

という機能的な働きを遂行するために行われると言うこともできる（Richards 2009, 8）。

基底構造で付与されるθ役割と表層構造で付与されるδ役割を比較すると、両者は様々な点で好対照を成し、補完的な関係になっていることに気付く。機能範疇の構造については、基本的に Rizzi の地図理論、およびその機能範疇の扱いを基本的に受け入れている Chomsky (2013) を仮定することにする。比較項目 (a)–(g) を縦軸に、2つの意味役割のθ役割とδ役割を横軸に取ると、(22) のようになる。

(22)		θ役割	δ役割
a.	付与される段階	基底構造	表層構造
b.	付与子	語彙的主要部	機能的主要部
c.	被付与子	項	移動フェイズ
d.	付与子と被付与子の関係	（主に）主要部・補部	主要部・指定部
e.	付与子と被付与子の対応	1対多	1対1
f.	付与が行われる位置	θ位置	非θ位置
g.	付与に与る併合	外的併合	内的併合

(a) については改めて説明を要さないだろう。θ役割が基底の段階で与えられるのに対して、δ役割は表層の段階で与えられる。(b) の付与子とは意味役割を与える主要部のこと。θ役割を与えるのは動詞や形容詞など語彙的主要部、δ役割を与えるのは C や、それを分離した Top、Focus、さらに T(ense) などの機能的主要部。(c) の被付与子とは、意味役割を受ける要素のこと。θ役割が与えられるのは動詞や形容詞の取る項、δ役割が与えられるのは移動した構成素。移動する要素は、前章で見た通り、フェイズを成す構成素に限られるのであるから、移動したフェイズということになる。(d) の付与子と被付与子の関係は、(c) の項を内項に限れば語彙的範疇の主要部と補部の関係。但し外項は、機能範疇 v と指定部の関係であり、やや例外的である。δ役割では、常に機能的範疇の主要部と指定部の関係となる。(e) の付与子と被付与子の対応は、1つの主要部が複数の項を取ることがあるので、θ役割の場合には1対多数になり得るが、δ役割の場合は、常に1つの主要部が1つの要素に対して意味役割を与える。(f) の付与が行われる位置は、θ

役割が付与されるような位置をθ位置と呼んでいるのであるから、定義上、θ役割が与えられるのはθ位置。一方要素の移動先はθ役割が与えられない位置であるから、移動した要素に与えられるδ役割は、θ役割が与えられない位置、すなわち非θ位置で与えられるということになる。(g) の付与を行う併合は、θ役割は外的併合した要素に与えられるのに対して、δ役割は内的併合した要素に与えられる。以上のように、θ役割とδ役割は様々な点で対照的であり、相補い合うような関係にある。

　(22) の「付与」という表現から明らかなように、θ役割の場合もδ役割の場合も、意味役割が与えられる要素（被付与子）は元々意味役割を持っているのではなく、それが生じた位置で意味役割が付与されると考える。どの位置に生じているかによって意味役割が決定されるのである (Chomsky 2004; 2013)。Rizzi らの地図理論でも、話題や焦点など本章のδ役割に相当する概念が用いられているが ((18) の規準的凍結の原理を参照)、話題や焦点などになる要素は、主要部によってそうした役割が与えられるのではなく、前もってそうした役割に関する情報を持っており、同じ情報を持っている主要部の指定部へ移動すると、両者の間で照合が行われると考えられている (Rizzi 2014)。

　話題とか焦点などになる要素は本来そうした性質を有しているわけではなく、談話の流れの中で話題とか焦点などの役割を担うことが決まり、それに相応しい位置（δ役割を付与する主要部の指定部の位置）へ移動して行き、その位置で（いわばその場所の管理者である付与子から）「この位置に赴任してきた君の役割は話題である」という具合に「役割の辞令」、つまりδ役割が与えられる。このように考えると、話題や焦点という役割を担う要素が、前もってそうした情報を持っていると考えるよりも、移動先で付与されると考える方が自然なように思われる。ちょうど、John kissed Mary において John が行為者というθ役割を担い、John believes Mary においては同じ John が経験者というθ役割を担うのは、John という名詞句が内在的にそうしたθ役割を持っているからではなく、一緒に生じる（外的併合する）動詞によってそれぞれのθ役割が付与されるのと同じである。能動文 John kissed Mary では John が提題 (aboutness) のδ役割を担うが、受動文 Mary was kissed by John では Mary がそのδ役割を担うことになる。それぞれの名詞句が担うδ役割は、各名詞句が S 構造で生じる位置（S 構造の表示）に基づいて解釈されるものと考

えられる。

3.4 島的環境とδ役割

3.4.1 島の環境と話題、焦点

前章で、(C)–(L) の島的環境のうち、(C)–(J) の環境では内的併合が関与していることを明らかにした。しかも、(F) の話題化位置、(G) の焦点化位置、(I) の分裂文の焦点位置、(J) の同格文の焦点位置は、こうした名称から明らかなように「話題」とか「焦点」という談話上の機能を担っている位置である。(E) の主語位置も、提題という一種の話題の機能を担っている。これらの位置への移動を行う操作 (規則) が話題や焦点など談話的機能を担っていることについては、Creider (1979), Givón (1979), Nakajima (1981), Breul (2004), Rizzi (2014) などを参照。

このように見てくると、内的併合によって生じる島的環境は、話題や焦点など、何らかのδ役割を担っていることになる。島的環境が何らかのδ役割を担っているということは、Chomsky が主張するように、内的併合によって移動した要素は表層構造で表層意味役割 (ここで言うδ役割) が付与されるという仮定からしても、また Rizzi が主張するように、A' 移動も A 移動も談話上の機能を担った規準的位置への移動であるという仮定からしても、当然の帰結である。

3.4.2 名詞同格節のδ役割

では (C) の名詞の補文、(D) の前置詞の補文、(H) の叙実的補文の談話的機能はどうであろうか。前章で、(D) と (H) には (C) の名詞補文が潜んでおり、(C) の名詞補文は名詞同格節として捉え直すべきことを見た。名詞同格節は、ラベル付けとの関係で内的併合が行われているが、その併合は表層的には変化をもたらさぬ「空虚な移動」であり (51–53 頁)、文頭や文末のような話題や焦点に特有な位置への移動ではない。したがって、何らかのδ役割が表層構造における位置から与えられているとは考えにくい。名詞同格節も、談話的機能と呼べるものを持っているのだろうか。

前節 3.4.1 で触れた (F) 話題化構文、(G) 焦点化構文、(I) 分裂文、(J) 同格文が担っている「話題」や「焦点」はどちらも、話者の観点からして話の前面に出したい要素を「強調」する働きをしている。両者の相違は、話題と

なるのは、聞き手が同定化できるであろうと話者が考えているような情報、すなわち旧情報であるのに対して、焦点となるのは、聞き手と話者が共有していないと話者が考えている情報、すなわち新情報である、という点であると言えよう。どちらにもやや強い強勢が置かれ、話題の終結部では下降音調となるのに対して、焦点の終結部では少し上昇音調となる (Jackendoff 1972, 遠藤 2014)。

焦点と対を成す概念として「前提」がある (focus-presupposition)。文から焦点を除いた部分が、前提に当たるとされている (Chomsky 1971, Jackendoff 1972)。例えば、次の分裂文では、焦点の the judge を除いた箇所 (より正確には、焦点に該当する部分に someone のような不定名詞を補充した内容) が前提となっている。

(23) It was the judge that Maxwell killed with a hammer.
　　　[前提]　Maxwell killed someone with a hammer.

次の WH 疑問文でも、焦点となっている疑問詞を除いた、文の残りの部分が前提となっている。

(24) What did Maxwell give to Mary?
　　　[前提]　Maxwell gave something to Mary.

焦点と前提は、いわば「補集合」の関係になっているのであるから、焦点が談話的役割を担っているとすれば、前提も談話的役割の一種ということができる。

前提には、焦点との関係で結果的に決まってくるもの (文から焦点を差し引いた結果が前提となるもの) とは別に、独自に前提となるような種類のものもある。このような前提を、ある種の構成素に特有な (すなわち、内在的な) 前提という意味で、内在的前提 (inherent presupposition) と呼ぶ (Jackendoff 1972)。内在的前提の 1 例として、定冠詞や指示詞、所有格名詞など、定的な (definite) 決定詞を伴った定名詞句 (definite noun phrase) が挙げられる。決定詞が定的になるか不定的 (indefinite) になるかは、談話の中で決まるものであるから、内在的前提も紛れもなく談話機能の 1 つである。

定的な決定詞を伴う名詞句は、聞き手にとって同定可能であると話者が考えている事物のことを指す。したがって、内在的前提となる事物は、その存在が前提となっており、その存在を否定したり、改めて尋ねたりすることは不自然である。例えば下記 (25a) の目的語 the girl は定冠詞を伴っており、内在的前提となっている。その少女について、その存在を知らないとか、改めて尋ねるのは不自然である。

(25) a　A: I met the girl yesterday at the bookstore.
　　 b.　B: #I don't know the girl.
　　 c.　B: #Is the girl the one who was eating a candy bar?

もう 1 つの内在的前提としてよく知られているのが、叙実的動詞に続く叙実的補文である。下記 (26) では、動詞 realize が叙実的動詞であり、それに続く that 節で述べられている内容 (eating tennis balls makes you sick) は事実であることが前提となっている。この場合も、内在的前提となっている補文の部分を否定したり、質問したりするのは不自然である。

(26) a.　A: Bill realizes that eating tennis balls makes you sick.
　　 b.　B: #No, eating tennis balls does not make me sick.
　　 c.　B: #Does eating tennis balls make me sick?

こうした叙実的補文の前提を、Kiparsky and Kiparsky (1971) は、that 節は the fact を主要部とする同格節付き DP として分析することによって捉えることを提案し、本書でも第 2 章で、基本的にその提案に従った。

では、下記 (27) のように主要部が the fact 以外の名詞である同格節付き DP の場合はどうであろうか。

(27) a.　The claim that the math department was folding was denied by Professor Cantor.　　　　(Hooper and Thompson 1973, 485)
　　 b.　We accept the statement that he was beaten to death.
　　 c.　This reading of silences depends on the argument that the companionate ideal of marriage developed first among the privileged classes.

Biber, et al. (1999, 650) は、同格節付き DP では圧倒的に定冠詞 the で導かれていることが多く、それ故 that 節の命題は一般的に旧情報であるとしている。定冠詞 the の存在は、ちょうど上で触れた定冠詞を伴う名詞句が内在的前提であると同様に、その存在が前提になっている内在的前提と言えよう。(27a) では、the claim に続く命題が過去に誰かによって主張されたものであり、それ故、そのような主張の存在が前提となっている。(27b) の statement, (27c) の argument に続く that 節の内容も、その存在が前提になっている。名詞同格節を伴う名詞 (idea, report, rumor, hypothesis, knowledge など) はいずれも、広く「言説」を表すものであり、言説は誰かによってなされたものである。

実際 Stowell (1981, 200) は、同格節付き DP では、名詞もそれに続く節も共に、行為ではなく結果として生じるモノを表しているとしている (2.9 の「結果名詞」を参照)。例えば the claim that のような同格節付き DP では、名詞も that 節も、主張されたモノ (Stowell の言い方をすれば、thing which is claimed)、つまり主張された「言説」を表している。

したがって同格節の内容は、その真偽は別として、過去になされた言説として存在していることが内在的前提になっていると言える。同格節も叙実的補文も内在的前提となっているのだが、叙実的補文の場合は、加えて、その内容が事実であることを前提としている。どちらも名詞同格節であり、存在することを前提としているが、叙実的補文では主要部の名詞が事実を表す fact であるために、存在する内容が事実であることを前提としている。

名詞同格節が存在を前提としていることは、同構文と同様に節による後位修飾を受けている関係節構造と比較してみると明らかになる。同格節付き DP と関係節構造について、疑問詞 what による質問の可能性を比較してみると、関係節はそのような疑問化が可能だが、同格節付き DP では不自然である。存在が前提となっている同格節付き DP について、(b) のように「どの仮説」と問うのは不自然である。

(28) a. What hypothesis that Chomsky has made is now being widely circulated?
 b. *What hypothesis that language emerged by mutation is now being widely circulated?

また関係節構造の名詞句の後ろに I don't know と続けても不自然ではないが、同格節付き DP にそのような表現を続けるのは不自然である。同格節付き DP では述べられている言説の存在が前提になっているからである。

（29） a. The hypothesis that Chomsky has made seems to be widely circulated, but I don't know it.
　　　 b. #The hypothesis that language emerged by mutation seems to be widely circulated, but I don't know it.

前提の中でも、内在的前提と焦点や話題との関係で自動的・結果的に決まる前提とを区別して、前者は独自のδ役割（「内在的前提」）を持っていると仮定することにしよう。話題や焦点は、それらに特有な文頭や文末の位置へ移動することによって話題とか焦点という解釈が与えられる（δ役割が付与される）が、内在的前提はある構成素に「内在」しており、移動の結果としてもたらされるものではない。前章 2.9 で、名詞同格節でも、ラベル付けとの関係で、移動が行われていることを見たが、その移動は線的配列に何ら変化をもたらさない「空虚な移動」であった。移動が関与しているものの、話題や焦点のように特定の文中の位置に基づいてδ付与をもたらすような移動ではない。それにも拘らず名詞同格節がδ役割を持つのは、そのδ役割が内在的前提という特定の形式をした構成素が独自に（内在的に）有する談話的役割であるからである。[8]

3.5　δ　規　準

話題要素を含む下記 (30) の文を見てみよう。英語では、原則的に 1 つの文において話題が 1 つに限られることを示す例として、しばしば引用される

---

[8] Biber, et al. (1999, 650) によると、同格節付き DP では、名詞が背景化され、同格節に話者の関心が向けられている。とすると、同格節は Zubin (1979) の言う話者の関心の焦点（speaker's focus of interest）に相当する。話者の関心の焦点は、通常の焦点とは異なり必ずしも新情報ではないが、焦点の一種と見なすならば、同格節付き DP の同格節も焦点の一種として括ることができるかもしれない。いずれにせよ、同格節は何らかのδ役割（内在的前提、または話者の関心の焦点）を担っているものと仮定することができる。

例文である（さらに Culicover (1991), 遠藤 (2014) などを参照）。

(30) a. *John, a book, I would never buy for.
　　　　　　　　　　　　　　(Rochemont and Culicover 1990, 134)
　　 b. *John, this book, I will give to. 　　(Haegeman 2014, 205)

次例は、1つの文に複数の話題が現れているように見えるが、話題化には話題の話題化 (Topic Topicalization) と焦点の話題化 (Focus Topicalization) があり (Gundel 1974, Chafe 1976, Prince 1981)、それらが共起している例である。話題が2つではなく、話題と焦点が1つずつ現れている（大文字は焦点の話題化）。

(31) a. This book, to ROBIN, I gave. 　　(Culicover 1991, 34)
　　 b. In those days, a NICE car, we drove. 　　(Culicover 1991, 34)

節頭に移動される疑問詞も、英語では1つの節に1つだけに限られる。

(32) a. *I wonder for whom what John will buy.
　　 b. *I wonder what for whom John will buy.

節頭に話題と疑問詞が共起することは可能である。

(33) 　In the living room, what did Mary find? 　　(Bianchi 1999, 179)

主語も、言うまでもなく、1つの節に（等位構造でない限り）1つしか生じない。

(34) 　*John, the news surprised his parents.

焦点も1つの節に1つだけに限られる。焦点要素として、外置された要素や、いわゆる重名詞句転位 (Heavy NP Shift) を受けた名詞句が考えられる。(35a) と (35b) は2つの外置節を含む文、(35c) は外置と重名詞句転位を含

む文である。

(35) a. *A man came into the room last night [who had blond hair] [that I had just finished painting].⁹　　　　　(Nakajima 1992, 314)
   b. *I persuaded someone to present a paper by charming him [that's over 50 pages long] [who isn't even registered for the class].¹⁰
　　　　　　　　　　　　　　　　　　　　(Nissenbaum 2000, 191)
   c. *I gave ＿＿ to a student [a copy of LGB] [who didn't have much money].　　　　　　　　　　　(Nakajima 1992, 321)

こうした事実はいずれも、1つの節に同一のδ役割を担った要素が複数個生じることができないことを示している。あるδ役割を担った要素は、1つの節に1つしか生じることができないものと考えられる。これは、Rizziの地図理論に従えば、δ役割は機能範疇の主要部によって付与され、付与子（機能範疇の主要部）と被付与子（フェイズ）の関係が1対1であることからして当然と言えよう。δ役割が付与される被付与子の候補が2つあると、それらのうちの一方にはδ役割が付与されない。あるδ役割に特有な位置に2つの要素が現れる場合、一方の要素にδ役割が付与されるが、他方の要素には付与されずにδ役割に関して「解釈未定」となり、不適切になるものと想定できる。

これは、基底構造で付与されるθ役割と基本的に同じである。1つの項に

9　(35a)では2つの外置要素が主語からの外置―目的語からの外置の順になっている。両者の順が逆になると文法性が向上する。

　(ⅰ) A man came into the room last night [that I had just finished painting] [who had blond hair].　　　　　　　　　(Nakajima 1992, 314)

Nakajima (1992) によると、付加詞の語順にも Rizzi (1990) の相対化最小性の原理（Relativized Minimality）が働いている。さらに、Nakajima (1982a)，中島 (1984b) を参照。

10　(35b)では、by charming him が主節動詞 persuaded を修飾する主節内の構成素であるので、2つの外置要素は共に主節に属している。だが、2つの外置要素がそれぞれ不定詞補文、主文に属する場合には文法的になる。焦点も1つの節に1つだけであり、複文であれば1つの文に2つの焦点も許される。

　(ⅰ) I persuaded someone [to present a paper tomorrow [that's over 50 pages long]] [who isn't even registered for the class].　　(Nissenbaum 2000, 191)

は、必ず1つのθ役割が付与されなければならない。例えば動詞 provide は内項に Theme と Goal というθ役割を与えるが、to provide milk to the baby for the daughter のように内項として3つの項を取るとそのうちの1つはθ役割が付与されずに、不適格な項の選択として排除される。1つの項に1つのθ役割が付与されることを求めているのが、Chomsky (1981) のθ規準（θ-Criterion）である。θ規準は、基底構造における意味解釈（すなわちθ付与）の曖昧性や欠如を排除する原理である。

(36)　θ規準：各項にはθ役割が必ず1つそして1つのみ与えられ、1つのθ役割は1つの項にのみ与えられる。

(Chomsky 1981, 36)

θ規準 (36) の前半は、1つの項に必ずθ役割が与えられることを求めていると同時に、1つの項に1つのθ役割のみが与えられる（すなわち複数のθ役割が与えられてはならない）ことも求めている。後半は、1つのθ役割は1つの項にのみ与えられ、同一のθ役割が複数の項に与えられるのを禁じたものである。θ規準全体として、θ役割と項とは常に「1対1の関係」で対応していなければならないことを求めている。

表層構造における意味解釈、すなわちδ役割の付与にも、θ規準と同趣旨の原則が働いているものと考えられる。[11] 移動したフェイズを成す構成素（移動フェイズ）には必ずδ役割が、しかも1つのδ役割のみが与えられねばならず、複数のδ役割が与えられてはならない。また同一のδ役割が複数の移動フェイズに与えられてはならない。この原則を、ここではδ規準（δ-Criterion）と呼ぶことにしよう。δ規準は、θ規準と同様に、意味役割の付与の仕方に曖昧さや欠如が生じないように、意味役割の付与法を規制する原理である。

(37)　δ規準：各移動フェイズにはδ役割が必ず1つそして1つのみ与えられ、1つのδ役割は1つの移動フェイズにのみ与えられる。

11　Gallego (2009) でその可能性が示唆されている。

δ規準 (37) は、まず上記 (30), (32), (34), (35) の非文の例を排除する。これらの例文には2つの移動フェイズが生じており、それらの移動フェイズが同一のδ役割を担っているために、δ規準 (37) の後半に抵触している。

今度は、1つの移動フェイズに複数のδ役割が与えられているためにδ規準の前半の違反が生じるような例を考えてみよう。次の2例のうち、(38a) では分裂文の焦点に取り出された要素が疑問化されているのに対して、(38b) では関係詞化されている。分裂文の焦点を疑問化することはできるが、関係詞化することはできない (Rizzi 2010)。

(38)　a.　I don't know who it is ＿＿ that we must meet.
　　　b.　*The man who it is ＿＿ that I must meet left the city.

疑問詞は焦点の一種であるのに対して、関係詞は話題の一種である（詳しくは 3.8）。したがって (38a) の疑問詞 who は一貫して焦点であるが、(38b) の関係詞 who は分裂文の焦点と、関係節における話題という異なるδ役割を担っており、1つの移動フェイズは1つのδ役割しか担うことができないことを定めたδ規準 (37) の前半に違反している。[12]

(38a) では分裂文の焦点として取り出された構成素（＝who）全体がさらに疑問化されているが、では、その一部だけが疑問化される場合はどうであろうか。下記 (39) がそのような例である。焦点の統語範疇が名詞句であるか

---

[12] 次例 (i) では、(38) と同様に、1つの句が2回移動している。(i) では who が補文目的語位置から補文主語位置へ、さらに主文文頭位置へ移動している。補文主語の位置で話題の一種の提題というδ役割が、また文頭位置では焦点の一種のQ というδ役割がそれぞれ付与されるので、δ規準の違反が生じているかのように見える（田中竹史氏の指摘）。

　(i)　Who do you think t^2 was killed t^1 by Mary?

1つの解決法は、次のように考えることである。5.5.5（特に、168–169 頁）で見るように、主語位置には「低い主語」位置（TP の指定部）と「高い主語」の位置（SubjP の指定部）があり、後者のみが提題というδ役割を担っていると仮定される（Cardinaletti 2004）。非指示的／非前提的な DP は低い主語位置に移動する。疑問詞 who は非指示的／非前提的であるので、低い主語位置に移動し、そこから主文文頭へと移動して行く。(i) の t^1 の位置は低い主語位置（TP の指定部）であり、提題というδ役割が与えられない。who は主文文頭の位置で Q（焦点の一種）というδ役割が与えられるだけであり、δ規準に違反していない。

前置詞句であるかによって、また話者によって、文法性の判断に若干の相違があるようだが、[13] 総じて分裂文の焦点位置からの疑問化（WH移動）は非文法性を生み出す。[14]

(39) a. ??Who is it [a picture of ＿＿] that he decorated his door with?
    b *Who is it [with a picture of ＿＿] that he decorated his door?
（Gundel 1977, 548）

分裂文の焦点の一部をさらに疑問化によって焦点化するのであるから、談話機能上の大きな矛盾はない。だが、2回目の焦点化では、1回目の焦点化で焦点となった一部分だけが焦点化されている。分裂文ではその焦点が (with) a picture of who 全体であるのに対して、疑問化で焦点化されるのはその一部 who だけである。分裂文の焦点となっている要素を親、疑問詞を子に喩えれば、子どもは、親の性質（焦点というδ役割）を自分の身の丈分だけ親から引き継ぐものと考えられる。そこで、あるδ役割を担っている構成素Ａからその下位構成素Ｂが取り出される場合、ＢはＡのδ役割を部分的に継承するものと仮定することにする。[15]

(40)   δ役割の継承：フェイズＡに付与されたδ役割は、同一のフェイズ内の下位構成素Ｂに部分的に継承される。

親に当たる構成素Ａが担っているδ役割を$δ_1$, 子に当たる下位構成素Ｂが

---

13 (39) の文法性の判断は Gundel (1977, 548) によるものだが、同じ例文について Pinkham and Hankamer (1975, 440) は (39a) が ?、(39b) が * としている。
14 Pinkham and Hankamer (1975) は統語範疇による文法性の相違の原因を、焦点が名詞句の場合にはその位置に基底生成され、前置詞句その他の場合には焦点位置へ移動されているという具合に派生の相違に帰している。移動が関与している場合には凍結の原理より取出しが排除される。
15 Gallego (2009) は、移動によって形成されるチェインに本書で言うδ役割が与えられるとして、1回移動された構成素の中からその一部が移動される場合には、1回目の移動のチェインに与えられたδ役割がそのまま2回目の移動のチェインに継承されると仮定している。δ役割の継承が行われる点では、本章の (40) と同じだが、そのまま全面的に継承されるとしている点では、我々の立場とは異なる。

Aから引き継いだδ役割をδ₁の一部という意味でδ₁'と、それぞれ表していく。下位構成素Bは上位構成素Aの一部分であり、それに応じてBがAから引き継いだδ₁'はδ₁の一部分であり、δ₁の断片に当たる「断片的δ₁」である。δ₁'とδ₁は類似しているものの別個のδ役割である。

(40)で述べられている、上位構成素Aとその下位構成素Bとの間のδ役割のやり取り（継承）は、Ross (1967) が提案する随伴（Pied Piping）にも見られる現象である。次例 (41) は、ある要素Cが関係節化されるならば、それを含むより大きな上位構成素Dも関係節化の対象になることを示している随伴の例である。関係詞は話題というδ役割を担っているので (Kuno 1987, 17)、Cの担う話題というδ役割がDにも継承されるのである。この場合、子（下位構成素）のδ役割が親（上位構成素）へ継承しており、親のδ役割が子に継承するとしている (40) とは方向性が異なるが、親と子の間のδ役割のやり取り（継承）が成立するという点に注目したい。

(41) a. Reports [which] the government prescribes [the height of [the lettering on [the covers of ＿＿]]] are invariably boring.
  b. Reports [the cover of [which]] the government prescribes [the height of [the lettering on ＿＿]] always put me to sleep.
  c. Reports [the lettering on [the cover of [which]]] the government prescribes [the height of ＿＿] are a shocking waste of public funds.
  d. Reports [the height of [the lettering on [the cover of [which]]]] the government prescribes ＿＿ should be abolished.

(Ross 1967, 197–198)

親子間のδ役割は双方向に継承するものと考えられる。

3.6 島的環境からの取出し

では、以上見てきたことを念頭に置いて、島的環境からの取出しをδ規準の観点から見てみよう。まずδ役割が話題である構成素からの取出しから見てみる。補文で話題化されたフェイズ（下線部）には、話題というδ役割（=δ₁）が付与される。以下の説明では、具体的なδ役割の名称の代わりにδᵢとして簡略化していく。

(42)　a.　you think that [[pictures of who] John wanted ____]
　　　　　　　　　　　　　　　　　δ_1

次に主文において、疑問詞 who が疑問化（WH 移動）されるが、who には（δ_1 の断片である）δ_1' が継承されている。主文の段階で WH 移動され、主文 CP の主要部 C から焦点の一種である質問という新たな δ 役割（= δ_2）を付与される。継承された δ 役割（= δ_1'）を括弧の中に + δ_1' として併記する。

(42)　b.　*Who do you think that [[pictures of ____] John wanted ____]?
　　　　　$\delta_2(+\delta_1')$
　　　　　　　　　　　　　　　　　　　　　　　　　　　　（Corver 2005, 392）

疑問詞 who は δ 役割として δ_1' と δ_2 の2つを付与され、1つのフェイズには1つのみの δ 役割の付与を求めた δ 規準 (37) に違反する。δ 規準が意図していることは、それぞれのフェイズが担う談話上の役割は1つに限定され、その解釈上の曖昧性が生じてはならないというものである。(42b) では who が、従属節内の話題（の一部）であり、しかも文全体の質問の対象という二重の談話上の役割を負わされている。話題化によって話題として主張されている構成素の一部が、疑問文の焦点として質問されるとなると、その部分は話者によって主張されているのか質問されているのか、聞き手は解釈することができなくなる。

今度は主語からの取出しを考えてみよう。主語は緩やかな話題の一種（= 提題）であり、機能範疇 TP の主要部 T から提題という δ 役割（= δ_1）が与えられる。主語 DP の一部である what には、その δ 役割の一部（= δ_1'）が継承される。

(43)　a.　[a story about what] terrified John
　　　　　　　　δ_1

疑問詞 what が WH 移動されると、機能範疇 CP の主要部 C から質問という δ 役割が与えられる。who は δ_1' と δ_2 の2つを付与され、δ 規準 (37) に違反する。

(43) b. *What did [a story about ____] terrify John?
    δ₂ (+ δ₁')   (Chomsky 1973, 249)

主語が繰上げ構文 (44a) および ECM 構文 (44b) の主語の場合、そこからの取出しに関しては、一般的に非文法的とされているが (Haegeman, et al. 2014)、文法的とする話者もいる (Chomsky 2008a)。

(44) a. Of which car is [the driver ____] likely to cause a scandal?
                                        (Chomsky 2008a, 153)
    b. Of which car did they expect [the driver ____] to have caused a scandal?   (Chomsky 2008a, 153)

これは、繰上げ構文や ECM 構文の主語位置が、通常の主語位置に比べて、話題性 (topicality) の度合いが低いことと関連しているように思われる。例えば繰上げ構文の主語位置を、同じく名詞句の主語への繰上げが何らかの形で関わっている Tough 構文の主語位置と比較してみよう（詳しくは 5.5.5 を参照）。Tough 構文の主語として現れる名詞句は、定冠詞を持つか一般的な (generic) 場合に限られるが (Postal 1971a, Lasnik and Fiengo 1974, 下記例文 (45a) 参照)、繰上げ構文の主語として生じる名詞句にはそのような制限がない (例文 (45b) 参照)。不定の名詞句は、一般に、話題要素になることができない (例文 (45c) 参照)。次例の sm は無強勢の some を表す。

(45) a. *Sm cheese is tough for Jack to eat slowly.   (Postal 1971a, 29)
    b. Sm cheese is likely to be rotten soon.
    c. *Sm cheese, Jack ate very slowly at the dinner.

また、Tough 構文の主語として成句の断片が生じることが難しいが、繰上げ構文の主語にはそのような制限がない。成句の断片も、一般に、話題になることが難しい。

(46) a. *Tabs were easy to keep ____ on Mary.
                                        (Lasnik and Fiengo 1974, 541)

b. Tabs appear to have been kept ___ on Mary.
　　　c. *Tabs, they are keeping ___ on Mary.

さらに、虚辞 there が Tough 構文の主語になることはないが、繰上げ構文の主語になることはできる。虚辞 there は意味的に無（ゼロ）であり、それ故一般的に話題にはならない。

(47)　a. *There is hard for John to believe ___ to be a lie in her speech.
　　　b. There seems to ___ be a lie in her speech.
　　　c. *There, John thinks ___ to be a lie in her speech.

こうした対比はいずれも、Tough 構文の主語は話題性が高いのに対して、繰上げ構文の主語は話題性が低いことを示している。繰上げ構文の主語位置の話題性が低いということは、提題という δ 役割も低いということである。繰上げ構文の主語位置からの取出しに関して文法性の判断に揺れが見られるのは、その「低さ」を無視できるほどに低いと見るか、低いけれども依然として提題の δ 役割を担っていると判断するかという相違によるものと考えられる（話題性/提題性の高低を統語構造に反映した分析については 5.5.5 を見ること）。提題の程度が無視できるほどに低いと見なされるならば、主語からその一部が取り出されても δ 規準の違反が発生しない。

　今度は、一度 WH 移動された疑問詞の一部が、再度 WH 移動される (48b) のような例を考えてみよう。

(48)　a. you wonder [[which picture of which guy] she bought]
　　　　　　　　　　　　　　　　　　　　δ_1
　　　b. *Which guy do you wonder [[which picture of ___] she bought]?
　　　　　$\delta_2 (+ \delta_1')$

疑問詞 which guy は、1 回目の WH 移動で「補文についての質問」という解釈が付与され、2 回目の WH 移動では「主文についての質問」という解釈が付与される。どちらも質問という δ 役割であるが、作用域の異なる 2 つの δ 役割が付与されており、δ 規準の違反を引き起こしている。

3.6 島的環境からの取出し

　今度は、焦点が関わる構文からの取出しを考えてみよう。(49) は、伝統的に右方移動によって生じたとされる焦点位置からの取出しの例である。

(49)　a.　She will send ___ to Inspector Smithers [a picture of The Waco Post Office].　　　　　　　　　　　　　　　　　　　　δ_1
　　　b.　*The Waco Post Office, she will send ___ to Inspector Smithers [a
　　　　　$\delta_2 (+\delta_1')$
　　　　　picture of ___].　　　　　　　　　　　　　　(Corver 2005, 389)

(49a) では目的語全体が（新情報を担った）焦点として導入されながら、(49b) ではその一部が（旧情報として）話題化されている。文頭の名詞句は、焦点（$=\delta_1'$）と話題（$=\delta_2$）という異なる δ 役割を付与されており、δ 規準に違反している。

　(49a) の文末の [ ] からその一部が疑問化された場合についても、ほぼ同じように説明される。The Waco Post Office を what に代えると、(49c) のような文が派生する。疑問詞 what は δ_1 から継承した δ_1' と、文頭の位置で付与される δ_2 と、合計 2 つの δ 役割を担うことになる。

(49)　c.　*What will she send ___ to Inspector Smithers [a picture of ___]?
　　　　　$\delta_2 (+\delta_1')$

　次の (50) は、既に上で見たように、分裂文の焦点位置から疑問詞が取り出されている例である。

(50)　a.　it is [with a picture of who] that he decorated his door
　　　　　　　　　　　　　δ_1
　　　b.　*Who is it [with a picture of ___] that he decorated his door?
　　　　　$\delta_2 (+\delta_1')$　　　　　　　　　　　　　(Gundel 1977, 548)

(50a) では前置詞句全体が焦点となっており、(50b) ではその一部が質問として尋ねられている。話者が自信を持って焦点として主張したことの一部分を、話者自身が相手に質問するというのは矛盾している。ここでも δ 規準

の違反が生じている。

　次に、名詞同格節（名詞補文）を見てみよう。3.4.2 で、同格節付き DP では、名詞同格節が「内在的前提」という δ 役割を担っていることを明らかにした。[16] 名詞同格節から疑問詞として取り出すということは、取り出される要素が、内在的前提となっていながら、それについて質問することである。疑問詞は内在的前提（= $δ_1$'）と質問（= $δ_2$）という矛盾する δ 役割を担っており、δ 規準の違反が生じている。

(51)　a.　I believed [the claim that Otto was wearing the hat]
　　　　　　　　　　　　　　　　　　$δ_1$

　　　b.　*Which hat did you believe [the claim that Otto was wearing ____]?
　　　　　$δ_2 (+ δ_1')$

　叙実的補文では、その内容の存在ばかりではなく事実であることが内在的前提となっている。叙実的節からの疑問詞の取出しは、上記 (51) と同じように、疑問詞が内在的前提の一部（= $δ_1$'）と質問（= $δ_2$）という矛盾し合う δ 役割を担うことになり、δ 規準に違反する。

(52)　a.　He complained [that Otto was wearing the hat].
　　　　　　　　　　　　　　　　$δ_1$
　　　b.　*Which hat did he complain [that Otto was wearing ____]?
　　　　　$δ_2 (+ δ_1')$

　定冠詞や、指示詞、所有格名詞を伴った定名詞句らの取出しが禁じられるという事実（Chomsky (1977a) の指定性条件 Specificity Condition を参照）も、内在的前提との関係で、同様に説明される。下記 (53) の目的語 DP は内在的前提という δ 役割（= $δ_1$）を担っており、そこから文頭に取り出された who は $δ_1$ から継承した $δ_1$' と文頭で付与される $δ_2$ との 2 つの δ 役割を担ってお

---

[16] Diesing (1992) によると、内在的前提であることは島であることを含意する (Bianchi and Chesi 2012, 28)。名詞同格節が島であることは、その δ 役割が内在的前提であることと符合する。

り、δ規準に違反する。

(53) a. You heard [{John's/that} story about Otto].
         　　　　　　　　　　　　　　　　　　δ$_1$
    b. *Who did you hear [{John's/that} story about ___]?
       δ$_2$ (+ δ$_1$')　　　　　　　　　　(Chomsky 1981, 235)

最後に、付加部の島について見てみよう。付加部（特に副詞節）は、VP の内部に属するものと VP の外に属するものに大別される（Nakajima 1982b, Pesetsky 1995）。VP の内部に属する付加部は、否定の対象になると言われている。次例を参照。

(54) John does not call her because he loves her.
    a. ジョンは彼女のことを愛しているので、電話をしてこない。
    b. ジョンが電話をするのは、彼女のことを愛しているからというわけではない。
(55) John did not see her before he left the town.
    a. ジョンは町を発つ前に、彼女に会うことはしなかった。
    b. ジョンが彼女に会ったのは、町を発つ前ではなかった。

確かに (54b) では not が付加部全体を否定しているが、付加部の内部を否定しているわけではない。(54b) で否定しているのは、「ジョンが彼女を愛しているから」という理由を否定しているのであって、「ジョンが彼女を愛していないので」という具合に付加部の内容を否定しているわけではない。同様に (55b) でも、「ジョンが町を発つ前ではなく」というふうに時期を否定しているのであり、「ジョンが町を発たぬうちに」という具合に付加部の中身を否定しているわけではない。否定が付加部の中身に及ばないということからすると、付加部の中身は名詞の同格節について見た内在的前提という δ 役割を担っていると言える（副詞節と内在的前提の関係については、Huddleston and Pullum 2002, 1008）。付加部内の要素の取出しは、付加部に与えられる内在的前提 (= δ$_1$') と自らの移動によって付与される質問 (= δ$_2$) という矛盾し合う 2 つの δ 役割を担うことになり、δ 規準の違反を生み出すことになる。

(56) a. John calls her because he loves her.
       δ_1

   b. *Who does he call her [because he loves ___]?
      $\delta_2 (+\delta_1')$

3.7 凍結と δ 規準の比較

　上記の説明は、(C)-(K) の位置に移動が関与しており、それらの移動先が凍結しているという点では、(17) の凍結原理と通底している。また、それらの位置が特定の談話上の役割を担っており、そのような役割を担っている位置がそれ以後の文法操作に対して凍結しているという点では、(18) の規準的凍結の原理に類似している。

　上記の説明がこれらの原理と異なるのは、1 つには、単に移動先や規準的位置が凍結すると措定するのではなく、なぜ凍結するのかを δ 規準との関係で説明しようとしている点である。δ 規準は、基底構造における意味解釈（θ 役割の付与）の曖昧性や欠如を規制する θ 規準に対応する、表層構造における意味解釈（δ 役割の付与）の曖昧性や欠如を規制する原理であり、その必要性は、島的環境からの取出しの凍結性とは独立して、(30)-(35) のような事実を説明する上でどのみち必要な原理である。つまり、取出しの凍結性とは独立して動機付けられている原理であり、本章での説明はその独立的に動機付けられた原理に基づく説明法である。

　もう 1 つの大きな相違は、移動先や規準的位置が凍結しているとするならば、その位置 (C)–(L) はどのような文法操作に対しても凍結しているものと考えられるが、我々の δ 規準に基づく説明は、δ 役割の付与が関わるような文法操作（すなわち、内的併合）に対してのみ凍結することを主張している点である。ある δ 役割を担った島的環境にある要素がさらに別の δ 役割を果たすことになるような文法操作を行う場合に限り、δ 規準の違反が生じる。それに対して、例えば、再帰代名詞の先行詞による束縛（あるいは、先行詞との φ 素性の一致）では、再帰代名詞を含む DP がたとえ主語位置や、話題化要素、CP の指定部などの島的環境にあるとしても、δ 規準の違反は発生しない。実際、下記 (57) に見るように、斜字体で示した島的環境にある DP 内の再帰代名詞の束縛（あるいは一致）が可能である。島的環境は、束縛原理のような δ 役割の付与に無縁な文法操作に対しては凍結していない。

(57) a. John knows that *pictures of himself* are on sale.
　　 b. John said that *a picture of himself*, Mary bought.
　　 c. John wondered *which picture of himself* Mary bought.

さらに、規準的凍結では、特定の機能範疇の指定部（規準的位置）に移動した場合に凍結が起こるが、δ規準に基づく説明では、必ずしも特定の機能範疇の指定部には限らず、特定のδ役割を担っている構成素であれば生起している位置の如何に関わりなく凍結していることを主張している。例えば、外置された要素の移動先である文末の位置や、分裂文の焦点位置は、焦点というδ役割を担っており、それらの位置は取出しに対して島的環境となっている。だが、これらの位置が、Rizzi が主張するように文の左端にある機能範疇 FocusP の指定部に当たるのか定かではない。とりわけ、FocusP や TopP が伝統的な CP から分離した機能範疇であるとするならば、外置位置や分裂文の焦点位置がそうした FocusP の指定部であるとは考えにくい（但し、Belletti (2004) は、CP 領域とは別に、*v*P の上に FocusP を設けることを主張している。[17]）さらに、名詞同格節、叙実的補文、前置詞の補文などの節のように明白な移動が見られない構成素に関して、特定の機能範疇の指定部（規準的位置）に移動していると仮定されるのか否かは定かではない。本章 3.4.2 では、これらの節は内在的前提というδ役割を担っていることを見た。内在的前提というδ役割が認められれば、移動が一切関与していない、所有格名詞や指示代名詞を決定詞として持つ DP からの取出し（例文 (53)）についてもδ規準で説明することができる。

3.8　疑問詞、関係詞のδ役割

島の制約の例文では、多くの場合、取り出される要素が疑問詞かまたは関係代名詞である。どちらも WH 句（疑問詞または関係詞）の移動が関与しているので、WH 移動による移動としてまとめられる。WH 移動は長距離移動規則の典型例である。

Chomsky (1977a) は、話題化や分裂文の焦点移動のように顕在的に WH 句の移動が見られないような操作の場合でも、複合名詞句制約や WH 島の制約

17　43 頁の注 6 を参照。

に従う規則はいずれも、WH移動としてまとめられると主張している。この主張を本章の議論と絡ませると、疑問詞移動や関係詞移動の表層構造における意味解釈（δ役割）に関して興味深い示唆が得られる。話題化や分裂文化が話題や焦点というδ役割の解釈をもたらすのであるから、それらと一緒にまとめられる疑問詞移動や関係詞移動も、話題や焦点という談話的役割の解釈をもたらすものと推測するのが自然であろう。Rizzi (2010) は、疑問詞に対してはQ（質問）、関係詞に対してはR（関係詞）という規準的力（criterial force）を仮定している。だが、QやRは、文タイプや発話の力に関する概念であり、話題や焦点といった談話的な役割とは異なるように思われる。QやRの談話的役割とは何であろうか。

WH疑問文では、疑問詞の部分が焦点で、それ以外の部分が前提になっていると、広く考えられている。例えば、What did John buy yesterday at the bookstore? では、ジョンが昨日本屋で何かを買ったことはわかっており、それを前提にして何を買ったのかを質問している。実際日本語で、「ジョンは昨日本屋で何を買ったの」とか、「昨日は、ジョンが本屋で何を買ったの」「本屋では、ジョンが昨日何を買ったの」という具合に、前提の部分の語句に旧情報や話題をマークする副助詞「ハ」を付けることができるが、「*何はジョンが昨日本屋で買ったの」「*いつはジョンが本を買ったのか」から明らかなように、疑問詞には「ハ」を付けることができない。

これに対して関係詞は、Kuno (1973b; 1987) によると、関係節内における話題に相当する。関係詞の先行詞になるものは、関係節内で話題になり得る特定（specific）なものに限られる。(58a) の a book, (58b) の「ある本」のような不定の名詞句は、メアリーが欲しがっている特定のある本の場合に限り不自然ではない。

(58) a. John bought {Murakami's last book/ the book/ ?a book/ *sm book/ *something} Mary wanted to get.
  b. ジョンは、メアリーが手に入れたがっている｛村上春樹の最新の本／　あの本／　?ある本／　*いずれかの本／　*何か｝を買った。

こうした疑問詞と関係詞のδ役割の相違は、分裂文の焦点をWH疑問詞にすることができるが (91–92頁参照)、関係詞や話題化にすることができない

ことからも窺える ((59) の (a), (b) は Rizzi (2010) から引用)。分裂文の焦点
を、焦点となる疑問詞にすること (疑問化) はできるが (下記 (59a))、話題と
なる関係詞や話題化要素にすることはできない (下記 (59b), (59c))。

(59) a. Who is it ___ that you should meet?
　　 b. *The man who it is ___ that I must meet left the city.
　　 c. *The man from MIT, it is ___ that I must meet this evening.

同様のことが疑似分裂文の焦点についても言える。疑似分裂文の焦点は疑
問化できるが (下記 (60a))、関係詞化や話題化はできない (下記 (60b),
(60c))。

(60) a. What was what John bought ___?
　　 b. *The new car which what John bought was ___ is expensive.
　　 c. *The new car, I think that what John bought was ___.

さらに疑問化と関係詞化は、there 構文の意味上の主語の一部をその対象に
することができるかという点でも異なる。there 構文の意味上の主語の一部を
疑問化することはできるが、関係詞化することはできない。there 構文の意味
上の主語は新情報に限られ、新情報の一部を疑問の焦点にすることはできる
が、話題の役割を担う関係詞にすることはできない。話題は、存在が前提と
なっている旧情報に限られるからである。

(61) a. Who was there a picture of ___ on the wall?
　　　　　　　　　　　　　　　　　(Culicover and Wilkins 1984, 252)
　　 b. *I know the man who there is a picture of ___ on the wall.

疑問詞や関係詞が焦点や話題の δ 役割を担っているとなると、これらを移
動する操作 (内的併合) は、基本的に焦点または話題を作り出す役割を果たし
ていることになる。移動要素と δ 役割の 1 対 1 の対応を求めた δ 規準は、(i)
話題である要素が同時に焦点であったり、逆に (ii) 焦点である要素が同時に
話題であったり、あるいは、(iii) 話題から継承した「断片的話題」を担った

要素が同時に話題または焦点になったり、(iv) 焦点から継承した「断片的焦点」を担った要素が同時に焦点または話題になったりすることを禁じる。また (v) ある領域 (例えば補文) の焦点 (または話題) である要素が同時に別の領域 (例えば主文) の焦点 (または話題) となることも禁じる。(i) と (ii) は1つの要素が相反する話題と焦点を同時に担っている場合である。(iii) と (iv) では、δ役割の「断片」と「全体」とでは別々のδ役割と見なされる。(v) は下記 (62) のように、1つの要素 (疑問詞) が領域の異なる質問の焦点となっている場合である。

(62) *Who do you know [which picture of ___ he took]?

(62) の補文では写真についての質問 (彼が撮ったのは誰のどの写真か) であり、主文ではその被写体についての質問 (被写体が誰であるか知っているか) である。疑問詞 who は両方の役割を担っているので、質問の焦点が写真についてなのか被写体についてなのか判然としない。

δ規準は、1つの要素が担い得る、話題または焦点に関する談話的役割の曖昧性 (および欠如) を排除しようとする原理である。

3.9 主語条件について

本章では、島的環境からの取出しが禁じられるという事実をδ規準の観点から見てきた。島的環境は何らかのδ役割を担っており、そこから取り出される要素も何らかのδ役割を担うので、二重のδ役割を担うことになる。

文の特定の位置は、話題や焦点など特定のδ役割を果たしている。どの要素がどのδ役割を担う性質を帯びるようになるかは、談話の中で決まってくる。例えば、談話の流れの中で、ある要素が旧情報となれば、話題というδ役割を担う性質を帯びることになり、話題に特定な主語位置や話題化位置へと移動する。またある要素が旧情報になるとしても、その「程度」は、談話の中で異なってくるし、談話に加わっている話し手・聞き手によっても受け止め方が異なってくる。それに呼応して、話題や焦点などのδ役割も、白黒のような二分的なものではなく、談話の流れによって、また受け止め手によって、程度が強弱する幅のあるものである。

δ役割の中でも特に、主語が担う提題 (aboutness) というδ役割は、緩や

かな話題のことであり、その位置特有な話題性の度合いは文頭の話題化位置に比べると弱く、その強弱は談話に関連した様々な要因によって変動する。同じ主語の位置にある名詞句でも、例えば、定冠詞を持つか不定冠詞を持つかによって、話題性の程度が異なる。そうだとすれば、主語からの取出しは主語条件（あるいはそれに類する制約や原則）によって一律、一刀両断に非文法的とされるようなものではなく、提題／話題の程度に応じてかなり良いものからかなり悪いものまで幅があるものと予想される。また同じ主語からの取出しの例文でも、話者によってその非文法性の判断に幅があり、揺れがあるものと予測される。

そのことを多くの例文で裏付けているのが、Haegeman, Jiménez-Fernández and Radford (2014) の優れた論文である（以下、Haegeman, et al. (2014)）。論文のタイトル "Deconstructing the Subject Condition in terms of Cumulative Constraint Violation" から窺えるように、主語からの取出しを主語条件のような1つの原則や制約によって一様に非文法的とするのではなく、主語からの取出しとは独立した様々な制約の違反の累積として説明しようとしている。違反する制約の数が少なければ非文法性は軽傷であり、その累積が多ければ重傷になる。非文法性や個人差に幅がある主語からの取出しの非文法性の程度を、違反する制約の累積数によって説明しようとするところに斬新さと創意が見られる。説明に用いられている制約や原理は、伝統的な生成文法研究の中で提案されたものであるが、それらを本章の視点から見直してみると、そのほとんどがδ役割に関係したものであり、またδ役割の強弱の程度を高めるような内容のものであることに気付く。我々の島的環境の扱いは強弱の幅が生じ得るδ役割に基づくものであり、一方 Haegeman, et al. (2014) の主語からの取出しに関する分析は、単に非文法的になると留めるのではなく、どのような要因——それらは、我々の観点から眺めれば、いずれもδ役割に関係した要因——が累積すると非文法性の程度が増加するかを説明しようとするものであり、δ役割が絡んでいるという点では本章の分析と軌を一にしている。今後島的環境全般に波及する可能性も秘めているので、少し長くなるが Haegeman, et al. (2014) で取り上げられている非文法性の増減に関与する要因を見ておくことにする（文法性を表す記号は出典に準ずる）。

（ア）主語への移動　改めて言うまでもないが、同じ構成の名詞句でも、目

的語位置からの取出しは問題ないが、主語位置からの取出しは非文となる。それ故主語位置は島的環境と見なされてきたのである。両者の相違は、目的語が元来の位置に留まっているのに対して、主語は目的語位置または vP 指定部から TP 指定部へと移動している。したがって、文法性の相違をもたらす要因の 1 つとして移動の有無が挙げられる。凍結原理 (17) を参照。

(63) a. Which cars did the explosion damage [the hoods of ____]?
b. *Which cars were [the hoods of ____] damaged by the explosion?
(以上 Ross 1986, 148)
c. *Of which car did [the driver ____] cause a scandal?
(Chomsky 2008a, 153)

(イ) 特定性　名詞句がどの位置にあろうとも、定冠詞、指示詞、所有格名詞などを含んでおり特定的 (specific) である場合には取出しが阻まれる。当然、主語位置にある名詞句についても当てはまる。Chomsky (1977a) の特定性条件 (Specificity Condition) を参照。

(64) a. Of what did he want [pictures ____]?
b. ?Of what did he want [those pictures ____]?
(65) a. ??Of what did [pictures ____] upset him?
b. *Of what did [those pictures ____] upset him?
(以上 Haegeman, et al. 2014, 93)

(ウ) 主題階層　主題階層 (Thematic Hierarchy) で上位の主題役割に当たる主語ほど、取出しが難しい (Alexiadou, et al. 2007, 81)。例えば、行為者 (Agent) は到達点 (Goal) より上位にあるので、到達点に比べて取出しが難しい。但し、(66b) のような文の文法性判断には個人差が見られる。

(66) a. *Of which car did [the driver ____] cause a scandal?
b. Of which books did [the author ____] receive a prize?
(Chomsky 2008a, 160fn)

（エ）主語への繰上げ　本章 3.6 で触れたように、主語への繰上げ構文と Tough 構文には共に移動が何らかの形で関与しているが、Tough 構文の主語は指示的なものに限られるものの繰上げ構文にはそのような制限がない。主語が同じ指示的であっても、繰上げ構文の方が Tough 構文に比べて取出しが容易である。

(67)　a.　Of which car is [the driver ＿＿＿] likely to cause a scandal?
                                              (Chomsky 2008a, 153)
　　　b.　*Of which car is [the driver ＿＿＿] tough to please?

（オ）項と付加部　これまでの（ア）〜（エ）は移動要素をその一部として含む大きな名詞句についての特性であるが、今度はそこから取り出される要素、つまり移動要素の特性について見てみよう。移動要素が名詞句内で項（補部）である場合の方が付加部である場合よりも取り出しやすい。項は一般的に指示的な θ 役割 (referential θ-role) を持つが、付加部は持たない (Rizzi 1990)。一般的に指示的な θ 役割を担う要素の方が取り出しやすい。

(68)　a.　?*Of which dress did [the designer ＿＿＿] cause a scandal?
　　　b.　*From which fashion house did [the designer ＿＿＿] cause a scandal?
                                              (以上 Haegeman, et al. 2014, 97)

（カ）D-linking　疑問詞が which book のように疑問形容詞 which である場合、その修飾を受ける主要部の名詞の存在（より正確に言うならば、主要部の名詞によって表される指示物の存在）が談話の中で前提になっている。which book では、特定の本の存在が前提となっており、その本の中のいずれであるかを尋ねることになる。このような疑問詞を D-linked と呼ぶ（D は discourse の頭文字）。(69b) の D-linked の疑問詞は、(69a) のそうではない疑問詞に比べて取り出し易い。

(69)　a.　??Who were [intimate pictures of ＿＿＿] published in *The Sun*?
　　　b.　?Which famous royal personage were [intimate pictures of ＿＿＿] published in *The Sun*?　　(以上 Haegeman, et al. 2014, 101)

（キ）DP vs. PP　名詞句の構成が同じでも、その中の PP を取り出す方が DP を取り出すよりも容易である。

(70)　a.　Of which cars were [the hoods ＿＿＿] damaged by the explosion?
　　　b.　*Which cars were [the hoods of ＿＿＿] damaged by the explosion?
（以上 Ross 1986, 148）

　（ア）〜（キ）の要因のうち、名詞句全体に関する（ア）〜（エ）はいずれも話題性（topicality）を高める要因である。主語位置にはその位置特有の提題というδ役割が付与される。（ア）の主語位置への移動は、要素が移動することによって提題となり、話題性が高まることになる。提題は話題の一種であるが、文頭の話題化位置に生じる話題要素に比べると話題性が緩やかである。話題となる要素は一般的に特定的（specific）・指示的（referential）なものに限られるので（95 頁参照）、主語名詞句が（イ）の特定性を帯びると、旧情報となり、話題性が増すことになる。（エ）の Tough 構文の主語位置も指示的な名詞句に限定されることからして、話題性の高い主語位置と言える。一方繰上げ構文の主語位置にはそのような制限がなく、話題性の低い主語位置と見なせる。（ウ）の主題階層は、名称が示すように、文の主題になり易い序列と考えることができる。序列の高いθ役割を担う要素ほど主題になり易く、それ故他に率先して主語位置に現れる。行為者は最も高い序列に属し、最も主語になり易い。名詞句が（ア）〜（エ）の要因を数多く備えるほど話題性が高まり、「話題」というδ役割が明確になる。それ故、話題性の高い名詞句からの取出しほど明確にδ規準に違反し、非文法性が明確になることになる。
　一方移動要素に関する（オ）〜（キ）も話題性を高める要因と見ることができる。話題化とは、ある特定のものを取り立てることであるが、取り立てるには、まず指示的（referential）でなければならず、それには（オ）の指示的θ役割を持ち得る要素でなければならない。様態や理由、程度などを表す副詞的な要素（付加部）は指示的ではない。（カ）の D-linking では、疑問詞 which の修飾を受ける主要部名詞によって表される指示物の存在が前提になっている。疑問詞の部分は疑問の焦点であるが、主要部の部分は談話の中で旧情報であり話題性が高い。話題は、about the car, as to the car, concerning the car, of the car のように前置詞句を伴うことによって話題であることが明確になる。し

がって、(キ) で見た前置詞句と名詞句の対比では、前者の方が後者よりも話題であることが明確になる。疑問詞は質問の焦点であるが、73 頁の (E)–(G) の要因を備えることによって、質問がその文の話題性の高い事物についてであることが明確になる（なお Halliday (1967, 212–213) は、WH 疑問詞を焦点かつ話題と見なしている）。移動要素の話題性が高まるにつれて、主語の果たす提題の働きが相対的にぼやけ後退（低下）する。主語の話題性が弱まるのに伴い、「提題」というδ役割の明確さが和らぎ、主語からの取出しによるδ規準違反の度合いが弱まり、非文法性の度合いも弱まる。

　以上見てきた通り、Haegeman, et al. (2014) が挙げている要因 (ア)〜(キ) は、δ役割の 1 つである話題の強弱／高低を左右する要因として捉えることができる。(ア)、(エ) の移動（すなわち、受動化や Tough 移動によって何を主語にするか）、(イ) の特定性、(カ) の D-linking などは、いずれも談話の流れの中で決まってくるものである。我々のδ規準に基づく分析はこの規準に反すると非文法性が生じることを明らかにしたものであるが、話題や焦点などのδ役割は談話の文脈その他に応じて強弱に幅のあるものであり、Haegeman, et al. (2014) はその強弱を変動させ非文法性に影響を与える要因を具体的に明らかにした研究として注目される。

　Haegeman, et al. (2014) が挙げている (ア)〜(キ) の要因とは別に、Bianchi and Chesi (2012) は、述語が Carlson (1977) や Diesing (1992) らの言う段階的レベル (stage-level) であるか個体的レベル (individual-level) であるかによっても、主語からの取出しの可能性に違いがあることを指摘している。不定 (indefinite) 名詞句の主語に対する述語が個体的レベルの場合には、その指示物の存在が内在的に前提になっているのに対して、段階的レベルの場合には存在が内在的に前提になっているとは限らない。前者の場合には主語からの取出しが不可能であるが、後者の場合には主語からの取出しが容認されがちである。次の容認可能性の判断は、ある美術収集家が何点かの大型の名作複製と 1 点の小型の名作複製を注文するという文脈における質問である。(71a) の述語は個体的レベル、(71b), (71c) の述語は段階的レベルであり、(71c) では決定詞が定 (definite) である（上記 (イ) の特定性の相違に基づく文法性の説明を参照）。

(71)　a.　?*Of which masterpiece is [one production ＿＿＿] absolutely perfect?

b. Of which masterpiece is [one production ＿＿] already available?
  c. ?Of which masterpiece is [the small-size production ＿＿] already available? （Bianchi and Chesi 2012, 32）

Bianchi and Chesi (2012) によると、存在が内在的に前提となっている (71a) のような個体的レベル述語に対する主語は提題というδ役割を担っているのに対して、存在が前提となっているとは限らない (71b), (71c) のような段階的レベル述語に対する主語は必ずしも提題を担っているとは限らない。彼らはさらに、主語が占める位置には「高い主語位置」と「低い主語位置」の2種類があり、前者のみが提題のδ役割を担っているとしている (5.5.5 を参照)。(71a) の主語は「高い主語の位置」を占めており提題のδ役割を担っているのに対して、(71b), (71c) の主語は「低い主語の位置」を占めており提題のδ役割を担っていない。2種類の主語位置があるとするならば、上記 (エ) で見た Tough 構文の主語と繰上げ構文の主語についても、異なる主語位置を占めていると考えることができる。Tough 構文の主語は「高い主語位置」を占めているのに対して、繰上げ構文の主語 (特に、非指示的な主語) は「低い主語位置」を占めていると区別することができる (5.5.5 を参照)。そのために Tough 構文の主語となる名詞句は提題のδ役割を担い得る「話題性」の高いものに限られ (例文 (45)–(47) を参照)、しかも主語からの取出しが阻まれるのである (例文 (67b) 参照)。統語的に2箇所の主語位置を設けるか否かは別にして、同じ主語であっても提題というδ役割を担っている場合とない場合があるという指摘は注目に値する。本章の分析によれば、δ役割を担っている場合に限り、そこからの取出しがδ規準の違反を引き起こすことになる。[18]

3.10　その他の島的環境

3.10.1　WH 島 / 複合名詞句関係節タイプ

島的環境には、本章 3.1 で挙げたもの以外に、WH 島 (WH island)（下記 (72)）、複合名詞句の関係節タイプ（下記 (73)) がある。

---

[18] 主語位置を統語構造的に2箇所設ける Bianchi and Chesi (2012) の問題点は、Haegeman, et al. (2014) が指摘するように、主語の担う話題性の強弱、それに伴う主語条件の規制力の強弱が連続・段階的であるという事実を捉え難いという点である。

(72) *What did you wonder [to whom John gave t_1 t_2]?

(Chomsky 1986, 36)

(73) *Who does Phineas know [a girl who t_1 is working with t_2]?

(Ross 1967, 124)

(72)の疑問節（間接疑問文）では、確かにWH句は質問の焦点であるが、疑問節全体が話題や、焦点、内在的前提であるというわけではない。したがって特定のδ役割が与えられるわけではないので、δ規準との関係で扱うことは困難そうである。また疑問節全体が何らかの移動を受けているとも考えにくい。これは、Chomsky (2013; 2014)のラベル付け計算法を採ったとしても変わらない。実際これまでの先行研究でも、WH島を凍結原理に還元しようとする試みはほとんど見られない。

WH島は、最小連鎖条件（Minimal Link Condition）に帰するのが一般的である（Chomsky 1995）。上記(72)は、補文が2つの疑問詞（to whomとwhat）を含んでおり、疑問詞はそれが属する節頭のCP指定部に移動しなければならないのだが、補文のCP指定部は一方の疑問詞 to whom によって占められているので、もう一方の疑問詞 what は主文のCP指定部に移動することを余儀なくされる。本来ならば what も、元位置（t_1）と補文のCP指定部との間で、最小となる連鎖を作らねばならないのだが、元位置（t_1）と主文のCP指定部との間で最小とはならない連鎖を作らざるを得ず、最小連鎖条件に違反している。

最小連鎖条件は、より根源的な最小性原理（Minimality Principle）に還元することができる。最小性原理は第5章でも見るように、WH島とは別の様々な現象に関わっており、自然界における運動の原理に通底するような極めて一般性の高い原理である。最小性原理からすると、1つの移動先を目指す2つのWH句がある場合には、移動先に近いWH句のみが移動の対象になるので、もう一方のWH句は移動の対象から外れる。[19]

最小連鎖条件（または、最小性原理）が与えられれば、(73)の複合名詞句の関係節タイプについても同様に説明することができる。疑問詞 who は、そ

---

19 さらに、フェイズ不可侵性条件に還元することもできる。CPの指定部が一方のWH句で占拠されると、他方のWH句は同条件からして、移動が阻まれる（三輪健太氏の指摘）。

れが属する最小の節 (関係節) の CP 指定部に移動したいのだが、その位置は既に関係詞 who によって占拠されている。やむを得ず、元位置 (t_2) と主文の CP 指定部の間に最小とはならない連鎖を作らざるを得ない。

WH の島と複合名詞句の関係節タイプには δ 規準による説明を用いなかったが、本章冒頭で指摘した「CP タイプのみが生じる環境は島的環境に当たる」という相関性はこれら 2 つの環境にも当てはまりそうである。疑問詞、関係詞が移動する場所が CP 指定部であるとすれば、疑問節、関係節は常に CP タイプの節ということになり、上記の相関性の予測通りに島的環境ということになる。但し Bianchi (1999) は、that 節、Ø-that 節に関して、Nakajima (1996) と同様に範疇を区別しており (that 節は CP/ForceP、一方 Ø-that 節は TopP)、その区別を Wh 関係節・that 関係節と Ø 関係節にも敷衍している。Bianchi (1999) によれば Ø 関係節は CP/ForceP ではなく TopP である。だが *To whom have you read the book {which/ Ø} John acknowledged? から明らかなように、関係詞の有無にかかわりなく、つまり Bianchi (1999) によれば CP タイプであろうと TopP タイプであろうと、島を構成する。

3.10.2 等位構造

島的環境として、もう 1 つ等位構造がある。Ross (1967) が等位構造制約 (Coordinate Structure Constraint) として定義した島的環境である。第 2 章で等位項として節が現れる場合、第 1 等位項も第 2 等位項も CP タイプに限定されるわけではないことを見た。とすると、すぐ上で見た「CP タイプのみが生じる環境は島的環境に当たる」という相関性の少なくとも逆方向、すなわち「島的環境には CP タイプのみが生じる」は成り立たないことになる。等位構造は島的環境であるが、その等位項は CP タイプの構成素であるとは限らない。これは、当然と言えば当然である。というのは、等位接続される等位項となるのは節だけではなく動詞句、名詞句、形容詞句など様々な範疇が現れ、いずれの範疇の場合も Ross (1967) の等位構造制約の規制対象となるからである。

(74) a. *This is the sandwich that John [made ____] and [ate an apple]. (VP+VP)

b. *This is the water that John bought [a quarter of milk] and [a gallon

　　　　of ___]. 　（NP＋NP）
　　c. *This is the person that John is [afraid of ___] and [sorry about the accident]. 　（AP＋AP）

（以上、岡田 2003, 280）

　等位構造の各等位項に話題や焦点などのθ役割を付与するのには無理がありそうだ。また Chomsky (2013) はラベル付けとの関係で等位構造の第 1 等位項を移動 (内的併合) することを提案しているが、取出しが阻まれるのは第 1 等位項からとは限らない。したがって、移動した要素は凍結するという凍結原理に還元することも難しそうだ。なお Miwa (2014) は、等位構造はフェイズを構成し、第 1 等位項が移動すると第 2 等位項は主要部 and の領域内になるので Transfer され、第 2 等位項も内的併合にとって接近不能になるとしている。
　等位構造が島となることを説明する 1 つの案として、62 頁の注 13 で示唆したように、句範疇の XP と YP から成る構成素 β のラベルが両者の同一性に基づいて決められる場合 (67 頁 (67) のラベル付け計算法の (Bii) の場合)、β は文法操作を寄せ付けない (つまり、島となる) と仮定する方法である。2 つの句範疇から成る構成素のラベルが同一性に基づき決定される例として、Chomsky (2013) は、ϕ 素性の同一性に基づいてラベルが決まる主語と述部から成る節、および、Q の同一性に基づいてラベルが決まる疑問詞と主要部 C から成る間接疑問文を挙げている。どちらの場合も、内的併合によって移動された要素 (主語や WH 句) が最終的にたどり着く到着点であり、それ以上移動することはない。さらに、到着点にたどり着いた主語や WH 句の内部から、その一部を移動することができない。
　等位構造では移動が関与しているとは考えられないが (2.12 参照)、等位接続される等位項の間で範疇の同一性が求められる。XP と YP の等位接続から成る等位構造 β のラベルは、両者で共有されている範疇素性の同一性に基づいて決められる。このようにしてラベルが決められた構成素は、それ以上文法操作の接近を受け付けない、つまり島となると仮定される。
　移動する要素が最終的な到着点にたどり着きそれ以上移動を続けなくなるのは、ほとんどの場合、移動要素と到着点の間の同一性に基づくラベル付けが行われるような構造的位置においてである。同一性に基づくラベル付けが

行われると島を成すという仮定は、形式的な定義としては発展性があるかもしれない。だがここでも、なぜ同一性に基づくラベル付けが行われると島を成すのかという問いに、納得のいく説明を提供するのは容易ではないであろう。また等位構造制約は等位接続された等位項の移動を阻むだけではなく、その中の下位構成素の移動も阻む。等位接続された等位項は同一の素性を共有しているとしても、その内部の下位構成素はラベルとなる素性を共有しているわけではない。同一性が不成立であるにも拘らず要素の移動（内的併合）が阻まれる。

等位構造の第1等位項と第2等位項の関係は常に等位的・対称的であるわけではない。時間的前後関係、条件・帰結、原因・結果、目的、追加的説明など、一方が副詞的従属節に該当するような非対称的関係にあり、しかも等位項の間に意味的関連性やまとまりがあるような場合には、等位構造制約の規制から免れる場合がある。Kuno (1976), Culicover and Jackendoff (1997; 2005), 岡田 (2003) などを参照。

3.11 内的併合の動機

本章では、内的併合の動機を意味の二重性という観点から見てきた。句や節には、基底構造に基づく深層意味役割（θ役割）が付与されるばかりではなく、表層構造の位置に基づく表層意味役割（δ役割）が付与される。フェイズを成す要素はδ役割が付与されるように文頭や文末へと転位（内的併合）して行くのである。第2章では、こうした内的併合の動機を前面には出すことなしに、Nakajima (1996) の分離 Comp 仮説、所々で地図理論、ラベル付け理論の観点から移動を扱ってきた。ラベル付け理論では、ラベル付けの理由から移動が駆動されるので、移動の動機としては表層意味役割の付与とはまったく無縁である。[20] 移動したのちに、その位置に基づいて表層意味役割が付与されるとしている。それとは対照的に、地図理論では、話題や焦点などの表層意味役割が統語構造に形式化 (formalize) されており、移動する要素およびそれが移動して行く統語上の位置に本書で言うδ役割の情報が素性として与えられている、と仮定されている。移動はδ役割に関する素性によって駆動される。

---

20 田中竹史氏（私信）の指摘に負う。

Nakajima (1996) の分離 Comp 仮説は、TopP という δ 役割に関係した投射を仮定している点では部分的に地図理論と共通している。だが、TopP は要素が生起する場所を担保するためのものであり、移動が素性のような形式化された情報によって駆動されるという立場は採っているわけではない。δ 役割は主に談話上の情報であり（δ は discourse の頭字のギリシャ文字）、どの語句がどの δ 役割を担うかは、正確には 1 つの文の中で決定されるものではなく、談話の流れや語用論や様々な要因との関係で決まってくるものである。談話の中で決まってくるそれぞれの δ 役割を担った語句が、それに相応しい文頭や文末、主語などの位置へ移動して行く。移動した位置で初めて、どの δ 役割を担っているかが、表示から（すなわち、現れている位置の点から）読み取られる。δ 役割は表層構造の位置（表示）に基づいて解釈され、表層構造の表示に割り与えられるのである。表層意味役割（δ 役割）が表層構造の表示から解釈されるという点では、ラベル付け理論と同じである。もし文文法 (sentence grammar) の中で形式化しようとするならば、地図理論のように、談話などの文脈から切り離して、移動要素およびその移動先に δ 役割に関する素性を前もって与えることになるのだろう。

　第 2 章の何ヵ所かで、ラベル付け理論による内的併合について触れたが、いずれの場合も、2.9 を除いて、Nakajima (1996) を含めた標準的な扱いとラベル付け理論の両方を併記してきた。どちらの扱いでも、内的併合という文法操作が関与していることを示すのが目的であった。第 2 章では、補文標識の分布を原理的に説明する上で、内的併合が関与しているか否かという点が重要なポイントになっていたからである。ところが、2.9 で名詞同格節を見た際には、もっぱらラベル付けの理由からペア併合の内的併合が行われることを主張した。このペア併合は、線的語順に変化をもたらすことのない「空虚な移動」である。したがって、表層構造における語句の配列に基づいて決まってくる話題や焦点のような δ 役割が与えられるわけではない。空虚な移動をする名詞同格節には、代わりに、表層上の位置から決まる役割とは別種の「内在的前提」という δ 役割が付与されると仮定することにした。内在的前提は、表層上の位置というよりも、名詞句の形式（決定詞が定か不定か）や名詞の意味（事象名詞か結果名詞か）に基づいて決まってくる談話上の役割（δ 役割）である。つまり名詞同格節は、移動の帰結として δ 役割が付与されることを求めて内的併合を行っているわけではない。他の内的併合全般が表層位置に

基づくδ役割を求めて行われるのに対して、名詞同格節の内的併合がラベル付けの理由から行われるとしても、前者のδ役割は表層の表示に基づいて決まるδ役割が付与されるのに対して、後者のδ役割は表層位置とは独立した名詞句の意味等から決まるようなものである。したがって、両者の間で動機付けが異なるとしても何ら矛盾や不整合が生じるわけではない。

3.12 ま　と　め

　本章では、まず、前章で指摘した CP タイプ補文のみが生じる構造的位置が、要素の取出しを阻む島的環境に一致することを指摘し、その理由を表層構造の意味解釈（δ役割）およびその付与法に関する原理（δ規準）に基づいて説明することを試みてきた。CP タイプの補文のみが生じる位置には何らかの内的併合が関与しており、内的併合はδ役割の獲得のために駆動される。したがって内的併合を受けたフェイズ（移動フェイズ）には何らかのδ役割が付与される。移動フェイズの中の下位構成素には、移動フェイズに付与されたδ役割の一部が継承（割譲）される。その下位構成素がさらに移動する（つまり、移動フェイズから取り出される）と、移動先で新たにδ役割を付与され、都合2つのδ役割を付与されることになる。二重のδ役割の付与は、移動フェイズとδ役割の間の1対1の対応関係を求めたδ規準に違反することになる。島的環境からの取出しに伴う非文法性の原因は、δ規準の違反に帰される。なお同格節付き DP では、ラベル付けのために内的併合が行われているが、表層的には変化をもたらさぬ「空虚な移動」であり、表層構造における位置からδ役割が与えられるとは考えられない。代わりに内在的前提というδ役割が与えられていると仮定した。

　δ役割は談話上の概念であり、それを担う要素が談話の中で現れる文脈によって、その強弱／高低の程度が変動する。同一のδ役割でも強い（高い）程度のδ役割を担う要素からの取出しは、強くδ規準に抵触する。島的環境からの取出しに文法性の揺れが生じるのは、島的環境となる移動フェイズが担うδ役割の強弱の程度が変動するためである。

　移動フェイズが島的環境になるということは、凍結原理、規準的凍結、エッジ条件などが捉えようとしていることと概ね一致しているが、これらの原理は、移動した構成素が取出しに関して凍結する（すなわち、島的環境になる）という現象的事実を記述的に一般化したまでに過ぎない。なぜ凍結するのか

という問題に対する納得のいく説明にはなっていない。それに対して本章における δ 規準に基づく分析では、同規準に違反すると、δ 役割の獲得を求めて移動した構成素（移動フェイズ）の δ 役割の解釈が 1 通りではなくなり、その談話上の役割が不透明になるためであると説明される。

3.13　おまけの個人的回想

　Chomsky は、併合に 2 種類（外的併合と内的併合）が存在することの理由との関係で「表層意味役割」を導入したが、その統語的働きを追究していくと、本章で見てきたように、δ 役割、δ 規準、そして話題・焦点の非両立性へと展開していったのは誠に意外であり、また感慨深いものがある。実は、移動規則に話題化または焦点化などの機能を持たせ、機能を異にするまたは同じくする移動規則が競合するように適用すると規則の非両立性 (rule incompatibility) が生じるという構想は、20 歳代後半から抱いており、アリゾナ大学に留学した時もその構想に沿って博士論文を提出するつもりでいた。この線でかなりのところまで書き上げたところで、しかしながら、当時の「GB 旋風」にあおられ、論文執筆の終盤で、規則の非両立性を GB 理論の枠組みで捉え直すことを余儀なくされた（その経緯や様子は、中島 (1995) 第 15 章で紹介してある）。ただ当初の構想は捨て難く、論文のタイトルに *Rule Incompatibility Phenomena* として留めることにした。当初の「機能論的移動規則」の構想は辛うじて、*Metropolitan Linguistics* (1981) に掲載した "Extraction Phenomena in Topic-Comment Constructions" に一部が残されている。本章の議論を振り返ると、20 歳代後半に抱いた着想に、だいぶ遠回りして再び戻ってきたような感じがする。

第 **4** 章

δ 役割とルート変形

　これまで、第 2 章で CP タイプの補文標識（that と whether）のみが生起する環境には何らかの移動が関与していることを、また第 3 章ではそれらの環境がいずれも島的環境に該当することを、それぞれ見てきた。本章では、さらに、それらの環境のあるものは Emonds (1976) の言うルート変形（root transformation）が適用できない環境——最近の用語を用いれば、主節現象（main clause phenomena）が成り立たない環境——に当たることを見る。CP タイプの補文は、それと比較される TopP タイプの補文に比べると、より「成熟」した「大きめ」の節であるにも拘わらずルート変形が適用できないというのは理解し難いように思える。また前章で見た島的環境および本章で見るルート変形の不適用に関する説明は数多くあるが、両者を統一的な概念で説明する試みはあまり見られない。こうした問題に対応するには、前章で導入した δ 規準に基づく説明が有望であることを示していく。

4.1　CP と TopP とフェイズ

　第 2 章で、2 つの節範疇である CP と TopP のうち、CP タイプの節（that 節と whether 節）のみが移動（内的併合）の対象となり、フェイズに当たることを見た。CP がフェイズに当たるのに対して TopP はフェイズに当たらないことを裏付けるような、これまでとは幾分異なる証拠を、本章で扱う補文内での移動操作との関係で見ておこう。

　第 1 に、動詞 V と形容詞 A の補文として that 節も Ø-that 節も生じるが、話題化や VP 前置などいわゆるルート変形（詳しくは 4.2 以降）が適用できるのは、that 節においてのみである。

（ 1 ）　a.　John believes [that *Bill*, Mary doesn't like ＿＿＿].

b. *John believes [*Bill*, Mary doesn't like ＿＿].

　　　　　　　　　　　　　　　　　　　（Nakajima 1996, 147）
（2）　a. They expect the Yankees to win the American League pennant, and I believe [that *win the American League pennant*, they will ＿＿].
　　　b. *They expect the Yankees to win the American League pennant, and I believe [*win the American League pennant*, they will ＿＿].

　(1), (2) で用いられている話題化や VP 前置は移動操作であり、内的併合の一種である。Chomsky (2008a, 143) によれば、内的併合はフェイズ主要部によってのみ駆動される（さらに Citko (2014, 30)）。[1] CP タイプの節はフェイズなので、内的併合を駆動するフェイズ主要部を持っているが、TopP タイプの節はフェイズではないので、そのようなフェイズ主要部を持っていない。CP タイプの節と TopP タイプの節におけるルート変形の適用可能性の相違は、両タイプの節がフェイズ主要部を持っているか否か、すなわちフェイズであるか否かの違いを明確に示している。

　第 2 に、仮定法の条件節では接続詞 if が現れる代わりに主語と助動詞の倒置が起こる。この倒置は、疑問文における主語・助動詞の倒置とは異なり、補文においても起こる。だが倒置が起こるのは that 節においてのみであり、Ø-that 節においては起こらない。

（3）　a. John often says [that *were* he a Japanese, he would like to live in Kyoto].
　　　b. *John often says [*were* he a Japanese, he would like to live in Kyoto].
（4）　a. It is tempting to speculate [that *were* it not for the onset of the protracted illness in February 1858 which led to his death in September 1859, his influence might have produced a very different outcome to the competition].
　　　b. *It is tempting to speculate [*were* it not for the onset of the protracted illness in February 1858 which led to his death in September 1859, his influence might have produced a very different outcome to the

---

1　IM should be driven only by phase heads.　　　　（Chomsky 2008a, 143）

competition].

　(3), (4) における助動詞の倒置は主要部移動の一種であり、主要部 T にある助動詞が移動して行く移動先は主要部 T から最も近い主要部、すなわち Top である。そのために、倒置した助動詞は主語と補文標識の間に現れる。CP タイプの節では主要部 Top が空いているが、TopP タイプの節ではその位置が補文標識 Ø-that によって占められている。
　Chomsky (2008a, 145) によると、非フェイズの主要部が関わる素性（例えば、主要部 T が関わる Tense や φ 素性など）はフェイズの主要部から継承するものと考えられる。[2] (3), (4) の助動詞倒置を駆動する素性も、主要部 Top がフェイズの主要部から継承するとするならば、CP タイプの節にはその継承の源となるフェイズ主要部があるが、TopP の節には不在である。したがって、助動詞倒置を許す CP タイプの節は、継承すべきフェイズ主要部を持つフェイズであるのに対して、助動詞倒置を許さない TopP の節は、そのようなフェイズ主要部を欠いておりフェイズではないと言うことができる。
　第 3 に、第 2 章で見たいわゆる that 削除 (that と Ø-that の交替) に関連して、Giorgi and Pianesi (2004) によると、イタリア語の補文主語（次例の *Maria*) が動詞の後方に生じる場合には補文標識として che (＝that) でも Ø でも構わないが、動詞の手前に生じる場合には che に限られる。

(5) 　a.　Gianni credeva {che/ Ø} avesse telefonato *Maria*.
　　　b.　Gianni credeva {che/ *Ø} *Maria* avesse telefonato.
　　　　'Gianni believed {that/ Ø} Maria had called.'
　　　　　　　　　　　　　　　　　　　　　　(Giorgi and Pianesi 2004, 196)

　(5b) のように補文主語が動詞の手前に生じている時には、動詞後方から TP 指定部へ移動している。この TP 指定部への補文主語の移動が主要部 T の素性によって駆動されるとすれば、T は非フェイズ主要部であるからその素性は、上述の通り、フェイズ主要部から継承される。補文主語の移動を許

2　So it makes sense to assume that Agree and Tense features [non-phase features, H. N.] are inherited from C, the phase head.　　　　(Chomsky 2008a, 145–146)

す che 節は、T への素性の継承の源となるフェイズ主要部を持つフェイズであるが、それを許さない Ø 節はフェイズ主要部を持っておらず、フェイズとはなっていない。CP タイプの節はフェイズであるのに対して、TopP タイプの節はフェイズではない。

4.2　ルート変形の適用環境

　話題化や VP 前置などの移動操作は基本的にルート文（主節）においてのみ適用できるのだが（Emonds (1976)）、上記 (1), (2) で見たように、一定の意味を表す動詞や形容詞——Hooper and Thompson (1973) によると主張（assertion）を表す動詞や形容詞——に続く that 節においても適用することができる。ところが that 節が、文主語 (6)、名詞同格節 (7)、叙実的補文 (8)、話題化 (9) として生じている場合には、その内部でルート変形（丸括弧内）が適用できない。さらに、that 節以外でも、副詞的従属節 (10)、疑問節 (11) でも適用することができない (Hooper and Thompson (1973), Emonds (1976), Rochemont (1989), Haegeman (2014) など)。

A.　文主語
(6)　a.　*[That *this book*, Mary read thoroughly] is true.（「話題化」）
　　　　　　　　　　　　　　　　　　　　　　　　(Authier 1992, 332)
　　　b.　*[That *over the entrance* should hang the gargoyle] was written in the plans.（「場所句倒置」）　　(Hooper and Thompson 1973, 479)

B.　名詞同格節
(7)　a.　*I resent the fact [that *each part* he had to examine carefully].（「話題化」）　　　　　　　　(Hooper and Thompson 1973, 479)
　　　b.　*The claim [that *on the wall* hangs a portrait of Mao] is still unsubstantiated.（「場所句倒置」）　(Hooper and Thompson 1973, 486)

C.　叙実的補文
(8)　a.　*I regret [that *Mary* my antics upset as much as they did].（「話題化」）
　　　　　　　　　　　　　　　　　　　　　　　　(Alrenga 2005, 179)
　　　b.　*Sally plans for Gerry to marry her, and it bothers me [that *marry her* he will].（「動詞句前置」）　(Hooper and Thompson 1973, 479)

D. 話題化位置
(9) a. *[That *Bill*, Mary loves], I simply can't believe. (「話題化」)
 (Grosu and Thompson 1977, 109)
 b. *[That *beyond the next hill* stood a large fortress], the scout reported. (「場所句倒置」)

E. 副詞節
(10) a. *[When *this song* I heard last week], I remembered my first love. (「話題化」) (Haegeman 2014, 189)
 b. *We were all much happier [when *upstairs* lived the Browns]. (「場所句倒置」) (Hooper and Thompson 1973, 495)

F. 疑問節
(11) a. *I wonder [when *to Tom* Mary gave a book]. (「話題化」)
 b. *I wonder [if *to Tom* Mary gave a book]. (「話題化」)
 (Rochemont 1989, 150)

(A)–(F) の環境はいずれも、前章で見た島的環境に当たる。(A) は文主語制約、(B) は複合名詞制約、(C) は叙実的島、(D) は話題化の島、(E) は付加部条件、(F) は WH 島に該当する島的環境である。

この点に着目して、Iwakura (1978, 357) は初期の生成文法研究で、島的環境とルート変形が適用できない環境が一致するという注目すべき相関性を指摘している。

(12) 補文がその内部の構成素の取出しを許さない場合には、ルート変形の適用も許さない。[3] (Iwakura 1978, 357)

だが実際には、島的環境とルート変形が適用できない環境とが完全に一致するわけではない。主語から外置された要素 (G)、目的語から外置された要素 (H)、同格文の焦点 (I)、分裂文の焦点 (J) なども取出しに関して島的環境であるが、その内部におけるルート変形の適用は可能である。

---

3 When complement sentences disallow extraction of their internal constituents, they also disallow application of root transformations. (Iwakura 1978, 357)

G. 主語からの外置
(13) a. The rumor spread [that *his mother* he paid no attention to whatsoever]. (「話題化」)
  b. The report was made in BBC 7 o'clock news today [that *never before* have prices been so high]. (「否定句倒置」)
H. 目的語からの外置
(14) a. They spread the rumor through the whole city [that *his mother* he paid no attention to whatsoever]. (「話題化」)
  b. He made the report in BBC 7 o'clock news today [that *never before* have prices been so high]. (「否定句倒置」)
I. 同格文の焦点
(15) a. My impression is [that *his mother* he paid no attention to whatsoever]. (「話題化」)
  b. The US warning is [that *more serious to the Asian countries* is the increase in the size and strength of Chinese warfare systems]. (「Be の周りの移動」)
J. 分裂文の焦点
(16) ??It is [that *his mother* he paid no attention to whatsoever] that he asserted. (「話題化」)

これらの例文のうち (13)–(15) は、私が文法性の判断を尋ねた母語話者 (英国人) も、Liliane Haegeman (私信) が尋ねた Andrew Weir (Gent 大学言語学者、英国人) も、容認可能としている。(16) については、私が尋ねた母語話者は「あまり好きではないが文法的に可能」、Weir は非文法的としている。Haegeman は、その理由を、分裂文の焦点には指示的な (referential) ものしか生じることができないという一般性 (Borkin 1984, 136) に原因を求めている。分裂文の焦点位置には、ルート変形が適用しているか否かに関わりなく、that 節が生じにくいというのである。但し、分裂文の焦点位置には、指示的ではない that 節や不定詞節が生じるとする話者もいる。

(17) a. It was that pigs fly that we persuaded Fred. (Delahunty 1983, 86)
  b. It was for Fred to return that the ladies are most eager.

(Delahunty 1983, 86)

c. It is to go home (every morning) that John {prefers/ *seems}.
(Chomsky 2001, 43)

(16) の判断は、(13)–(15) で見たような例と比較した場合に、that 節が分裂文の焦点位置には生じにくいという傾向のために、(16) の方が文法性が低いということであろうか。

　Green (1974) は、ルート変形の適用可能性は談話の流れなど語用論的要因に掛かっていることを主張している。そうだとするとルート変形の適用可能性に、ここでも談話的役割に関する δ 役割が重要な役割を果たすものと予測される。δ 役割の観点から、上で見た島的環境を整理してみよう。まずルート変形の適用を拒む (A)–(F) の環境について、前章で挙げた δ 役割を割り当ててみる。

(18)　A. 文主語: 提題
　　　B. 名詞同格節: (存在の) 内在的前提
　　　C. 叙実的補文: (事実の) 内在的前提 ⎫
　　　D. 話題化位置: 話題 　　　　　　　⎬ 「前提的」な δ 役割 / 非主張的
　　　E. 副詞節: (存在の) 内在的前提 　　⎭
　　　F. 疑問節: 質問

(18) の (A), (D) の提題・話題は、一般に旧情報が担い、それによって表されている事物の存在が前提となっている。(B), (C), (E) では、存在が内在的に前提となっている。(C) の事実の内在的前提は、当然その事実の存在が前提になっている。(F) の疑問節でも、疑問詞の部分が焦点、残りの部分が前提という役割分担になっている。したがって、(A)–(F) は、総じて「前提的」な δ 役割を担っているという点で共通している。前提となっている環境ではルート変形が適用できないということになる。

　この結論は、ルート変形が適用できるのは主張 (assertion) が述べられる環境である、という Hooper and Thompson (1973), Hooper (1975) らの主張と矛盾しない。主張と対比を成すのが前提であり、非主張的な前提の部分ではルート変形が適用できないことになるからである。なお最近のルート変形研

究（別名、主節現象研究）の 1 つである Haegeman (2014) でも、ルート変形が適用できない環境に共通しているのは、discourse-old で familiar な情報を述べている環境である、と記述的に一般化している。discourse-old も familiar も、その情報が前提となっているということである (Haegeman (2014) については、4.6 を参照)。

δ 役割は談話上の役割であり、(18) の (A)–(F) のような特定の構造上の位置に特定の δ 役割が付与されるが、絶対的に固定しているわけではない。例えば下記 (19a) では、B は how で尋ねている A の質問に対する答えであるので、how に対する答えとなる述部の部分 (is very hungry) が焦点であり、副詞節 (because 節) の部分は話者が既に知っていることを前提にしているか、少なくとも焦点から外れた補足的なものである。それに対して (19b) では、副詞節は疑問詞 why に対する答えであるから副詞節が焦点となっている。(19a) の文脈では副詞節内でルート変形が適用できないが、(19b) の文脈では同じ副詞節内でも適用することができる。

(19)　a.　A: How is he?
　　　　　B: He is very hungry because he hasn't eaten a bit.
　　　　　　*He is very hungry because *not a bit* has he eaten.（「否定句倒置」）
　　　b.　A: Why is he hungry?
　　　　　B: He is hungry because he wouldn't eat a bit.
　　　　　　He is hungry because *not a bit* would he eat.

(Green 1974, 392)

今度は、ルート変形が適用できる (G)–(J) の環境に δ 役割を割り当ててみよう。

(20)　G. 主語からの外置：（焦点化位置）：焦点　⎫
　　　H. 目的語からの外置：（焦点化位置）：焦点　⎬「焦点的」な δ 役割 /
　　　I. 同格文の焦点：焦点　　　　　　　　　　　⎪主張的
　　　J. 分裂文の焦点：焦点　　　　　　　　　　　⎭

いずれも焦点という δ 役割を担っている。(18) の「前提的」δ 役割という

表現に合わせて、「焦点的」なδ役割と呼ぶことにしよう。焦点 (focus) は前提 (presupposition) の対極を成すのであるから、前提的なδ役割が非主張的であるのに対して、焦点的δ役割は主張的である。話者や主語の主張を表すルート変形は、(20) のような焦点的δ役割が付与される環境において適用することができる。この点でも、ルート変形が適用できるのは主張的な部分であるという Hooper and Thompson (1973), Hooper (1975) らの見解と矛盾しない。ルート変形は、Iwakura (1978) の主張 (12) とは異なり、島的環境全般において適用できないわけではなく、前提的δ役割が付与される環境では適用できないが、焦点的δ役割が付与される環境であれば適用することができる。

4.3　ボトムアップ方式

これまで、主語などの位置を占める節ではルート変形が適用できない、というような言い方をしてきた。これは、主語の位置に既に節ができていることを前提にしている。このような説明法は、文構造の形成に関して、標準理論で採ってきた句構造規則やGB理論で採ってきたXバー理論による形成法——すなわち、大きな要素がそれを構成する小さな構成素へと展開していくというトップダウン方式の文構造の形成法——に基づいている (2.15 参照)。主語の位置に節から成る主語 (文主語) が既に出来上がっており、その内部で要素の移動などの操作が行われるという考え方である。トップダウン方式の文構造の形成法では、既成の主語や話題化位置のような前提的/非主張的環境でルート変形が適用されると非文になる、と説明することができる。

これに対して、ミニマリスト・プログラムでは、語句などの小さな要素を併合操作によって組み合わせていき、次第に大きな構成素を作り上げていく、というボトムアップ方式が採られている。外的併合によって文の一部が出来上がり、出来上がった構造において内的併合によって要素が移動され、さらに外的併合を繰り返して、節のような大きなまとまりができていく。例えば、I think *that Mary John loves.* のような話題化が行われている補文 (斜体部) を作るには、動詞 love と名詞句 Mary を外的併合して VP を作り、出来上がった VP に v および名詞句 John を外的併合して vP を作り、vP の中から Mary を取り出して TP に併合 (内的併合) する。その結果出来上がったまとまりにさらに補文標識 that を外的併合すると斜体部 CP が出来上がる。

ボトムアップ方式の文構造の形成法では、ルート変形 (例えば、話題化) と

しての内的併合が補文の形成過程で適用され、さらにその補文が動詞と外的併合すれば動詞の補部の位置に生じる。補文がそのまま動詞補部の位置に留まることもあれば、内的併合によって焦点的／主張的な環境へ移動されることもあれば、前提的／非主張的な環境へ移動されることもある。既にルート変形を受けている補文が (13)–(16) のような焦点的／主張的な環境に現れれば、結果的に文法的となり、(6)–(11) のような前提的／非主張的な環境に現れれば、同じく結果的に非文法的になる。したがって、補文の形成過程でルート変形としての内的併合が行われた段階では、その併合が文法的であるか否かは決まらない。ルート変形としての内的併合自体は文法的であり、それを含む節が最終的にどの位置に生じるかによってその内的併合が結果的に文法的であるのか非文法的であるのかが決まってくる。

このように、ボトムアップ方式の元では、従来トップダウン方式の元でなされてきたルート変形の適用可能性の説明方法を根本的に改めなければならない。ルート変形による移動を受けた要素を含む節が最終的に、すなわちS構造において、どのような位置を占めるかによって文法性が決まるのであるから、その文法性を説明する上で、S構造で決まるδ役割が重要な役割を演じることになるものと予想される。

4.4 ルート変形とδ規準

ルート変形の働きは、基本的に話者あるいは主語の観点からある要素を取り立てて強調することである (Hooper and Thompson 1973)。取り立てるということは広義の「話題」にすることである。したがって、ルート変形によって移動される要素 XP は、一様に、TopP の指定部へ移動されるものと考えられる（詳しくは 4.5 を参照）。移動された位置に基づいて XP に話題というδ役割 ($= \delta_1$) が付与される。XP を含む TopP の外側に補文標識 that が外的併合されて補文 CP が出来上がる。補文 CP がさらに主語や話題化位置へ移動（内的併合）すると、新たにその移動先特有なδ役割 ($= \delta_2$) が付与される。下記 (21) では、補文 CP が α ——補文 CP が主語になるのであればαは TP、補文 CP が話題になるのであればαは TopP——に内的併合されて、主語位置または話題化位置を占めるようになったことを表している。

(21)

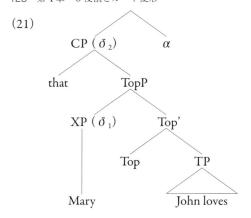

　CPに付与された$δ_2$は、第3章(40)の「δ役割の継承」(92頁)により、CPの一部を成すXPへと継承されていく。既に話題化によってXPには$δ_1$が付与されており、XPは$δ_1$と$δ_2$'の2つのδ役割を持つことになり、δ規準の違反を引き起こす。例えば下記(22)では、話題化された名詞句 this book を含む補文が主語位置に生じている。まずその名詞句が話題化位置から$δ_1$(＝話題)を付与され、一方それを含む補文全体が主語位置から$δ_2$(＝提題)を付与される。$δ_2$の一部がその内部の名詞句 this book に継承されると、this book は$δ_1$と、$δ_2$から継承した$δ_2$'と、都合2つのδ役割を担うことになる。

(22)　*[That <u>this book</u>, Mary read thoroughly] is true.
　　　　　　$δ_1 (+δ_2')$　　　　　　　　　　　(Authier 1992, 332)

　但し、$δ_2$がどのようなδ役割の場合にもδ規準の違反が生じるわけではない。ルート変形の基本的な働きは、上で触れたように、話者または主語の観点からある要素XPを強調することである。したがってルート変形は、話者または主語の主張が述べられない環境(非主張的環境)では適用できないが、主張が述べられるような環境(主張的環境)であれば適用することができるはずである。δ役割で言えば、(18)のような前提的なδ役割が与えられる節では適用できないが、(20)のような焦点的なδ役割が与えられる節では適用することができる。

　こうした特定の島的環境において例外的にルート変形の適用が可能である

という事実を捉える方法として、1つは、δ規準に一定の条件下において例外を認める案であり、もう1つは、δ規準はそのままにしておいて、δ役割の継承について例外を認めるという案である。δ規準は、θ規準と同様に意味解釈の大きな原則であるのだから、できればその例外を認める第1の案は回避したい。また例外を認めるにしても、単なる事実の言い換えではなく、なるべく納得のできる例外の説明にしたい。

ルート変形は、原則的に、その名が示すようにルート文（主節）においてのみ適用する操作である。一方δ役割は、基本的に、内的併合によって移動されたフェイズに対して付与される解釈である。ルート文は内的併合によって移動されているわけではないので、ルート文には特定のδ役割が付与されるわけではない。

ルート変形が例外的に非ルート文（従属節）で適用できるのは、非ルート文が主張的な環境にある場合に限られる。主張的環境にあるという点では、話者の主張が述べられるルート文と同じである。そこで、主張的な非ルート文内部に、既に内的併合を受けてδ役割を付与されているフェイズがある場合には、ちょうどルート文におけるのと同様に、上位構成素（非ルート文）からその下位構成素（移動フェイズ）へのδ役割の継承がないものと仮定することができる。主張的環境とは、δ役割で言えば「焦点」であるから、上位構成素が「焦点」というδ役割を担う場合、そのδ役割の下位構成素への継承は行われないことになる。いわば、子どもが既に自分の財産（δ役割）を持っていれば、親の財産の種類によっては、その財産の割譲が行われない、といったところだろうか。

そこで、第3章 (40) のδ役割の継承に、次のような但書きを加えることにする。

(23)　δ役割の継承：フェイズAに付与されたδ役割は、同一のフェイズ内の下位構成素Bに部分的に継承される。但し、Bが既にδ役割を付与されており、かつAのδ役割が「焦点」である場合は、除く。

下記 (24) において、[　　] のCPが内的併合（伝統的な言い方をすれば、主語からの外置）により移動されている。移動されたCP内部には話題化されたDP（下線部）がある。上述のボトムアップ方式の文構造形成法によると、

CP の移動（外置）以前に DP が移動（話題化）されており、その段階でδ役割（＝$δ_1$、「話題」）が付与される（2.2.1 および 2.15 を参照）。(23) の但書きにより、CP からそのδ役割（＝$δ_2$、「焦点」）の一部（＝$δ_2'$）が DP に継承されることはない。したがって、DP には $δ_1$ のみが付与されており、δ規準の違反が生じない。

(24) The rumor spread [$_{CP}$ that <u>his mother</u> he paid no attention to whatsoever].　　　　　　　　　　　$δ_1$ (+ $δ_2'$)

(23) の但書きで、「B が既にδ役割を付与されている」場合と限定しているのは、第 3 章で見た島的環境からの取出しと区別するためである。島的環境からの取出しでは、まず上位構成素 A から下位構成素 B へδ役割が継承され、それを担った B が上位構成素 A の外に移動し、移動先で新たに別のδ役割を付与される。上位構成素 A から継承が行われる際には、まだ B は独自のδ役割を付与されておらず、継承が妨げられない。それに対して、本章の非ルート文におけるルート変形の適用では、上位構成素 A から下位構成素 B への継承が行われる際には、B は既に独自にδ役割を付与されている。また、「A のδ役割が『焦点』である」場合としているのは、上で見たように、焦点的環境にある非ルート文においては、主文と同じような環境にあるので、例外的にルート変形の適用が可能であるという事実を反映したものである。

第 3 章で見た島的環境における要素の取出しでは、一旦移動を受けた上位構成素 A からその内部の下位構成素 B が外部へと移動されるのに対して、本章で見ている島的環境におけるルート変形の適用では、伝統的な言い方を用いれば、既に移動を受けている上位構成素 A の内部でその下位構成素 B が移動されている。[4] こうした相違にも拘わらず、下位構成素 B は自らの移動と、

---

[4] 構成素 A と下位構成素 B がこのような関係にあっても、下記 (i) のように、B が WH 句であり A（移動した CP）の内部において移動している場合には非文が生じない（Liliane Haegeman 私信）。

 (i) [What he bought ＿＿＿ yesterday] I don't know.
(i) では、WH 句は焦点であると同時に、移動した CP 全体の文タイプ（＝疑問節）を表す働きを担っている。このような場合、文タイプを表す役割が優先され、WH 句は特定のδ役割付与から免れているものと考えられる。CP から WH 句にδ役

それを一部として含む上位構成素 A の移動によって、2 つの δ 役割が付与されるという点では同じである。どちらも δ 規準の違反として説明される。

4.5 ルート変形と δ 役割

既に触れてきたように、ルート変形の働きは、Hooper and Thompson（1973, 472）によると、話者あるいは主語の観点からある要素を強調することである。強調するということは、換言すれば、「特に取り立てる」ことである。「取り立て」は、話題の基本的働きである。したがってルート変形によって移動される要素は、いずれも話題という δ 役割を与えられるものと考えられる。この点を、ルート変形のいくつかの例から見てみよう。

話題化（Topicalization）によって前置できるのは、談話の中で既に話題に上っているような旧情報の要素に限られる（Rodman 1974, 440）。したがって、話題化される要素は、定冠詞、指示詞、所有格名詞などを持った定表現（不定表現の場合は総称的）に限られる。下記の sm は無強勢の some。

(25) {*That*/ *The*/ *Sm} *book*, you should read.

場所句倒置（Locative Inversion）では、談話の中で馴染みのあるような情報を担った前置詞句が、動詞の手前に倒置される（Levin and Rappaport Hovav 1995, 230）。構文全体で提示的な（presentational）意味を表しているので、特に前置詞句だけを「取り立てている」とは言えないが、前置される前置詞句が馴染みのある「旧情報」を担っていることは明らかである。次例では、前置された前置詞句の中に旧情報となる代名詞 her が含まれている。

(26) *Over her shoulder* appeared the head of Jenny's mother.
（Levin and Rappaport Hovav 1995, 220）

Be の周りの移動（Movement around Be）の中でも、前置されるのが形容詞句の場合には、比較級または最上級となる。形容詞によって表される状態・

割（話題）が継承されても、WH 句は二重の δ 役割を担うことはない。さらに検討を要する。

性質が既に談話の中に登場しており、話題となっている。下記 (27) ならば、既に「重要である」出来事や行為のことが言及されており、それとの関連で「さらに重要な」事態が導入される。前置されている形容詞は旧情報と言える。

(27)　*More important* has been the establishment of legal services.

(Emonds 1976, 35)

　動詞句前置 (VP Preposing) の例文では、前置の対象となる動詞句が必ず先行文脈に現れている。動詞句前置されている文が単独で現れるのは不自然である。下記 (28) では、第 1 等位項に、第 2 等位項で動詞句前置を受ける pass an exam が現れている。第 1 等位項なしに and 以下が突然現れたのでは不適格な文となる。動詞句前置される動詞句は旧情報である。

(28)　Mary once predicted that John would pass an exam eventually, and *pass one* he now has.

　Emonds (1972), Jackendoff (1972) などによると、文主語は外置位置にある補文を主語置換 (Subject Replacement) と呼ばれるルート変形によって主語位置へ移動することによって生じるとされている。Koster (1978) はさらに、文主語は主語位置ではなくサテライト (話題化位置に相当) に生じているとしている。文主語によって表される内容は、Haegeman (2014, 207) によれば、談話において旧情報となっている情報に限られる。

(29)　[*That Mary read this book thoroughly*] is true.

　このようにルート変形によって移動される要素は旧情報を担っており、広義の「話題」に当たり、それ故移動していく位置は、一様に TopP の指定部であると考えられる。そのために、1 つの節の中で、複数のルート変形が競合するようなことはない (Emonds 1976, 41–42)。例えば *These steps never did I step with a broom. が非文であるのは、2 つのルート変形——話題化と否定辞前置——が競合して、TopP の指定部に話題化要素 these steps と否定辞 never

4.6 Haegeman (2014)

　Haegeman (2014) は、時の副詞節、叙実的補文、主語節、名詞補文（本書の名詞同格節）などの環境において、主節現象（本書のルート変形の適用）——話題化や VP 前置、Be の周りの前置、場所句倒置など——が起こらない原因を、TP 内の演算子 (operator, 以降 OP) が移動する際の介在条件 (Intervention Condition) 違反によって説明することを試みている。意味的あるいは語用論的概念（例えば θ 役割）を用いない構造的な説明として注目される。

　上で触れた主節現象が阻まれる環境のうち、(10) のような when などで始まる時の副詞節では、Geis (1975) に従い、when などの WH 移動が行われていると仮定する。(8) のような叙実的補文については、Kiparsky and Kiparsky (1971) に従い、名詞補文（本書の名詞同格節）の一種であると仮定し、(7) のような名詞同格節にも、また (6) のような文主語にも、「隠れた関係節化」(hidden relativization) が含まれていると仮定する。これらの環境では discourse-old や familiar な情報を表していることからして、「隠れた関係節化」では、定 (definite) である「見えない」名詞句 DP を先行詞とするような関係節構造を成していると仮定する（下記 (30)）。関係詞に当たる空演算子 (empty operator, OP) が TP 内部に併合され、それが関係節 CP の指定部へ移動して行く。主節現象の要素（ルート変形によって移動された要素）XP がどの位置に現れているのかは論文からはあまり明確ではないが、前節の議論からすると、TP に付加された位置、また地図理論に従えば TP よりも上にある TopP の指定部に現れているものと考えられる。OP が TP 内部から CP 指定部へ移動しようとすると、途中に主節現象の要素 XP が立ちはだかっており、そのために介在条件に抵触する。非主張的環境における主節現象の不成立は、介在条件違反として説明される。

(30)　[DP [CP　XP [TP ... OP ...

　空演算子 OP の移動を阻むのは、Haegeman (2014) によると、項に限られる。主語節や叙実的補文、名詞同格節の節頭に付加詞（次例の斜体部）が現れ

たとしても非文法性は生じない。

(31) a. That *later on* she moved into student accommodation is quite normal.
b. I regret that *last week* Mary did not turn up for the lecture.
c. I resent the fact that *last week* Mary did not turn up for the lecture.

空演算子 OP は、DP を先行詞とする「見えない」関係代名詞に相当するとすれば、項の一種であると考えられる。OP が項であるので、XP が項である場合に限り、その移動が阻まれるわけである。そうだとすると、上記 (30) における介在条件は、第 5 章で見る最小性原理に還元することができる。最小性原理は、ある要素 (X^1) が 2 つの同じ性質の要素 (X^2 と X^3) と関係を持とうとする場合、X^1 により近い X^2 のみとしか関係を持つことができないことを定めたものである（詳しくは、5.1 を参照）。

(32) 最小性原理：次の形状において、X^1 は、X^3 と同じ性質である X^2 を差し置いて X^3 と関係することはできない；…X^1…X^2…X^3…

(30) では XP も OP も共に項であり同じ性質の要素なので、移動先の CP 指定部から見てより近い所にある XP のみに適用することができ、より遠い所にある OP を適用対象にすることができない。

主節現象（ルート変形）は、話題化のように項を移動するものばかりに限られるわけではない。否定句倒置（Neg Inversion）や方向副詞前置（Directional Adverb Preposing）では、移動される要素の品詞は、(31) におけると同様に副詞類である。副詞類の存在が関係代名詞である OP の移動を阻むことになる。(31) の付加詞と区別するためには、(33), (34) の never や up などの副詞類も OP と同じ性質の「項」であると見なさなければならないことになろう。

(33) a. I believe that *never* has he seen a hippopotamus.
b. *I was surprised that *never* had he seen a hippopotamus.
c. *That *never* has he seen a hippopotamus is true.
(34) a. It is certain that *up* trotted the dog.
b. *It is strange that *up* trotted the dog.

c. *That *up* trotted the dog was true.

　OP が TP 内部から移動するのだとすると、TP の端（指定部）にある主語の DP も、移動を阻む介在要素になりかねない。OP の移動先が CP の指定部であり、主節現象の要素 XP が生じているのが TopP などの指定部であるとすれば、介在条件は (32) の最小性原理に還元するよりも、その元になっている Rizzi (1990) の相対化最小性原理 (Relativized Minimality) に還元するべきかもしれない。OP の移動先である CP の指定部も、主節現象の要素 XP が生じている TopP などの指定部の位置も、GB 理論の用語を用いれば、ともに A' 位置である。OP が、より近い A' 位置を差し置いて、より遠い A' 位置へ移動しようとするために、相対化最小性原理に違反する。主語の DP は A 位置にあるので、OP の A' 移動の妨げにはならない。主節現象の説明を相対化最小性原理に還元するには、A 位置と A' 位置の区別が重要になる。

　非主張的な述語の補文は、補部の位置に留まっていれば主節現象を許すが（下記 (35a) 参照）、受動化によって主語位置へ移動された場合や（下記 (35b)）、話題化された場合には（下記 (35c)）、主節現象を許さない。受動化や話題化では、補部位置にある節がそのまま内的併合によってコピーされると考えるのが一般的であるのだから、補文の構成が、補部の位置と主語や話題化位置などによって異なるとは考えにくい。

(35)　a.　Many people believe [that *his mother* John paid no attention to whatsoever].
　　　b.　*[That *his mother* John paid no attention to whatsoever] is believed by many people.
　　　c.　*[That *his mother* John paid no attention to whatsoever], I think many people believe.

逆に名詞補文（本書の名詞同格節）では主節現象が許されないが（下記 (36a)）、補文が外置されれば主節現象が可能である（下記 (36b)）。

(36)　a.　*The rumor [that *his mother* John paid no attention to whatsoever] was spreading.

b. The rumor was spreading [that *his mother* John paid no attention to whatsoever].

　(35), (36) における比較は、主節現象（ルート変形）の可能性を決定する上で、それが適用される補文の構成というよりも、補文が生じている S 構造の位置——つまり、δ役割が決定される S 構造における位置——が重要な役割を演じていることを明確に示している。したがって、(30) のような補文の構成の点から主節現象を説明しようとする Haegeman (2014) の立場では十分扱うことができない。

4.7　ま　と　め

　本章では、ルート変形の適用可能性を、前章で導入したδ規準の観点から見てきた。ルート変形は、多くの場合、島的環境において適用することができない。だが、全ての島的環境がルート変形の適用を拒むわけではない。適用可能な環境と不可能な環境を区別し包括する上で、δ役割が有効である。

　δ役割は談話上の概念である。例えば同じ話題というδ役割でも、それを担う要素がどのような談話の文脈で登場するかによって、明確な話題にもなり得るしぼんやりした話題にもなる。δ役割の程度は一様ではなく、幅がある。また母語話者が、話題化を含む文の文法性を判断する際にも、どのような文脈を想定して判断するかによってδ役割の程度に相違が生じる。そのために文法性の判断に相違が生じてくる。例えば文主語の内部における話題化に関して、Haegeman (2014, 188) およびそこで引用されている文献では*（非文）としているが、Lasnik and Saito (1992, 77) では無印（文法的）としている。ある原理を満たしているか違反しているかによって白黒二分されるようなものではなさそうである。

　ルート変形の適用可能性は、Green (1974) によると、統語的、意味的要因だけでは扱いきれず、語用論的、談話的な要因が重要な役割を果たしている。本章の扱いでは、ルート変形によって移動される位置や島的環境は構造的/統語的に定義しているが、それらの位置や環境に、談話上の概念であるδ役割を付与している。ある構造的位置にある要素が担うδ役割が文脈によって異なる可能性もあるし（上記 (19) を参照）、程度の強弱に違いが生じることもある。

文構造の形成に関して併合理論に従いボトムアップ方式を採ると、従来のトップダウン方式のようにルート変形が適用する段階で既に文主語とか同格節付き DP が出来上がっているわけではない。ルート変形による移動（内的併合）が行われる段階では移動操作そのものは文法的であるが、移動操作を受けた要素を含むより大きな構成素が最終的に、すなわち S 構造において、どのような環境に生じるかによって既に適用されているルート変形の文法性が決まってくる。こうした文法性を説明するには、S 構造における構造上の位置に基づいて決まってくる δ 役割、およびそれに基づいて定義される δ 規準が有効であることを示してきた。

第 5 章

受動化と言語設計の 3 要因

　本章では、第 3 章の島の制約および第 4 章のルート変形の適用可能性などの問題と同じように、生成文法の研究史で常に大きな関心を集めてきた受動化の問題を、Chomsky (2005) の言う言語設計の 3 要因 (three factors in language design) との関係で見ていく。英語の受動化は、現象的に単純で、きわめて「規則的」であり、しかも文法性の判断に比較的話者間の揺れが少ないので（むろん、一枚岩などということはありえないが）、生成文法研究史の中で常に多くの関心が向けられ、とりわけ移動（内的併合）の性質や制約を探る上で、大きな役割を果たしてきた。

5.1　言語設計の 3 要因

　受動化は基本的に、他動詞の目的語を受動文の主語位置へ移動するといった単純な操作であり、しかもきわめて「規則的」である。だが、生成文法の初期の時代から、他動詞でも受動化できない場合があるとか、自動詞でも受動化（疑似受動化 pseudo-passivization, 前置詞付き受動文 prepositional passive）ができる場合とできない場合があるとか、二重目的語構文の第 2 目的語の受動化に関して方言差があるなどといった、やっかいな問題を抱えていることが知られている。また、従来あまり論じられることがなかったが、受動化できない動詞は Tough 構文にも生じることができないという興味深い相関性が成り立つ (Nakajima 1970, Postal 2010)。本章では、こうした問題を Chomsky (2005) の言語設計の 3 要因との関係でなるべく統一的に、しかも「原理的」に説明する方法を探っていく。

　Chomsky (2005) は言語設計（言語習得、言語発生）の要因として、(1) に示した 3 つの要因を挙げている。[1]

（1） 言語設計の3要因
   （ⅰ） 遺伝的資質
   （ⅱ） 経験
   （ⅲ） 言語に特有ではない原理

　(ⅰ)は、ヒトの進化の過程で変異により遺伝子に組み込まれた言語に特有な資質のことである。(ⅱ)は、後天的な経験や環境のことである。(ⅲ)は、言語だけに固有ではなく、生命体全般さらに自然界全般にも共通して働いているような、領域中立的な原理のことである。

　(ⅱ)の必要性は、地球上に6,500～7,000種類の言語があり、子どもがそれらのうちからどの言語を母語として獲得するかは周囲で話されている言語の経験や環境に基づいて決まってくることからして、自明なことであろう。その一方で、人間ならば誰もがそして人間のみがことばを獲得できることからしても、またいわゆる刺激の貧困にもかかわらず言語獲得が行われることからしても、さらに獲得した言語間に共通性・普遍性が成立していることからしても、(ⅰ)のような遺伝的なことばに特有な資質が人間に先天的に備わっていることも明らかである。

　1980年代から90年代のいわゆるGB理論では、言語機能（faculty of language）の先天性を主張するために、(ⅰ)に過重な重みが置かれた嫌いがある。すぐ上の段落で触れたような言語獲得の実際に照らし合わせると、言語機能の中身の多くが先天的に備わっていると考えなければならない。しかもそれらの多くは、ことば以外の認知機能には類似性が見られぬようなことばに特有な（領域固有的な）知識であるとされていた。そのために、(ⅰ)のような言語に特有な遺伝的資質が、先天的に豊かに備わっていると考えられてきたのである。その豊かな中身を具体化することによって、GB理論は、文法理論の目標である説明的妥当性──人間が誰もがことばを獲得できるという事実を理論的に説明できるという目標──を達成することができると考えたのである。

1　Three factors in language design
　　i.　genetic endowment
　　ii.　experience
　　iii.　principles not specific to language　　　　　　（Chomsky 2005, 6）

ところが、説明的妥当性とは別にもう1つ言語理論の目標を付け加えると、(i) の要因に過重な重きを置く理論（GB 理論）の妥当性に疑問符が付けられるようになる。その目標とは、これまで言語理論でほとんど考究されることのなかった、ことばの起源を理論的に説明するという目標である。ヒトがことばを持つようになったのは、今からせいぜい5万年～8万年ほど前のことである（Berwick, et al. 2013, その他）。[2] そのような短期間に今日我々が用いているようなことば——とりわけ、GB 理論で明らかにされたような「複雑にして豊かな」ことばの原理体系——へと進化していったとは考えられないし、それ以前に単純な叫び声やジェスチャーから徐々に複雑化していって今日我々が用いているような高度なことばへと進化してきたとも考え難い。むしろ、5万年～8万年ほど前に我々の祖先の小集団の1個体に遺伝子のわずかな変異が生じてことばの本質的な特性が誕生（創発）し、その遺伝子を持った（つまり、ことばを持った）グループが生存競争の上で優位な立場に立ち、その結果、自然選択（natural selection）の原理に則って大きな集団へと広がっていったものと考えられる。ことば一般の本質的な特性は、人間がことばを獲得した時点から今日まで、基本的に大きく変わって（進化論的な意味で、進化して）いない。

こうしたことばの誕生のシナリオが正しいとすると、ことばの本質的な特性は、GB 理論で考えられていたほど「複雑にして豊かな」「言語に特有な」原理体系から成り立っているとは考え難くなってくる。つまり、言語設計の上で、ことばに特有な遺伝子的要因 (i) の占める比重は、GB 理論で考えられていたほど大きなものではないということになる。ことばの資質が遺伝子の変異によって誕生し、しかも、ことばが生命体の一部である脳によって営まれていることからすると、ことばにも生命体全般、自然界全般の生物学的・物理学的な原理や原則、すなわち領域中立的な (iii) の要因が働いているはずである。

こうした観点から、GB 理論で提案されたことばの原理や原則を見直してみると、それらの多くには、実際に局所性や経済性、効率性などといった自然界の原理にも共通するような、あるいは自然界の原理に由来していると考

---

[2] Chomsky (2005; 2008b; 2009; 2010; to appear), Berwick and Chomsky (2011) などでは、5万年かそれより少し前。

えられるような性質があることに気付く（中島 2005; 2008）。(i) の要因と考えられてきた原理のあるもの（あるいは多く）は、(iii) の自然界の原理として再考する必要性に迫られるようになる。ミニマリスト・プログラムでは、言語設計の比重が (i) の要因から (iii) の要因へと移行してきている。ここで注意すべきことは、このような移行が単なる理論的変節ではなく、言語理論の目標にさらに高次な新しい目標を追加してより洗練された理論の構築を目指した結果であるという点である。また GB 理論で提案された原理や原則が完全に破棄されるわけではなく、新たに付け加わった目標に照らし合わせて、局所性や経済性の原理・原則が担ってきた役割を再考してみると、(i) とされていたものの多くが (iii) に還元できそうであるという点も忘れてはならない。

言語に関連した「第 3 要因」として、これまで次のような原理が主張されている。

(2) 言語設計の第 3 要因の例
　　・Computational efficiency
　　　　　　　（Chomsky 2005; 2007; 2008a; 2008b; 2009; 2010）
　　・No tampering condition
　　　　　　　（Chomsky 2009; 2010; Berwick and Chomsky 2011）
　　・Symmetry　　　　　　（Boeckx 2006; Jenkins 2000; 2011a）
　　・Binary branching　　　　　　　　　　（Boeckx 2011a）
　　・Cyclicity　　　　　　　　　　　　　（Boeckx 2011a）
　　・General data-analysis procedures　（Longa and Lorenzo 2012）
　　・Minimality Principle
　　　　　（Hornstein 2009; Jenkins 2011b; Boeckx 2011b; Chomsky 2010）

これらのうち最後の最小性原理（Minimality Principle）は、元来 Rizzi (1990) が提案した、ある要素が移動する際に最短の移動先へ移動することを求めた相対化最小性原理（Relativized Minimality）に由来するものである。移動する要素 X^1 にとって可能な移動先が複数ある場合（X^2 と X^3）、X^1 は X^2 または X^3 のうちのより近い方へ移動しなければならない。移動先の選択の曖昧さを規制する原理である。Hornstein (2009) は、この関係を次のように逆転させ

ている。移動の対象となる要素が複数ある場合（X^2 と X^3）、それらのうちその移動先 X^1 にとって近い方が移動しなければならない。移動要素の選択の曖昧さを規制する原理である。Hornstein (2009, 17) はこの原理の適用対象を移動操作だけに限定しているが、[3] そのような限定はせずに、次のように定義することにする。

（3） 最小性原理: 次の形状において、X^1 は、X^3 と同じ性質である X^2 を差し置いて X^3 と関係することはできない; …X^1…X^2…X^3…

最小性原理 (3) は、相対化最小性原理と同様に、最短距離の要素間における操作を求めたものであるが、その距離とは、正式には、直線的な距離ではなく、階層的な統語構造における距離である。そうした階層的な距離を c 統御（c-command）という概念を用いて次のように定める。X^1 が X^2 と X^3 を共に c 統御し、かつ X^2 が X^3 を c 統御している時、X^2 の方が X^3 よりも X^1 に近い（Rizzi 1990）。だが階層的な距離は多くの場合線的な距離に反映されるので、以下の説明では、必要な場合を除いて、線的な距離の遠近で説明していく。

　最小性原理は、優位性効果（Superiority Effect）や、最短牽引原理（Attract Closest）、介在条件（Intervention Condition）、最短移動（Shortest Move）、最小連鎖条件（Minimal Link Condition）などの効果を包摂する。

　最小性原理が求めている「最短距離の要素間の操作」は、例えば、ものが自由落下する際に垂直方向に（すなわち、最短距離に）落下するという物性にも見られるような物理学的な原理の1つであると考えられる。距離の測り方は階層的統語構造ということばに特有な表示に基づくが、その意図している最短性は領域中立的な原理である。同原理の領域中立性については、さらに 5.9 を参照。

　本章では、英語の受動化において、言語設計の第3要因と考えられる最小性原理 (3) が大きな役割を果たしており、それ以外にも第1、第2要因も関与していることを明らかにする。受動文という構文の設計に言語設計の3要

---

[3] Minimality: A movement operation cannot involve X^1 and X^3 over an X^2 which is identical to X^3: …X^1…X^2…X^3… 　　　　　　　　　　（Hornstein 2001, 17）

因が関与しており、3 要因の連携によって言語現象が生み出されることを具体的に見ていくことにする。

5.2　受動化と最小性原理

5.2.1　最小性原理の例

動詞が複数の補部を伴う場合、受動文の主語となるのは、第 1 補部（項構造で言えば、直接内項）またはその中の名詞句 DP である。下記 (4) では動詞の補部として 2 つの DP、(5), (6) では 1 つの DP と 1 つの前置詞句 PP、(7) では 2 つの PP が現れている。いずれの場合も、移動先である主語位置から見て、そこに 1 番近い所にある第 1 補部の DP、または第 1 補部の PP 内の DP が受動文の主語になっている。

（4）a. John sent Mary the book.（二重目的語構文）
　　　b. Mary was sent ＿＿ the book by John.
　　　c. *The book was sent Mary ＿＿ by John.
（5）a. John loaded the hay onto the truck.（場所句交替のモノ目的語構文）
　　　b. The hay was loaded ＿＿ onto the truck by John.
　　　c. *The truck was loaded the hay onto ＿＿ by John.
（6）a. John loaded the truck with the hay.（場所句交替の場所目的語構文）
　　　b. The truck was loaded ＿＿ with the hay by John.
　　　c. *The hay was loaded the truck with ＿＿ by John.
（7）a. John talked about the topic to Mary.（2 つの PP 構文）
　　　b. The topic was talked about ＿＿ to Mary by John.
　　　c. *Mary was talked about the topic to ＿＿ by John.

図式化すると、次のように表すことができる。2 つの名詞句（DP^1 と DP^2）のうち、移動先の主語位置（下線部）から見て DP^1 の方が近い位置にある。最小性原理 (3) は、主語位置へ最短距離にある DP^1 が移動することを求める。

（8）　＿＿ be V-en ... DP^1 ... DP^2

上記 (4)–(7) で、文法的な (b) では、最小性原理の要請通りに (8) の DP^1 に当たる名詞句が移動しているのに対して、非文法的な (c) では、DP^2 に当たる名詞句が移動しており、最小性原理に違反している。

5.2.2　二重目的語構文の方言差

　(4) の二重目的語構文に関して、多くのアメリカ英語の話者は (4b) のような第 1 補部の DP (第 1 目的語) が主語になっている受動文のみを文法的であるとする (Bresnan 1982; Emonds 1985; Riemsdijk and Williams 1986; Ouhalla 1994; Pesetsky 1995 など)。ところが、イギリス英語の話者には第 2 補部の DP (第 2 目的語) が主語になっている受動文も文法的であるとする者もいる (Emonds 1985, 190; Huddleston and Pullum 2002, 1432; Postal 2010, 51 など)。アメリカ英語の話者の中にもそのような判断をする者もいる (例えば、Fillmore 1965, Postal 2010 など)。第 1 目的語のみならず第 2 目的語も受動文の主語となり得るとする話者には、最小性原理が働いていないかのように思われる。

　(4b) に見るように第 1 目的語の受動文だけが文法的であるか、(4c) のような第 2 目的語の受動文も文法的であるかという対比は、英語の方言差だけに限られているのではなさそうである。二重目的語構文の第 1 目的語の θ 役割は到達点 (Goal)、第 2 目的語の θ 役割は主題 (Theme) である。(4b) のような到達点の項の受動文のみを許す言語を、2 つのうち一方だけという意味で、非対称的受動言語 (asymmetric passive language) と呼び、(4b) のような到達点の項の受動文も (4c) のような主題の項の受動文も共に許す言語を、両方共にという意味で、対称的受動言語 (symmetric passive language) と呼ぶことにする。ドイツ語、オランダ語、スワヒリ語、チチェワ語などは非対称的受動言語に当たり、一方ノルウェー語、スウェーデン語、キニャルワンダ語などは対称的受動言語に相当する (Woolford 1993; Haddican 2010; Haddican and Holmberg 2012a; 2012b)。英語における概ねアメリカ英語とイギリス英語における受動化の可能性の相違は、英語という 1 つの言語内における非対称的受動言語 (アメリカ英語) と対称的受動言語 (イギリス英語) の方言的相違と見ることができる。

　Haddican and Holmberg (2012a; 2012b) は、非対称的受動言語と対称的受動言語の間には、能動態二重目的語構文の語順の変異に関する違いがあり、受動化の対称性と二重目的語構文の語順変異の間には相関性がある、という

興味深い事実を指摘している。ノルウェー語やスウェーデン語のように、到達点項の受動態のみならず主題項の受動態をも許す言語 (対称的受動言語) では、到達点―主題という語順のほかに主題―到達点という語順の能動態二重目的語構文を許すのに対して、デンマーク語のように主題の項の受動態を許さない言語 (非対称的受動言語) では主題―到達点という語順の能動態二重目的語構文も許さない。受動態の可能性を縦軸 (の括弧内) に、能動態二重目的語構文の到達点と主題の語順を横軸にそれぞれ示すと、両者の関係は (9) のようになる。

（9） 二重目的語構文と受動態の関係

受動態のタイプ　　　能動態二重目的語構文の語順	到達点―主題の語順	主題―到達点の語順
非対称的受動言語タイプ (到達点受動態のみ)	OK	*
対称的受動言語タイプ (到達点受動態と主題受動態)	OK	OK

能動態二重目的語構文における到達点と主題の語順が1通りであれば受動態も1通り (上段) であり、到達点と主題の語順が2通りであれば受動態も2通りである (下段)。そして、到達点句が受動化される場合には、第1目的語である到達点句が移動され、一方、主題句が受動化される場合には、同じく第1目的語である主題句が移動されており、どちらの場合も最小性原理に則っている。非対称的受動言語タイプばかりではなく、対称的受動言語タイプにおいても、最小性原理に則って受動化が行われている。

この相関性に着目して、Haddican and Holmberg (2012a; 2012b) は、137名の英語母語話者を対象にした、下記 (10) の (a) のような主題の項の受動態の容認可能性と、(b) のような主題―到達点語順の能動態二重目的語構文の容認可能性の実験を行っている (実験では (i) のような代名詞を用いた例文)。

(10)　a.　主題受動文
　　　　　i.　It was given me.

ii. The ball was given my sister.
b. 主題—到達点二重目的語構文
i. She sent it me.
ii. She sent the ball my brother.

　実験の結果は、きわめて興味深いことに、(10a) の主題受動文を容認する話者は (10b) の主題—到達点二重目的語構文も容認し、逆に主題受動文を容認しない話者は主題—到達点二重目的語構文も容認しない、という受動文と能動文の間に統計的に有意な相関性が見られるのである。英語という 1 つの言語内においても、上記 (9) で示した関係と同じ結果が出たのである。(10b) のような主題—到達点二重目的語構文の生成方法にはいくつかの方法が考えられるがここでは立ち入らない。本章の議論との関係で重要なのは、主題受動文と主題—到達点二重目的語構文の容認可能性の間に相関性が成り立つという事実である。(10b) のような能動態の主題—到達点二重目的語構文が許されるのであれば、その能動文から最小性原理に則って (10a) のような主題受動文が派生できることになる。非対称的受動言語に見られる到達点受動文の場合のみならず、主題受動文をも許す対称的受動言語タイプの英語話者においても、最小性原理が遵守されているのである。

　上記例文 (10a) および (10b) の (i) と (ii) の違いは、用いられている名詞句が (i) では代名詞、(ii) 決定詞を伴った「十分成長した」名詞句であるという点である。主題受動文および主題—到達点二重目的語構文を許容する話者は、一般的に (i) のような代名詞である場合を問題なく受け入れるが、中には (ii) のような「十分成長した」名詞句の場合も微妙に容認可能として受け入れる話者もいる (Haddican and Holmberg 2012a, 73)。この「代名詞傾向」は、様々な文献で主題受動文として挙げられている例文では、ほとんど例外なく到達点句が代名詞 (次例の斜体部) であることと考え合わせると、興味深い。

(11) a. I have now told monsieur all that was told *me*.
（Jespersen 1927; C. Brontë から引用）
b. Several books were given *him* by the teacher.　（Chomsky 1967）
c. A car was given *her* by him.　（Lees 1964）

    d. A hat was given *me*.　　　　　　　　　（Fillmore 1965）
    e. ?No reply has been given *me*.　　　（Quirk, et al. 1985, 728）
    f. A novel was given/handed/sent/ sold *her* by Arthur.
　　　　　　　　　　　　　　　　　　　　　　（Postal 2010, 268）

　話者が非対称的受動言語タイプに属するか対称的受動言語タイプに属するかは、受動態の基になる能動態の二重目的語構文として到達点―主題語順のみを経験するか、あるいはそれに加えて主題―到達点語順をも経験するかという言語経験、つまり言語設計の第2要因（(1)の(ii)）に掛かっている。二重目的語構文として到達点―主題語順のみを経験する話者は、最小性原理に従って主題受動文のみを生成し、到達点―主題語順と主題―到達点語順の両方を経験する話者は、同じく最小性原理に従って到達点受動文と主題受動文の両方を生成する。言語設計の第3要因のみならず第2要因も関与しているわけである。

5.2.3　for 与格の受動文

　前節 5.2.2 で見た二重目的語構文はいずれも、対応する与格構文において到達点句が前置詞 to を伴うものである。二重目的語構文には、対応する与格構文において到達点句が前置詞 for を伴うものがある（John bought the hat *for* Mary）。前者を to 与格の二重目的語構文 / 与格構文、後者を for 与格の二重目的語構文 / 与格構文と呼んでいく。for 与格の二重目的語構文では第1目的語も第2目的語も、受動文の主語にならないとするのが一般的である（Fillmore (1965), Emonds (1972), Pinker (1989), Postal (2010)）。

(12) a. Arthur {bought/found/purchased/stole} Muriel a novel.
    b. *Muriel was {bought/found/purchased/stolen} a novel by Arthur.
    c. *A novel was {bought/found/purchased/stolen} by Arthur.
　　　　　　　　　　　　　　　　　　　　　　（Postal 2010, 268）

　for 与格の二重目的語構文の第1目的語は、この構文を取る動詞にとって不可欠な補部であるとは考えにくい。(12a) から第1目的語の Muriel を取り除いたとしても、統語的・意味的に不完全であるとは感じられず、何らかの到

達点句が含意されているとも理解されない（久野・高見 2005）。

(13)　Arthur {bought/found/purchased/stole} a novel.

　とすると、for 与格二重目的語構文の第 1 目的語は、形態的には名詞句であるが補部ではなく、for に相当する斜格（oblique）を持った付加詞と見ることができる。斜格という内在格（inherent case）を持っているので、受動化の対象にならない（Chomsky 1981）。第 2 目的語の方も最小性原理からして受動化の対象にはならない。そのために、二重目的語構文の第 1 目的語が主語となっている (12b) のような受動文も、第 2 目的語が主語となっている (12c) のような受動文も非文となる。

　さらに for 与格二重目的語構文では、to 与格二重目的語構文の場合のように、方言によって主題─到達点という語順の二重目的語構文（He bought it her）を容認するということはない。そのために、(12c) のような主題が主語となる受動文の可能性はどの方言でも断たれている。

　(12b) のような二重目的語構文の第 1 目的語が主語となっている受動文については、それを容認する（あるいはマージナルに容認する）話者（特に英国人の話者）もいる（Green 1974, Allerton 1978, Swan 1995[2], Huddleston and Pullum 2002）。こうした話者にとっては、到達点句が動詞直後に名詞句の形で生じているという構造的位置および形態的特徴からして、直接目的語として「文法化」されているものと仮定してみることができる。文法化の結果内在格の代わりに構造格が付与され、そのために受動化の際に格吸収の対象になっている。そのために、(12b) のように第 1 目的語が受動化されている受動文が文法的であると見なされる。但しこの仮定を裏付けるには、(12b) のような到達点受動文を容認する話者としない話者の間に、構造格と内在格の相違に由来するような独立した統語的相違が観察されることを示さなければならない。今後の研究課題としたい。

5.3　受動化できない動詞

5.3.1　受動化できない他動詞

　受動化はきわめて規則的で、ほとんどの他動詞の目的語を受動文の主語にすることができる。だが、生成文法の初期の時代から、他動詞の中にも受動

化を許さないものがあることが知られている。Lees (1960) が中間動詞 (middle verbs) と名付けた他動詞である。

(14) a. This evolutionary theory resembles the Principles-and-Parameters approach to language acquisition.
  b. *The Principles-and-Parameters approach to language acquisition is resembled by this evolutionary theory.
(15) a. The new suit costs 500,000 yen.
  b. *500,000 yen is cost by the new suit.
(16) a. The new suit fits the gentleman.
  b. *The gentleman is fitted by the new suit.
(17) a. The visitor's name eluded my memory.
  b. *My memory was eluded by the visitor's name.
(18) a. The university library owns many rare books.
  b. *Many rare books are owned by the university library.

受動化ができない動詞を、意味的基準に基づいて整理すると次のようになる。

(19) a. 対称動詞：resemble, marry (一緒になる), meet (偶然出会う), touch (接する), face (面する), hit (ぶつかる), equal (匹敵する), . . .
  b. 測定動詞：cost, weigh, measure, last, . . .
  c. 適合動詞：suit, fit, . . .
  d. 空間動詞：elude, escape, depart, reach; enter, approach, near, turn, . . .
  e. 所有動詞：have, own, possess, contain, include, lack, sleep, house (収容する), . . .

(19a) の対称動詞は、主語と目的語が対称的な関係になることを表す (例文 (14) 参照)。対称的関係になるので、わざわざ受動化しなくても目的語の位置に生じる名詞句を能動文の主語にすることができ、そのために対称動詞は受動化ができない、という説明が成り立つかもしれない。だがこうした説明

は、(19b) 以下の動詞には成り立たない。(19b) の測定動詞は、目的語の位置に度量衡の数値を表す名詞句が現れる（例文 (15)）。目的語は名詞句の形をしているが、疑問詞で尋ねる場合には疑問副詞 how が用いられる（How much does the new suit cost?)。副詞的なので受動文の主語にならないというような説明も考えられるが、この説明も (19b) 以外の動詞には当てはまらない。(19c) の適合動詞は、あるモノがある場所に合うことを表す（例文 (16)）。(19d) の空間動詞でも、目的語の位置に場所を表す名詞句が現れ、そこへの接近や離隔を表す（例文 (17)）。セミコロンの右側の動詞は、主語の名詞句が意図的な行為者の場合には受動化できるが（次例 (a)）、非意図的なモノの場合に限り受動化できない（次例 (b)）。

(20) a. The store was entered by the two thieves.
　　 b. *The store was entered by the two customers.
(21) a. I was approached by the stranger.
　　 b. *I was approached by the train.

（以上、Bolinger 1975, 72）

(19e) の動詞は、主語位置に生じる場所が目的語位置に生じるモノを有する（または欠く）ことを示すものである（例文 (18)）。(19e) の動詞を所有動詞と呼んでいく。

5.3.2　受動化できない自動詞

自動詞は、大きく、意図的・内発的な行為を表す非能格動詞 (unergative verbs) と、状態・位置・存在などの変化を表す非対格動詞 (unaccusative verbs) に大別される。2 つのグループのうち、非能格動詞は、それに続く前置詞句——とりわけ、補部の前置詞句——の目的語を疑似受動文 / 前置詞付き受動文の主語にすることができる。

(22) a. They talked about Mary's romance lasted ten years and marriage.
　　 b. Mary's romance lasted ten years and marriage was talked about.
(23) a. Children can depend upon parents for food and clothing.
　　 b. Parents can be depended upon for food and clothing.

（Couper-Kuhlen 1979, 146）

(24) a. You must not go into this room.
　　 b. This room must not be gone into.（Couper-Kuhlen 1979, 157）

一方非対格動詞は、受動化することができない。

(25) a. The same idea occurred to Mary.
　　 b. *Mary was occurred to by the same idea.　（Pesetsky 1995, 53）
(26) a. The man had happened upon me at the crucial time.
　　 b. *I was happened upon by the man at the crucial time.
(27) a. The flight flew to Boston next.
　　 b. *Boston was flown to next.（Huddleston and Pullum 2002, 276）
(28) a. Serious obligations may arise from the proposed clause.
　　 b. *The proposed clause may be arisen from by serious obligation.
　　　　　　　　　　　　　　　　　　　　（Couper-Kuhlen 1979, 132）

改めて注意を喚起するまでもないが、非能格・非対格の分類は、個々の動詞に固定的に決まっているのではなく、動詞が表す主に意図性・内発性の有無によって決まってくる。例えば同じ slide という動詞でも、下記 (29) のように車輪が氷の上で滑る場合には、非意図的であり、それ故非対格動詞である。一方 (30) のように泥棒が部屋に忍び込もうとする場合には、意図的であり、それ故非能格動詞である（Perlmutter 1978, Perlmutter and Postal 1984, 中島 2011）。

(29) a. The wheel slid on the ice.
　　 b. *The ice was slid on by the wheel.
(30) a. A thief slid into the room stealthily.
　　 b. The room was slid into stealthily by a thief.

同様に、(23) で用いられている自動詞 depend upon が下記 (31) のように「〜次第である」という意味で、また (24) の go into が下記 (32) のように「〜の状態になる」という意味で用いられる場合には、非意図的であり、それ

故非対格動詞として分類される。非対格動詞の場合には、(25)–(28) の非対格動詞と同様に、受動化ができない。

(31) a. Good health depends upon good food and exercise.
 b. *Good food and exercise are depended upon by good health.
(Couper-Kuhlen 1979, 146)

(32) a. Many an inmate went into hysterics.
 b. * Hysterics was gone into by many an inmate.
(Couper-Kuhlen 1979, 157)

非能格・非対格の分類は主に意図性・内発性という意味的要因によって決まり、その分類が一旦決まればそれぞれの類に特有な統語構造が与えられ、その統語構造に基づいてそれぞれの類の統語的な振る舞いが決まってくる (Perlmutter and Postal 1984, Levin and Rappaport Hovav 1995)。

5.4　非対格動詞の受動化

5.4.1　外項の抑制に基づく説明

5.3.2 で見た非対格動詞が受動化できないという事実の説明法として広く採られているのが、「受動化は外項を抑制する働きをし、非対格動詞には外項がない」とする方法である (Marantz 1984, Jaeggli 1986, Baker, Johnson and Roberts 1989, Grimshaw 1990 などを参照)。非対格動詞が外項を欠いていることについては、5.5.2 を見よ。非対格動詞には抑制すべき外項がないので、だから受動化することができない、という説明法である。

だがこの説明法は、単に受動化についての事実を一般的に記述した記述的な一般化に過ぎないように思われる。「抑制する」というのは、主語の位置にある名詞句を抑え込んで見えなくしてしまうということである。非対格動詞の主語は外項ではないが、上記 (25)–(28) に見るように、現実に受動文で by 句として現れている。

少し技術的な議論になるかもしれないが、受動化は外項を持つ動詞に対してばかりではなく、外項を欠いている非対格動詞に対しても行われていると考えるべき現象について見ておこう。他動詞の過去分詞は、能動態の目的語を修飾する形容詞的な働きをする。受動態の意味を留めしかも形容詞的な働

きをするので、形容詞的受動形 (adjectival passive) と呼ばれる (Bresnan 1982, Postal 1986, Pesetsky 1995)。

(33) a *broken* vase, an often *told* story, *cooked* food, *baked* potatoes, *wounded* soldiers

形容詞的受動形は、(34a) のように動詞の受動分詞 (passive participle) を形容詞に品詞転換するか、(34b) のように動詞の受動分詞に音形の無い形容詞化接辞 $\emptyset_A$ を付加することによって派生されるものと仮定される。

(34) 形容詞的受動形の形成法
  a. $V_{[Part]} \rightarrow [V_{[Part]}]_A$
        (Levin and Rappaport Hovav 1986, 646)
  b. $[[Verb] ed_V] \emptyset_A$ (Pesetsky 1995, 90)

形容詞的受動形は、他動詞ばかりではなく、非対格自動詞でも可能である。[4]

(35) a. a *fallen* leaf
  b. the recently *happened* accident
  c. newly *appeared* books
  d. a *risen* Christ
  e. a *vanished* man   (Bresnan 1982, 30)

非対格動詞の形容詞的受動形も、他動詞の場合と同様に (34) のいずれかの操作によって形成されるとするならば、その基になる非対格動詞の受動形 (受動分詞 passive participle) が存在することになる。非対格動詞の受動形がまず存在し、それが形容詞に品詞転換するか ((34a))、それに形容詞化接辞が付加して ((34b))、形成されるのである。そうだとすれば、受動化の操作

---

4 Postal (2010, 221) は、次のような非能格自動詞の受動分詞についても可能であるとしている。
 (i) a. a *marched through* look
   b. a well *looked on* profession

（より一般的には、内的併合）は、外項の有無に関わりなく自由に適用すると考えなければならない。受動化が非対格動詞に適用した結果非文法的な文が生じるのは、受動化が外項を持たぬ動詞に適用できないからではなく、その適用を阻む別の理由があるからであると考えねばならない。

　非対格動詞が受動化できない理由を、「受動化が外項を抑制し、非対格動詞は外項を欠くため」という点に帰するのが説明として不十分であることは、非対格動詞が非能格動詞や多くの他動詞と異なった統語的振る舞いをするのは、外項の抑制が関与していると考えられそうな受動化に限られたことではないことからも明らかである。いわゆる Tough 構文は、多くの他動詞および非能格動詞では可能だが（下記 (36), (37)）、非対格動詞は不可能である ((38))。

(36) a. Drinking is difficult for him to stop ＿＿＿.
 b. These theories are not easy for layers to understand ＿＿＿.
(37) a. He is pleasant for her to talk with ＿＿＿.
 b. The parents are impossible for the students to depend upon ＿＿＿.
(38) a. *The scientist is hard for a new idea to occur to ＿＿＿.
 b. *The crater is easy for gas and ash to rise above ＿＿＿.

　Tough 構文の補文では動詞が能動形であり、主語が主語の位置 (for 句) に留まっており、外項が抑制されているような形跡は何もない。したがって Tough 構文の成否を、外項の有無およびその抑制に基づいて説明するのはきわめて困難である。受動化と Tough 構文の相関性やその統一的な扱いについては、5.5.5 で詳しく論じる。

5.4.2 非対格動詞と最小性原理

　5.2 で受動化が最小性原理に従うことを見た。非対格動詞が受動化できないという事実も、最小性原理から説明できることが望ましい。さらに 5.3.1 で見た受動化できない他動詞についても、同じ方向で説明できることが望ましい。まず、非対格動詞が受動化できない理由について考えてみる。

　非対格動詞の主語は元来目的語（動詞の第 1 補部 / 直接内項）の位置にあり、それが主語位置へ移動した表層上の主語である。下記 (39) において、名

詞句 the idea が目的語位置から主語位置へ移動し、コピー理論に従うならば、目的語位置に表層主語のコピー (copy) が残される。表層主語が抑制されて主語位置が空になると、その位置へ前置詞の目的語 John が移動することになるが、コピー the idea$_2$ が介在しているので最小性原理の違反が生じる。非対格動詞が受動化できない理由も、5.2 で見た第 2 補部の DP が受動化できない理由と同じように最小性原理で説明することができる。

(39) a. [The idea$_1$] occurred [the idea$_2$] to [John]
b. ___ was occurred [the idea$_2$] to [John] by the idea$_1$.

移動した要素はその移動履歴を示す連鎖 (chain) を形成し、通常、連鎖の先端部 (head) は末端部 (tail) を c 統御しており、その条件の元で前者は後者を削除 (または無音声化) する。(39a) では名詞句 the idea の移動により、先端部が the idea$_1$、末端部が the idea$_2$ であるような連鎖を形成する。だが (39b) では、the idea$_1$ が抑制され by 句になっている。したがって、the idea の連鎖では、先端部が前置詞句 by the idea$_1$ の中にあり末端部の the idea$_2$ を c 統御していない。それ故、発音されない末端部 the idea$_2$ が先端部によって削除され得るのか不明である。さらに移動のコピー理論の問題点については 5.7 を参照。

本書では要素の移動に伴う表示について、少し時代を遡り、GB 理論当時の痕跡理論を継承することにする。要素の移動によって、その元あった位置に痕跡が残される。[5] 但し (初期) ミニマリスト・プログラムの束縛理論に従い、痕跡にはその同一指示関係を示す指標 (index) が自動的に付与されるのではなく、指示関係を表す指標 (index) が全て破棄されているものとする (Chomsky 1995, 211, 228, Hornstein, et al. 2005, 270–271)。痕跡を含め要素間の同一指示関係はインターフェイスで働く解釈規則 (束縛原理) により解釈されることになる。そのために、名詞句 DP や痕跡 t に言及する際には、伝統的に指示関係を表すのに用いられてきた下付きの指標を用いる代わりに、最

---

5 ミニマリスト・プログラムで痕跡が破棄されたのは、派生途中における新たな要素の導入を禁じる包括性条件 (Inclusiveness Condition) によるものである。

小性原理 (3) の表記に準じて、便宜的に DP^1 や t^2 のように上付きの数字を用いていくことにする。上付きの数字は派生の過程で新たに導入されるものではなく、あくまでも言及のための便宜である。

非対格動詞の表層主語が補部位置から移動すると、次のような表示が派生する。t^3 は、いわゆる NP 移動によって残された痕跡であり、Chomsky (1981) の用語を用いれば、A 束縛される照応表現 (anaphor) である。

(40) $[_{DP^1}$ The idea$]$ occurred t^3 to $[_{DP^2}$ John$]$.

受動化するには、主語位置の DP^1 を抑制して (by 句にし)、空になった主語位置へ前置詞の目的語 DP^2 を移動する。DP^2 の位置にはその痕跡 t^4 が残される。t^4 も A 束縛される照応表現である。なお Anagnostopoulou (2003, 62) に従い、英語のように前置詞付き受動文や前置詞残留を許す言語では、動詞のみならず前置詞も構造格 (structural case) を付与するものと仮定する。前置詞句 (特に補部の前置詞句) の目的語の名詞句も、したがって、構造格吸収の対象になり得る。

(41) $[_{DP^2}$ John$]$ was occurred t^3 to t^4 (by $[_{DP^1}$ the idea$]$).

2 つの痕跡 (t^3 と t^4) は、共に、主語によって束縛される照応表現である。(41) には 2 つの「同じ種類」の要素が含まれており、しかも DP^2 が t^3 と t^4 を共に c 統御し、かつ t^3 が t^4 を c 統御しており、(3) で見た最小性原理の形状 (下記に再録) に合致している。(41) の DP^2 が (3) の X^1 に、t^3 が X^2 に、t^4 が X^3 に、それぞれ該当する。

(3) 最小性原理: 次の形状において、X^1 は、X^3 と同じ性質である X^2 を差し置いて X^3 と関係することはできない; …X^1…X^2…X^3…

上記 (41) の DP^2 は t^4 を束縛しようと試みるが、両者の間には t^4 と同じ種類の要素 t^3 が介在しており、最小性原理からして、DP^2 による t^4 の束縛が阻まれる。t^4 は照応表現なので必ず束縛されねばならないが、束縛され損ね、照応表現の 1 対 1 の対応を求めた Koopman and Sportiche (1982/3) の Bijection

Principle（あるいは、同趣旨の何らかの束縛原理）に違反する。[6]

　以上見てきた通り、非対格動詞が文法的な受動文を派生できないのは、外項が不在なためではなく、非対格動詞の受動文には2つの痕跡が含まれており、その一方が最小性原理からして束縛され損ねるからである。非対格動詞の受動文の非文法性の原因を、5.2で見た2つの内項を取る動詞の受動文の非文法性の原因と同じ原理（最小性原理）に帰することが可能になる。但しここでは最小性原理が、移動操作に対してではなく照応的要素の束縛（指示関係の解釈）に対して働いている。

5.4.3　他動詞、非能格動詞の受動化と最小性原理

　他動詞および非能格動詞の主語について動詞句内主語仮説を仮定すると、動詞句内に主語の痕跡が残ることになる。これらの動詞の受動文では、目的語の痕跡に加えて主語の痕跡も残ることになり、動詞句内に2つの痕跡を含んだ (41) に類似した形状が生じるのではないかと懸念される。

　他動詞および非能格動詞の主語は外項であり、vP の指定部に位置している。受動化により目的語を主語位置へ移動する際に、外項はまだ TP 指定部に移動されておらずその位置に留まっているとすれば、目的語の移動は外項を飛び越すことになり、最小性原理に違反する。ここでも最小性原理の違反が発生してしまう。

---

[6] ドイツ語の非対格動詞の受動文として、下記 (i) のような非人称受動文と、(ii) のような能動文の主語が与格で顕在している受動文が考えられるが、どちらも (41) のような形状をしておらず、束縛原理および最小性原理に基づく説明が成り立たないかのように思われる（平田一郎氏の指摘）。

（ⅰ）*Es wurde angekommen/ gewachsen/ gefallen.
　　 'It was arrived/ grown/ fallen'
（ⅱ）*Dem Hans wurde unterlaufen/ entstanden.
　　 'the John$_{Dat}$ was happened/ resulted'

（Grewendorf 1989, 21）

　(i) では、非対格動詞の内項 (XP) が主語位置に移動され、主語位置に XP の代わりに非人称主語 es が挿入されたために、内項位置に残された XP の痕跡が拘束され損ねている。(ii) では、まず内項 Hans の主語への移動により内項位置にその痕跡が残され、さらに受動化により Hans の痕跡が主語位置に残され、1つの先行詞 (Hans) に対して2つの痕跡が残されているので、一方の痕跡が束縛され損ねることになる。(i), (ii) のような例についても束縛の点から説明することができる。

こうした最小性原理に違反するような派生過程を回避するために、Belletti and Rizzi (2013, 120–121) は、次のような受動文の派生過程を提案している。他動詞や非能格動詞の動詞句は VP と vP から構成されており、内側の動詞句 VP は Collins (2005) が提唱する密輸出 (smuggling) によりその外側の vP へ付加される。密輸出という操作は、vP 内の VP をその外側へ密かに持ち出す操作である。その結果、密輸出された VP 内は外項を含む vP よりも上の位置に現れることになる。下記 (42) では、①は VP_i の密輸出を、②は VP_i 内部から目的語 DP^2 の主語位置への移動を示している。t_i は密輸出された VP_i の痕跡、t_j は v の所に繰り上げられた V_j の痕跡を示している。外項 (DP^1) は vP の指定部の位置で抑制されるものとする。外項 DP^1 は vP 内に留まっているので、VP_i 内の目的語 DP^2 が主語位置へ移動する際には、それを飛び越すことなしに——すなわち、最小性原理に違反することなしに——主語位置へ移動して行くことが可能になる。また外項は元々の位置 (vP 指定部の位置) で抑制されているので、その痕跡が生じることはない (それ故、155 頁で述べたような問題が生じてこない)。

(42)　be $[_{VP_i} t_j DP^2] [_{vP}$ by $DP^1 v+$V-en$_j t_i]]$
　　　　　　②　　　　　　　①

目的語の移動が最小性原理に違反することもなければ、また VP_i 内に 2 つの痕跡が現れることもないので、痕跡 t_j の束縛が最小性原理により阻まれることもない。一方非対格動詞の場合には、vP がないので、VP を密輸出して vP に付加するということはない。(41) で見た通り、VP 内に残された 2 つの痕跡のうち一方が最小性原理のために主語位置の DP^2 による束縛が阻まれる。

5.5　Resemble 類動詞は非対格動詞

今度は、受動化できない他動詞として例示した 5.3.1 の (19)（下記 (43) として再録）の動詞の受動化について見てみる。結論を先に述べると、これらの動詞は実は他動詞ではなく非対格自動詞であると考えられる（中島 2011; Nakajima 2015）。この仮説を論証するために、本節では、(i) 表層上の主語が元来目的語位置にあること (5.5.1, 5.5.6)、(ii) 外項を欠いていること (5.5.2, 5.5.3)、(iii) 表層主語が目的語位置から主語位置へ移動していること (5.5.4,

5.5.5)、(iv) 表層上の目的語は動詞の目的語ではなく前置詞の目的語であること (5.5.7)、といった非対格性の証明に必要な証拠を順次見ていく。非対格動詞であるとなれば、これらの「他動詞」が受動化できない理由も、前節で見た非対格「自動詞」が受動化できない理由と同じ原因に帰することができることになる。

(43)　a.　対称動詞：resemble, marry, meet, touch, face, hit, equal, …
　　　b.　測定動詞：cost, weigh, measure, last, …
　　　c.　適合動詞：suit, fit, …
　　　d.　空間動詞：elude, escape, depart, reach; enter, approach, near, turn, …
　　　e.　所有動詞：have, own, possess, contain, include, lack, sleep, house, …

5.5.1　主語のθ役割

　(43) に例示した他動詞のうち、(a)–(d) では主語のθ役割が主題 (Theme)、目的語が場所 (Location) である。(a) では、モノが他のモノと相互的、対称的な関係にあることを表す。対称的関係になる相手のモノは、touch (〜に接する) や face (〜に面する)、hit (〜にぶつかる) などの例から推測されるように、対象となる場所である。(b) ではモノが度量衡の領域で特定の値を有することを表す。目的語はモノが測定される度量衡の領域・場所における値を表す。(c) ではモノがある場所に似合う・適するという意味である。(d) ではモノがある場所に近づく・辿りつく・離れるという意味である。主語が主題で目的語が場所というθ役割の組み合わせを持つ (a)–(d) のような動詞を、resemble 類動詞、単に resemble 類と呼んでいくことにする。(43e) では、主語が場所で目的語が主題である。θ役割の組み合わせは同じであるが、それらが担う文法関係は異なる。これらの動詞を所有動詞と呼び、resemble 類と区別する。所有動詞については、5.6 で別途扱う。

　Baker (1988) の主題役割統一的付与仮説 (Uniformity of Theta Assignment Hypothesis; UTAH) によると、D 構造の段階では、項のθ役割と統語的表示 (構造上の位置) の間に相関性が成り立つ。例えば、項のθ役割が行為者 (Agent) であればその項は外項 (主語) 位置に、主題であれば直接内項 (目的語) 位置に現れる。具体的な個々の動詞が何であろうと、動詞が項をいくつ

取ろうと、D 構造における項の現れる位置は θ 役割によって決まってくる。

　自動詞の中でも非対格動詞の表層主語はモノの状態・位置・存在などの変化を表しており、その θ 役割は主題であるので、UTAH に従うと、D 構造の段階では目的語位置にあることになる。非対格動詞の主語は D 構造で目的語位置にあったものが S 構造で主語位置に現れている。

　上述のように resemble 類の表層主語の θ 役割も、非対格動詞の表層主語と同様に主題であるのだから、UTAH に従うならば、D 構造の段階では目的語位置（補部位置 / 直接内項位置）にあることになる。非対格動詞の場合と同様に、D 構造で目的語位置にあったものが S 構造で主語位置に移動していると考えねばならない。そう考えるには、さらに、resemble 類でも非対格動詞と同様に外項を欠いており、D 構造で目的語位置にあった項が移動して行く「空席」があることを示さなければならない。

5.5.2　外項の欠如（1）——-er 名詞

　Resemble 類は、非対格動詞と同様に（下記 (44a)）、行為者名詞（agentive nominal）を派生することができない（((44b))）。行為者名詞というのは、動詞に接辞 -er が付加して派生する「〜する人」という行為者を表す名詞のことである。

(44)　a.　*appearer, *occurrer, *happener, *emerger, *remainer, *exister, . . .
　　　　　　　　　　　　　　　　　　　（Rappaport Hovav and Levin 1992）
　　　b.　*resembler, *meeter, *coster, *weigher, *approacher, *eluder, . . .

「行為者名詞」という名称は、やや適切さに欠ける。元になる動詞は必ずしも行為者を取る動詞とは限らないからである。下記 (45) における接辞 -er の担っている意味は、(a) では行為者、(b) では道具（Instrument）、(c) では経験者（Experiencer）、(d) では到達点（Goal）に当たる。行為者には限られないので、以降、「-er 名詞」と呼んでいく。

(45)　a.　［行為者］watcher, kicker, pitcher, listener, looker, talker, . . .
　　　b.　［道具］opener, washer, cleaner, cutter, . . .
　　　c.　［経験者］believer, knower, liker, hearer, seer, . . .

d. ［到達点］receiver, buyer, . . .

　-er 名詞に共通していることは、θ 役割が何であれ、外項を持っているという点である。接辞 -er は「〜する人」「〜する道具」のように外項が担っている意味を表しているのであるから、外項が形態的に派生接辞として具現化したものと見ることができる。とすると、(44a) で非対格動詞が -er 名詞を派生できないのは、外項を欠いているためである。同様に、(44b) で resemble 類が -er 名詞を派生できないのは、-er の元になる外項を欠いていることを示している。

5.5.3　外項の欠如 (2) ── Do 疑似分裂文

　今度は、Do 疑似分裂文に生じる動詞を見てみよう。Do 疑似分裂文というのは、下記 (46) に示すように、前半（分裂文の前提部分）に主語と動詞 do が現れ、後半（焦点部分）に動詞句が現れる疑似分裂文である。

(46)　［What DP do］is ［$_{VP}$ V . . . .］

　Do 疑似分裂文の焦点部分には、(47) のように、非対格動詞を含む動詞句が生じることができない。同様に、(48) のように、resemble 類を含む動詞句が生じることもできない。

(47)　a.　*What the sun did was *rise* above the horizon.
　　　b.　*What the riot did was *happen* in the center of the city.
　　　c.　*What the window did was *break* last night.
(48)　a.　*What John does is *resemble* Tom.
　　　b.　*What the imported car does is *cost* more than 50,000 dollars.
　　　c.　*What his name did was *elude* my memory.

　これに対して、上記 (45) で見たような θ 役割の外項を取る動詞であるならば、Do 疑似分裂文の焦点位置に生じることができる。

(49)　a.　What John did was *kick* the ball to the goal.　［行為者］

b. ... what stents do is *open* up the coronary arteries to allow greater blood flow/oxygen to the heart muscle.　［道具］

（www.ptca.org/forumtopics/topic049.html）

c. What a good point guard does is *know* when to pass the ball ... for the good of the team ... so the team can win.　［経験者］

（http://www.huffingtonpost.com/social/Luv2Purple）

d. What I did was *like* a Bob Dylan protest song.　［経験者］

e. What you are required to do is *receive* enough instruction to take and pass the oral and flight-tests which will be conducted ...　［到達点］

（www.sportpilot.org/learntofly/articles/questions.html）

　Do 疑似分裂文の焦点部分に生じる動詞が外項を取る動詞に限られるとなると、前提部分に生じている主語は動詞の外項ということになる。前提部分に主語と一緒に現れている do は動作・行為を表す本動詞であり、外項を取る動詞である点に注意。したがって、Do 疑似分裂文とは、1 つの文に生じる項が、外項と内項とに分裂された文ということができる。Do 疑似分裂文の焦点部分には動詞句のうちの VP の部分が、前提部分には vP から VP を除いた残りの部分（外項部分）が現れていることになる。(48) に見るように resemble 類が Do 疑似分裂文に生じることができないということは、それらの動詞が外項を取らないことを示している。

5.5.4　主語位置への移動 (1)

　今度は resemble 類の主語が、元々主語位置にあるのではなく、目的語位置から移動してきていることを示す証拠について見てみよう。非対格動詞を含む文では、主語と同一指示関係にある再帰代名詞が後続の前置詞句内に生じることができない。例えば、下記 (50a) のように石が自らの上に落ちることはないし、(50b) のように太陽が自らよりもさらに上に昇るということはありえない。いずれも意味的に不自然である。

(50)　a.　#The stone fell on itself.

　　　b.　#The sun rose above itself.

　　　c.　#She appeared before herself.

同様に、resemble 類を含む文でも、主語と同一指示関係にある再帰代名詞が目的語として生じることができない。(51a) のように列車が自らに近づくことはないし、(51b) のようにある人が自分と結婚するということはありえない。非対格動詞の場合と同じような意味的な不自然さが生じる。

(51) a. #The train approached itself.
　　 b. #Mary married herself.
　　 c. #The jacket fits itself.
　　 d. #The memory eluded itself.

さらに、同じような意味的不自然さが受動文においても見られる。下記 (52), (53) の (a) のように能動態の場合には、主語と同一指示関係にある再帰代名詞が目的語として生じることができるが、(b) のように受動態になると、そのような再帰代名詞が by 句の目的語として生じることができない (Postal 1971a)。

(52) a. John respects himself.
　　 b. #John is respected by himself.
(53) a. Mary talked to herself.
　　 b. #Mary was talked to by herself.

受動態では、動詞または前置詞の目的語が主語の位置へ移動し、元の位置に痕跡 t が残されるとすると、(52), (53) の受動文 (b) は次のような形状をしている。

(54)　John^1 .... t^2 ... himself^3

再帰代名詞は Chomsky (1981) に従い、局所的な束縛 (local binding) を求めた束縛原理 (A) に従うとすれば、(54) では再帰代名詞と John との間にそれらと同一指示関係にある John の痕跡 t^2 が介在しているので、himself は John によって局所的に束縛されることはない。

束縛原理 (A) が求めている局所的な束縛は、(3) で見た局所性の原理 (最

小性原理) に還元することができる。局所的な束縛は、ある要素 X^1 と関係付けられる、同じ種類の要素が 2 つ (X^2 と X^3) ある場合、X^1 に近い方が選ばれるというものである。Chomsky (1981) の名詞句の分類からすると、(54) の痕跡 t^1 と再帰代名詞 himself は共に照応表現 (anaphor) であり「同じ種類」の要素である。[7] したがって、最小性原理に則って $John^1$ が束縛するのは t^2 のみであり、$himself^3$ を束縛しない。$himself^3$ は照応表現なので束縛されねばならないにも拘らず、束縛され損ねている。

同様の説明が (50) の非対格動詞の場合にも当てはまる。非対格動詞の主語も、元来目的語の位置にあり、それが主語位置へ移動している。したがって、(50) の表層構造は (54) と全く同じ形状——主語と再帰代名詞の間に主語の痕跡が介在している形——をしており、最小性原理からして、再帰代名詞は主語に束縛され損ねることになる。

(51) の resemble 類についても、主語が目的語の位置から移動しているとするならば、すぐ上で見た非対格動詞についての説明と全く同じ説明が成り立つ。目的語位置から主語位置への移動の結果 (54) と同じ形状が作り出され、最小性原理からして、再帰代名詞は主語に束縛され損ねることになる。resemble 類の例文 (51) において、受動文 (52), (53) の (b) や非対格動詞を含む文 (50) と同じような意味的な不自然さが生じるということは、resemble 類でも、受動文や非対格動詞と同じように、表層上の主語が動詞句内部から主語位置へ移動していることを示していると言うことができる。

5.5.5　主語位置への移動 (2)——受動化と Tough 構文の相関性

Nakajima (1970) で、受動化できない他動詞は Tough 構文にも現れることができないという相関性が成り立つことに触れた。学部の卒業論文なので約半世紀近くの間そのまま放置しておき、内容も忘れかかっていたが、最近になって Postal (2010) が、その相関性を思い起こさせてくれた。卒論で用いた例文を (55) に、類例を (56)–(58) として追加する。

---

[7] Hornstein (2001) に従い、再帰代名詞の生成にも移動が含まれていると仮定するならば、(54) の $himself^3$ のところには痕跡が現れることになり、2 つの痕跡が生じていることになる (三輪健太氏の指摘)。

(55) a. It is important for the child to resemble his father.
    b. *His father is important for the child to resemble.[8]
    (Nakajima 1970, 125)

(56) a. It is impossible for Max to resemble your cousin.
    b. *Your cousin is impossible for Max to resemble.
    (Postal 2010, 323)

(57) a. It is easy for his name to elude me.
    b. *I am easy for his name to elude.

(58) a. It is fun for John to have these expensive books.
    b. *These expensive books are fun for John to have.

Nakajima (1970) で触れたことをもう少しはっきりと定式化すると、次のように定めることができる。

(59) 受動化と Tough 構文の相関性：受動化できない動詞は、Tough 構文にも生じない。

これに関連して、Postal (2010, 322) によると、David Perlmutter が 1970 年代の早い時期に、受動文の主語になれない名詞句は Tough 構文の主文主語にもなれないという相関性を述べている。Postal はこの相関性を Perlmutter の一般化 (Perlmutter's Generalization) と名付けている。

(60) Perlmutter の一般化：かなりの確率で、もし X という文脈にある英語の DP が受動化できなければ、X の文脈にある DP は目的語繰上げの対象になることも禁じられる。 (Postal 2010, 322)

目的語繰上げ (Object Raising) とは Tough 構文を派生する Tough 移動のこ

---

8 卒論の例文に若干修正。形容詞 important が Tough 構文に現れることについては、さらに次例を参照 (Google から引用)。
  (ii) a. this analysis is important to consider when attempting to establish . . .
       b. These are important to talk about.
       c. . . . to determine which concepts are important to include in a map.

とであり、文脈 X とは当該の DP を補部などとして取る動詞を含む文脈のことである。Perlmutter の一般化は、端的に言えば、DP の受動化を許さない動詞はその DP の Tough 移動も許さないという、受動化と Tough 移動の相関性を述べたものであり、基本的に Nakajima (1970) で指摘した相関性 (59) とほぼ同趣旨である。(60) が名詞句 DP に関する一般化として述べられているのは、関係文法 (Relational Grammar) の枠組みでは、名詞句の文法関係に基づいて統語的規則性を記述しようとしているためである。[9]

◇**Tough 構文に生じぬ動詞類**

受動化と Tough 構文との間に相関性が成り立つとすると、非対格動詞は受動化できないのであるから (5.3.2)、Tough 構文にも現れることができないものと予測される。実際予測通りに、非対格動詞は Tough 構文に生じることができない。

(61) a. It is not easy for Mary to appear before the gentlemen.
　　 b. *The gentlemen are not easy for Mary to appear before.
(62) a. It is impossible for such things to occur to Ruth.
　　 b. *Ruth is impossible for such things to occur to.
　　　　　　　　　　　　　　　　　　　　　　　(Postal 2010, 336)
(63) a. It is fun for a small balloon to rise above the tall tower.
　　 b. *The tall tower is fun for a small balloon to rise above.

さらに興味深いことは、補文の不定詞節が受動態の場合、その中の名詞句を Tough 構文の主文主語にすることができないという点である。受動分詞 (passive participle) をさらに受動化することができないのであるから、(59) の

---

[9] Perlmutter の一般化では、次のような事実を捉えることができない。動詞に続く第 2 補部は、受動化できないが (下記 (a))、Tough 構文の主語になることは可能である (下記 (b))。
　(ⅰ) a. *The student was awarded the first prize to ＿＿．
　　　 b. The student is impossible for them to award the first prize to ＿＿．
　(ⅱ) a. *The topic was talked to the lady about ＿＿．
　　　 b. The topic is easy for John to talk to the lady about ＿＿．

相関性からすれば、受動分詞と一緒に生じている名詞句（受動分詞の補部である名詞句）は Tough 構文の主文主語になることができないはずである。下記例文の (a), (b) は補文が能動態、(c), (d) は受動態であり、(b), (d) は Tough 移動を受けている。予測通りに、受動態で Tough 移動を受けている (d) は非文法的である。

(64) a. It is difficult for them to offer the job to the incompetent man.
　　 b. The incompetent man is difficult for them to offer the job to.
　　 c. It is difficult for the job to be offered to the incompetent man.
　　 d. *The incompetent man is difficult for the job to be offered to.

(65) a. It is pleasant for us to tell the story to the children.
　　 b. The children are pleasant for us to tell the story to.
　　 c. It is pleasant for the story to be told to the children.
　　 d. *The children are pleasant for the story to be told to.

Tough 構文の派生には何らかの移動——Tough 移動 (Tough Movement)——が関与しているものと考えられる (Lees 1960, Chomsky 1964; 1977a; 1981, Rosenbaum 1967, Postal 1971a; 1974, Keyser and Postal 1976, Rezac 2006, Hicks 2009, Fleisher 2015)。このように考えるべき根拠については 5.8.2 を参照。Tough 移動によって痕跡が残されると、補文が受動形である例文 (64), (65) の (d) および非対格動詞を含む例文 (61)–(63) の (b) の形状は、共通して (66) のようになる。DP^1 は受動文または非対格動詞の主語に、DP^2 は Tough 移動された名詞句に、2 つの痕跡 (t^3 と t^4) はそれらの名詞句によって残された痕跡に、それぞれ当たる。

(66) 　*$DP^2 \ldots DP^1 \ldots t^3 \ldots t^4 \ldots$

Resemble 類においても、補文主語が目的語位置から主語位置へ移動しているとするならば、(55)–(58) の (b) の非文でも (66) の形状が成立していることになる。resemble 類の表層主語が (66) の DP^1 に、Tough 構文の主語が DP^2 に、それぞれ該当する。Resemble 類においても目的語位置から主語位置への移動が含まれていると仮定することによって、resemble 類が Tough 構文

に現れることができない理由を、非対格動詞や受動分詞が Tough 構文に現れることができない理由と同じように説明することができるようになる。

◇**Tough 移動の移動先**

上記 (66) の形状が非文法的になる理由を、より一般的な原理、とりわけこれまで見てきた最小性原理に還元することはできないだろうか。3.6 で主語からの取出しに関連して、Tough 構文の主語と繰上げ構文の主語を比べると前者の方が後者よりも話題性が高いと述べた (95-96 頁)。そのように考えるべき根拠として、繰上げ構文の主語と Tough 構文の主語との間に、虚辞の there (下記 (67))、成句の断片 (下記 (68))、不定の名詞句 (下記 (69)) の生起の可能性に関して明確な相違があることを挙げた。これらはいずれも非指示的な (non-referential) 表現であり、話題化による話題化要素としても生じることができない (下記 (67)-(69) の (c) を参照)。Tough 構文の主語は話題性が高いので、話題化の対象とはならない非指示的な表現が、同構文の主語としても生じることがない。指示的な (referential) 名詞句のみが、Tough 構文の主語 (および、話題化要素) になることができる。

(67) a. There seems to be a lie in her speech.
　　　b. *There is hard for John to believe ＿ to be a lie in her speech.
　　　c. *There, we all hope ＿ will be no war in the future.
(68) a. Tabs appear to have been kept ＿＿＿ on Mary.
　　　b. *Tabs were easy to keep ＿＿＿ on Mary.
　　　　　　　　　　　　　　　　　　　　（Lasnik and Fiengo 1974, 541）
　　　c. *Tabs, they were keeping ＿＿＿ on Mary.
(69) a. Sm cheese is likely to be rotten soon.
　　　b. *Sm cheese is tough for Jack to eat slowly.　　（Postal 1971a, 29）
　　　c. *Sm cheese, Jack wanted to eat ＿＿＿.

Cardinaletti (2004) は、主語位置は 1 つではなく、「高い主語」と「低い主語」の 2 種類の主語位置があることを提案している (さらに Shlonsky (2000), Diesing (1992), Bianchi and Chesi (2012) なども参照)。低い主語は AgrSP——数の一致が行われる投射であり TP と同じなので、TP——の指定部に、高い

主語は TP と CP の間に SubjP を設け、その指定部に当たる。低い主語位置には非指示的な主語のみが生じ、高い主語位置には指示的または非指示的な主語が生じる。したがって、指示的な名詞句が主語として生じる時は、高い主語位置（SubjP の指定部）にのみ現れることになる。また Bianchi and Chesi (2012) は、高い主語位置には存在が前提となっている (presupposed) 名詞句が、低い主語位置には前提になっている名詞句も前提になっていない名詞句も生じる、としている。

主語位置として2つあるとなれば、Tough 構文の主語と繰上げ構文の主語は、異なる主語位置を占めているものと仮定できる。指示的な名詞句に限られる Tough 構文の主語は高い主語位置（SubjP の指定部）に、そのような制限がない繰上げ構文の主語は低い主語位置（TP の指定部）または高い主語位置に、それぞれ現れている。虚辞の there や、成句の断片、不定名詞句などは、いずれも非指示的であり、また存在が前提になっていない要素なので、上記 (67)–(69) の (a) のように繰上げ構文の主語として低い主語位置に生じることはできるものの、(b) のように Tough 構文の主語として高い主語位置に生じることはできないのである。

Tough 構文の主語が高い主語位置を占めるとなると、その移動は、まず補文内で高い主語位置（補文 SubjP の指定部）に移動し、そこから主文の高い主語位置（主文 SubjP の指定部）へと循環的に移動することになる。

(70)　$[_{\text{SubjP}}\ \text{DP}^2\ \text{is tough}\ [_{\text{CP}}\ [_{\text{SubjP}}\ \text{DP}^2\ [_{\text{TP}}\ \text{DP}^1\ [_{v\text{P}}\ \ldots\ \text{DP}^2\ \ldots$

◇最小性原理による説明

上記 (66) に示した2つの DP (DP^1 と DP^2) と2つの痕跡 (t^3 と t^4) の関係は、下記 (71) のように精緻化される。DP^1 は受動分詞または非対格動詞の主語、DP^2 は Tough 構文の主語に当たる。受動分詞および非対格動詞はフェイズを成す vP を持たないので (Chomsky 2008a, 147)、4つの要素がすべて1つのフェイズの中に納まっている。[10]

10　1つのフェイズが、束縛原理の領域 (domain) と見ることができる。
　　また動詞句内主語仮説に従えば、補文が能動態の場合も、動詞句内に2つの痕跡（主語 Mary の痕跡 t^3 と Tough 移動された John の痕跡 t^5）が残されることになる。

(71) $[_{SubjP} DP^2 [_{TP} DP^1 \ldots [_{VP} \ldots t^3 \ldots t^4 \ldots$

t^3 と t^4 は共に、主語によって束縛される照応表現である。(71) には 2 つの「同じ種類」の要素が含まれており、(3) で見た最小性原理の形状に該当する。反復を厭わずに下記に再録する。

(3) 最小性原理: 次の形状において、X^1 は、X^3 と同じ性質である X^2 を差し置いて X^3 と関係することはできない; $\ldots X^1 \ldots X^2 \ldots X^3 \ldots$

DP^1 が痕跡を束縛しようとする時も、DP^2 が痕跡を束縛しようとする時も、最小性原理からして、それぞれにより近い t^3 のみしか束縛することができない。そのために t^3 は 2 つの先行詞 (DP^1 と DP^2) に束縛され、逆に t^4 はいずれの先行詞によっても束縛されないという事態が生じる。どちらも 1 対 1 の対応を求めた Bijection Principle (Koopman and Sportiche 1982/3) の違反となる。

以上のように、受動化できない動詞が Tough 構文に生じることができない理由も最小性原理に還元することができる。Resemble 類が Tough 構文に生じることができないことをその線に沿って説明するには、非対格動詞と同様に、表層上の主語は元来目的語位置 (直接内項位置) にあり、それが主語位置へ移動していると考えなければならない。

Tough 構文とほぼ同じような振る舞いを示す構文に、補文目的語削除構文 (Complement Object Deletion) がある (Lasnik and Fiengo 1974, Postal 2010)。補文目的語削除構文では、主文中の too や enough に関係した to 不定詞節内で目的語が削除されている。補文目的語削除構文においても、補文動詞として resemble 類 (下記 (72a))、非対格動詞 ((72b))、受動分詞 ((72c)) が生じることができない。この構文でも、「削除」位置 (次例の下線部) から何らかの空要素が SubjP へ移動しているものと考えられる。[11]

(i) John^2 is tough [for [$_{SubjP}$ t^4 [$_{TP}$ Mary^1 [$_{vP}$ t^3 [$_{VP}$ please $t^5 \ldots$
この点に関しては、5.8.1 で詳しく見る。

11 Hornstein (2001) の空範疇 PRO の扱いを、空の「削除位置」にも援用するならば、削除位置から移動が行われていることになる。

(72) a. *Your cousin was too strange-looking for Max to resemble ___.

(Postal 2010, 323)

b. *Ruth is too stupid for such things to occur to ___.

(Postal 2010, 336)

c. *Mary was too incompetent for this job to be offered to ___ by I.B.M..

(Lasnik and Fiengo 1974, 538)

◇**Tough 移動は A かつ A' 的**

　Tough 構文の主語が占める SubjP は、TP と CP の間に位置している。TP の指定部への移動は A 移動、CP の指定部への移動は A' 移動と分類されてきた。意味的に TP は命題を構成する全ての項が含まれるまとまり（構成素）に当たる。主語は高い主語位置にあろうと命題を構成する項の 1 つであるから、TP 的 (A 的) な位置と言えよう。だが高い位置にある主語は、その存在が前提となっており、出来事 (eventuality) についての断定または否定の対象の外にある (Bianchi and Chesi 2012)。その点では CP 的 (A' 的) な位置と言える。実際、高い主語位置に主語を持つ Tough 構文は、A 移動的な性質と A' 移動的な性質を兼ね備えている。A 移動の特徴と A' 移動の特徴を簡単にまとめておこう。

　A 移動的特徴として、Tough 構文では、A 移動の典型である繰上げ (Raising) と同様に、弱交差 (weak cross-over) を示さない。下記 (73a) は A' 移動である WH 移動の例、(73b) は繰上げの例、(73c) は Tough 構文の例である。(73a) では、移動する要素 who がそれと同一指示関係にある代名詞 his を飛び越すと非文法性が生じるが、(73b), (73c) では移動する要素 John が his を飛び越しても非文法性が生じない。

(73) a. ?*Who$_i$ does his$_i$ mother likes ___?
b. John$_i$ seems to his$_i$ mother ___ to like Mary.
c. John$_i$ should be easy for his$_i$ mother to love ___.

(Hicks 2009, 542fn)

　また Tough 構文は、繰上げと同様に、定形節補文 (次例では [　　] の部分) の中から要素を移動することができない (時制文条件 Tensed S Condition

を参照）。下記 (74) では、(a) は A' 移動の WH 移動の例、(b) は A 移動の繰上げの例、(c) は Tough 構文の例である。[12]

(74) a. What do you think [that John ate ＿＿ yesterday]?
       Who do you think [＿＿ is appropriate]?
   b. *Mary seems [that ＿＿ is appropriate].
       *Mary seems [＿＿ is appropriate].
   c. *Spot is tough to demonstrate [that Jane saw ＿＿].
                              (Wexler and Culicover 1980, 322)
       *Spot is tough to believe [＿＿ is alive].

Tough 移動が A 移動的な性質を有していることは、上述の最小性原理に基づく (55)–(58) の (b) の非文法性を説明する上で重要である。非対格動詞または受動分詞によって残される痕跡も、Tough 移動によって残される痕跡も、共に、主語位置の名詞句によって「A 束縛」される要素——Chomsky (1981) の用語を用いれば、照応表現——である。これに対して、1 つの文に 2 つの痕跡が現れていても一方が A 束縛され、他方が A' 束縛される場合には上で見たような非文法性は生じない。次例では t^3 が受動化によって残された A 束縛される痕跡、t^4 が WH 移動によって残された A' 束縛される痕跡であり、2 つの痕跡が残されているにも拘らず非文法性が生じていない。最小性原理は「同じ種類」の要素が競合する場合にのみ発動する（Rizzi 1990, Nakajima 1992)。

(75) a. Who^2 was the book^1 given t^3 to t^4?
   b. What^2 was the man^1 told t^3 about t^4?

一方 Tough 移動（Tough 構文）の A' 移動的な特徴として、Tough 構文は WH 移動と同様に、A' 移動に対して島 (island) を形成する (Chomsky 1977a)。

12　Chomsky (1977a, 104) は、(i) のような、不定詞節の下に埋め込まれた定形節からの取出しを文法的としているが、Jones (1983, 131, fn. 5) は、彼を含めて多くの話者が "totally unacceptable" であるとしている。

(i) John is easy (for us) to convince Bill that he should meet ＿＿.

つまり、Tough 移動を受けている Tough 構文の補文は、WH 移動によって WH 句が文頭に移動されている補文と同様に、島を構成するので、その内部の要素を文頭に A' 移動することができない。下記 (76) の (a) は繰上げ構文の補文から、(b) は WH 移動によって作られた WH 島から、(c) は Tough 構文の補文から、それぞれ疑問詞が A' 移動されている例である。

(76) a. Who does John seem to like ＿＿＿?
　　　b. *Who do you wonder what to give ＿＿＿ to ＿＿＿?
　　　c. *What sonatas is this violin easy to play ＿＿＿ on ＿＿＿?
　　　　　　　　　　　　　　　　　　　　　　(Chomsky 1977a, 105)

(76c) の補文には WH 句が顕在していないが、(76b) の補文と同様に、何らかの A' 移動が関わっていると考えなければならない。

また A 移動の繰上げは主語を飛び越すことができないが（指定主語条件 Specified Subject Condition を参照）、Tough 構文では WH 移動と同様に、主語を飛び越すことができる。下記 (77) の (a) は繰上げの例、(b) は WH 移動の例、(c) は Tough 構文の例である。いずれの例でも、文頭の要素が主語（太字の **John**）を飛び越して移動している。

(77) a. *Mary seems for **John** to believe ＿＿＿ to be happy.
　　　b. Who does **John** believe ＿＿＿ to be happy?
　　　c. Mary is hard for **John** to get along with ＿＿＿.

(77c) では、Tough 移動する名詞句 Mary が、同じく名詞句である John を飛び越して移動しているにも拘らず、(3) の最小性原理の違反を引き起こしていない。これは、補文主語 John が占めている位置が純粋な A 位置であるのに対して、Tough 移動の着地点となる SubjP は、上で見た通り、A' 的な性質も兼ね備えており完全に「同じ性質」ではないからである。

これに関連して、A 移動である受動化では直接内項の名詞句を飛び越して間接内項の名詞句が移動することができない（つまり、5.2.1 で見た最小性原理、あるいは介在条件 Intervention Condition の違反を引き起こす）が、WH 移動や Tough 構文ではそうした移動が可能である（最小性原理や介在条件の

違反を引き起こさない)。[13]

(78) a. *Mary was offered **the job** to ____ by I.B.M.
　　 b. Who did I.B.M. offer **the job** to ____?
　　 c. John was tough to give **criticism** to ____.

(Lasnik and Fiengo 1974, 549)

上で見た A 的および A' 的な現象を整理すると、次のようになる。YES は規制を受ける、またはその現象を示す、NO は規制を受けない、または現象を表さない、ということを表している。網掛けは共通していることを示す。

(79)

	繰上げ (A 移動)	Tough 移動	WH 移動 (A' 移動)
(i) 弱交差	NO	NO	YES
(ii) 時制文条件	YES	YES	NO
(iii) 島の形成	NO	YES	YES
(iv) 指定主語条件 / 介在条件	YES	NO	NO

(i) の弱交差は代名詞の束縛の問題であり、(ii) の時制文は束縛の統率範疇 (governing category) を必ず構成する (Chomsky 1981)。どちらも束縛に関係する問題である。(iii) の島の形成は、A' の指定部位置 (CP の指定部位置や TopP の指定部位置) に要素が存在する時に観察される。島は A' 移動の適用

13　同様のことが話題化についても言える。
　(ⅰ) John's paper, she gave serious criticism to ____.
3.3 で、話題化される要素には元来 [＋Top] のような素性が付与されており、それが話題化の引き金になると考えるのではなく、移動した位置 (S 構造における位置) から θ 役割が付与されるという立場を採った。Tough 移動も、話題化と同様に、その引き金となる素性が付与されているわけではなく、それ故、適用が随意的であると仮定する。移動は最小性原理の規制を受けることなく自由に (随意的に) 適用し、その結果残された痕跡が束縛を受ける際に最小性原理に従うものと考える。

を規制する。(iv) の指定主語条件 / 介在条件の規制を A 移動は受けるが A' 移動は受けない。(iii), (iv) はどちらも移動に関する問題である。したがって、Tough 移動は概ね、束縛に関しては A 的、移動に関しては A' 的と言うことができる。

以上見て来た通り、SubjP は A 位置と A' 位置の両面性を、またその位置へ移動する Tough 移動は A 移動と A' 移動の両面性を、有しているのである。Tough 移動が A 移動と A' 移動の両面性を持っていることは、二重目的語の移動を見ると一層明らかになる。A 移動の受動化は第 2 目的語を移動することができないのに対して、A' 移動の WH 移動は第 1 目的語を移動することができない。

(80) a. *The expensive jewel was given Mary ___ by John.
  b. *Who did John give ___ the expensive jewel?

興味深いことに、Tough 移動は二重目的語の第 1 目的語も、第 2 目的語も移動することができない。

(81) a. *These people will be easy to send ___ those flowers.
  b. *Those flowers will be easy to send these people ___.[14]

(Postal 2010, 79)

こうした振る舞いの理由について詳しく立ち入ることは控えるが、現象的に Tough 移動が A 移動と A' 移動の両面性を備えていることが明らかである。Tough 構文における移動が、(70) で見たように補文 SubjP から主文 SubjP への移動であるとすれば、もはや Chomsky (1977a) や Hornstein (2001) で仮定されているような補文の CP 指定部 (A' 位置) から主文の TP 指定部 (A 位置) への移動といった「一貫しない移動 (improper movement)」を仮定する必要がなくなる。本節では、resemble 類には非対格動詞と同様に主語の目的語位置からの移動が関与していることを示す目的で、Tough 構文について少

---

14 但し Wexler and Culicover (1980, 275) は、二重目的語構文の第 2 目的語の Tough 移動を文法的としている。
 (i) Good books are tough for John to give Mary ___.

し詳しく見て来た。

5.5.6 目的語の位置

だいぶ Tough 構文の議論に紙幅を費やしたが、議論を resemble 類が非対格動詞であることの論証に戻そう。5.5.1 で、resemble 類の表層主語は θ 役割として主題を担っているので、UTAH との関係で、D 構造では目的語（直接内項）の位置を占めていると考えなければならないことを見た。そのことを裏付ける統語的証拠として、resemble 類の名詞化を見てみる。一般的に他動詞が名詞化されると、動詞の目的語は前置詞 of を伴って現れる。

(82) a. their destruction *of* the city
    b. his translation *of* Chomsky's book
    c. our support *of* the victims

非対格動詞が名詞化される場合には、表層上の主語が of を伴って現れる。D 構造の段階では動詞の目的語（直接内項）の位置を占めているからである。

(83) a. the arrival *of* a bunch of drunks
    b. the occurrence *of* an earthquake
    c. the existence *of* such weapons   (Postal 2010, 235)

resemble 類が名詞化されると、やはり表層主語が of を伴うことになる。

(84) a. the resemblance *of* orchid to female wasp
    b. the marriage *of* Eleanor to Henry II
    c. the meeting *of* President with opposition leaders
    d. the last departure *of* wagons from our sidings
    e. The weight *of* the steel helmet at 50 pounds (was more than the soldier could bear for longer than a few hours.)[15]
    f. The cost *of* the imported car at $1,000,000 (was twice as high as the

---

15 (84) の (e), (f) は Alison Stewart 氏（個人談話）に負う。

most expensive domestically produced car.)

したがって resemble 類の表層主語は、元々動詞の目的語（直接内項）の位置を占めていると考えなければならない。[16]

5.5.7 表層目的語

表層主語が目的語の位置を占めているとなると、表層上の目的語は元来どの位置を占めているのであろうか。D 構造における目的語位置が既に表層主語によって占められているのであるから、表層目的語はそれ以外の位置を占めていることになる。この問いに対する答えの糸口は、既に (84) で見た名詞化の例に示されている。表層目的語の手前には、前置詞として of ではなく、それ以外の前置詞 (to, with, from, at) が現れている。次例の斜字体の前置詞に注目。

(85) a. the resemblance of orchid *to* female wasp
    b. the marriage of Eleanor *to* Henry II
    c. the meeting of President *with* opposition leaders
    d. the last departure of wagons *from* our sidings
    e. The weight of the steel helmet *at* 50 pounds (was more than the soldier could bear for longer than a few hours.)
    f. The cost of the imported car *at* $1,000,000 (was twice as high as the most expensive domestically produced car.)

16　他動詞や非能格動詞の名詞化で、前置詞 of が主語の前に生じることもある（田中竹史氏の指摘）。
　（ⅰ）a. the ruthless destruction *of* the enemy/ the ruthless destruction *by* the enemy
　　　b. the proactive action *of* the committee/the proactive action *by* the committee
これらの of は by に代替できるが（(i) の斜線右側参照）、他動詞目的語 (82)、非対格動詞主語 (83)、resemble 類主語 (84) の前に生じている of は by に代替できない。
　（ⅱ）a. *the destruction *by* the city
　　　b. *the arrival *by* a bunch of drunks
　　　c. *the resemblance *by* orchid

Resemble 類が動詞の場合も、表層目的語はあくまでも表層上目的語に見えているだけであり、本当は動詞の目的語ではなく to や at などに相当するゼロ前置詞 ($P_\emptyset$) の目的語であると考えられる。

(19) の resemble 類動詞に相当する日本語の動詞を考えると、興味深いことに、(19) の (a)–(d) の意味的下位分類の如何に関わりなく、多くの場合、主語がガ格、目的語がニ格になる。〜ガ〜ニ {似る (resemble) / 会う (meet) / 接する (touch) / 面する (face) / ぶつかる (hit) / 似合う (suit) / 適する (fit) / 達する (reach) / 入る (enter) / 近づく (approach) / 変わる (turn)} などではいずれも、主語がガ格、目的語がニ格になっている。[17] 特に目的語が対格 (ヲ格) ではなく、与格 (ニ格) である点に注目したい。目的語が場所からの離隔の場合には、〜ガ〜カラ {のがれる (elude) / 逃げる (escape) / 離れる (depart)} のように、やはり対格ではなく、奪格 / 離格 (カラ格) である。日本語の格助詞の点からも、表層目的語が対格ではなく、与格 (または奪格) であることが窺える。

ついでに (19) の (e) の所有動詞に相当する日本語の動詞では、〜ニ (ハ) 〜ガ {ある (have, possess, contain, include) / 欠ける (lack) / 眠れる (sleep) / 収容できる (house)} などのように、主語がニ格、目的語がガ格になることが多い。ガ格とニ格を担う名詞句の文法関係が (a)–(d) と逆転しているが、名詞句が取る格助詞の組み合わせは同じである。

5.5.8 Resemble 類の D 構造

以上をまとめると、resemble 類は D 構造の段階で、(i) 外項を欠いており、(ii) 表層主語は目的語 (補部) の位置にあり、(iii) 表層目的語はゼロ前置詞の目的語である。そして、(iv) 目的語位置にある内項は主語位置へと移動している。これらを図式化すると、次のようになる。

(86)  [VP resemble [DP John] [PP $P_\emptyset$ his father]]

---

17 「似る」から「ぶつかる」までの動詞では、目的語がト格になることも可能である (三輪健太氏の指摘)。

このD構造および派生過程は、非対格動詞と全く同じである。

(87)　[$_{VP}$ happen [$_{DP}$ the accident] [$_{PP}$ to John]]

したがって、resemble 類は表面的に他動詞であるが、実は非対格動詞であると結論付けることができる。なお、resemble 類が非対格動詞であるという結論は、Perlmutter and Postal (1984), Belletti and Rizzi (1988), Levin and Rappaport Hovav (1995), Pesetsky (1995), Blevins (2003), Landau (2010), Randall (2010) などでも、散発的に、また十分な根拠を示すことなしに、主張されてきている。

Resemble 類が非対格動詞であるとなれば、その受動化できない理由が、5.4 で見た非対格動詞が受動化できないことの説明法——主に最小性原理に基づく説明法——で、全く同じように説明することができる。[18] resemble 類を含む受動文では、表層主語が目的語位置に残した痕跡と、受動化によって残された表層目的語（本当は、ゼロ前置詞の目的語）の痕跡の2つが現れており、最小性原理からして、一方の痕跡しか束縛されず、他方の痕跡が束縛され損ねるのである。

5.6　所有動詞

(19e) に挙げた所有動詞 (have, own, possess, contain, include, lack, sleep, house など) は、resemble 類と同様に、項として主題と場所を取るが、それぞれの θ 役割を担う要素の文法関係が逆転している。resemble 類の場合には主題が表層上の主語、場所が目的語であるのに対して、所有動詞の場合には主題が目的語、場所が主語である（さらに、5.5.7 の日本語の格助詞の話を参照）。所有動詞も、resemble 類と同様に、受動化することができない。

18　Nakajima (2015) では、非対格動詞が受動化できない理由を同じく最小性原理の観点から試みているが、同原理が発動するのは束縛に対してではなく、移動に対してであるという分析を採っている。本章のように束縛に対して働くと見る方が望ましいことについては、5.7 を参照。

(88) a. This book has many wonderful ideas.
　　　b. *Many wonderful ideas are had by this book.
(89) a. His talk contained many interesting implications.
　　　b. *Many interesting implications were contained by his talk.
(90) a. The room houses five guests.
　　　b. *Five guests are housed by the room.

所有動詞も外項を欠いているものと考えられる。多くの場合、[19] 一般的に -er 名詞を派生することができないからである。

(91)　*haver, *includer, *lacker, *houser（収容するもの),...

所有動詞の主語として生じている項は、(88)–(90) の (a) で見た通り、場所句である。その一方で、所有動詞の名詞化では前置詞 of が主題句（目的語）の手前に生じる。

(92) a. the having *of* wonderful ideas
　　　b. a complete lack *of* morals
　　　c. possession *of* some property

そこで、所有動詞の直接内項は、UTAH に従い、主題であり、それが名詞化においては of を伴って現れている、と仮定してみることにする。表層主語の場所句は、何らかの場所を表すゼロ前置詞（$P_{\emptyset}$）の目的語であり、主題句に続く間接内項であると考えられる。所有動詞の D 構造 (93) は、resemble 類の D 構造 (86) および非対格動詞の D 構造 (87) と基本的に同じであり、唯一の相違は、resemble 類および非対格動詞では直接内項（主題句）が表層主語

19　但し、owner, possessor, container などは可能である。これらの -er 名詞では、元になる動詞に比べて、意味が特殊化されている。owner, possessor は、単なるモノの在り処を表すのではなく、資産の所有に向けて積極的な働きかけをした取得者の意味が感じられる。こうした行為者的な意味合いの場合には、元になる動詞も受動化が許容される。
　（ⅰ）The farm was owned by three bachelor brothers.

として選ばれているのに対して、所有動詞では場所句が選ばれている、という点である。[20]

(93) [VP have [DP many wonderful ideas] [PP P$_\emptyset$ this book]]

場所句を（最小性原理に反しながら）主語として選択するのはやや「有標的」な主語選択の仕方であるが、場所句倒置（Locative Inversion）のような有標的な構文においてもほぼ同様なことが見られる（In this book lie many wonderful ideas 参照）。(93)のような D 構造の妥当性は、所有動詞を含む文が一般的に、There are many wonderful ideas in this book のように、There 構文によってパラフレイズできることからも窺える（Ross 1967, 439）。There 構文では、動詞の直後に主題句、その後に場所句が続いており、所有動詞の D 構造 (93)における語順と一致している。

受動文では、表層主語の場所句が抑制され、直接内項（主題句）が主語の位置へ移動して行く。動詞句内には、場所句の痕跡 t^3 と主題句の痕跡 t^2 の 2 つが残されている。

(94) [DP^1 many wonderful ideas] were had t^2 [PP P$_\emptyset$ t^3] (by [DP^4 the book])

2 つの痕跡のうち、t^2 は最小性原理に従って DP^1 に正しく束縛されるが、もう一方の t^3 は by 前置詞句の内部にある先行詞 DP^4 によって c 統御されていないので、束縛されることはない。

5.7 コピー理論と痕跡理論

5.4.2 で、非対格動詞が受動化できない理由を説明する際に、移動に関してコピー理論を採れば、最小性原理が移動を規制する原理として働くことを見た。これは、5.2.1 で見た、第 2 補部の名詞句が受動化できないという事実を

---

[20] 場所句の主語位置への移動では、P$_\emptyset$ の目的語 DP だけが移動するのか、場所句倒置のように P$_\emptyset$ 前置詞句全体が移動するのか、断定することは差し控える。ここでは、非対格動詞の場合に準じて目的語 DP だけが移動すると仮定する。

説明するのと同じように説明することが可能になるという点で望ましい。だが我々は、敢えて移動に関してコピー理論を採らずに、痕跡理論を採り、移動された要素の後に痕跡が残されるという、伝統的な立場を継承した。痕跡理論を採ると、最小性原理は、移動を規制するのではなく、痕跡の束縛を規制する原理として働く。最小性原理に依拠した説明であることには変わりがないが、同原理が移動に対して働くか、あるいは束縛（解釈）に対して働くかという点で相違している。

5.5.5 で取り上げた Tough 移動のことを考慮に入れると、移動に関して痕跡理論を採り、最小性原理を痕跡の束縛を規制する原理として用いる方が有望であるように思われる。5.5.5 の (77c) で見た通り、Tough 移動は同じ節の主語（下記 (95) の太字）を飛び越して目的語を移動させることができる。

(95) a. Mary is hard for **John** to get along with ____.
b. Mary is easy for **John** to please ____.

また (78c) で見た通り、第 1 補部の DP（太字）を飛び越して第 2 補部の DP を移動させることができる。

(96) a. John was tough to give **criticism** to ____.
(Lasnik and Fiengo 1974, 549)
b. This violin is easy to play **the sonata** on ____.

つまり Tough 移動は、必ずしも、移動先の SubjP に近い所にある DP のみを移動するわけではなく、より遠い DP を移動することもできるのであるから、最小性原理 (3) の規制を受けていないことになる。

5.5.5 で、Tough 構文には、非対格動詞、受動分詞、resemble 類、所有動詞などの動詞が生じ得ないことを見た。これらの動詞は共通して、表層上の主語が補部位置から移動している。コピー理論を採るならば、その移動によって補部位置に表層主語のコピーが残される（下記 (97) の太字）。Tough 移動は、(96) で見た通り、最小性原理を受けないのだから、第 2 補部の DP（斜字）が第 1 補部位置の DP（太字）を飛び越して移動しても、最小性原理の違反にはならないはずである（取消し棒は、移動で残されたコピーが後に削除／

無音声化されることを示す)。[21]

(97) a. *Ruth is difficult for such things to occur **such things** to *Ruth*.
b. *The incompetent man is difficult for the job to be offered **the job** to *the incompetent man*.
c. *His father is important for the child to resemble **the child** $P_\emptyset$ *his father*.
d. *These rare books are fun for the library to have **the library** $P_\emptyset$ *these rare books*.

(97)のTough構文の派生は、最小性原理を含め関係するその他の原理に違反していないにも拘らず、非文法的な結果を生み出す。非文法性を、最小性原理などに基づく原理立った方法で説明することができない。

これに対して痕跡理論を採り、移動によって痕跡が残されるとするならば、5.5.5で詳述したように、表層主語の移動およびTough移動によって2つの痕跡が残されることになる。2つの「同じ種類」の要素(痕跡)が現れており、それらの痕跡の束縛は最小性原理の規制を受けることになる。

(98) a. *Ruth is difficult for such things to occur t^1 to t^2.
b. *The incompetent man is difficult for the job to be offered t^1 to t^2.
c. *His father is important for the child to resemble t^1 $P_\emptyset$ t^2.
d. *These rare books are fun for the library to have t^1 $P_\emptyset$ t^2.

主文主語が最小性原理に則って痕跡を束縛すると、t^1のみを束縛し、t^2は束縛され損ねる。t^2を束縛しようとすると最小性原理に違反する。移動によって痕跡が残されるとすれば、(98)の非文法性を最小性原理に基づいて説明することができる。

また5.5.4で、非対格動詞、受動分詞、resemble類、所有動詞などの動詞を

---

21 Chomsky (2013, 44) は、コピーは介在条件を受けないと仮定することによって、こうした問題を回避しようとしている。次の引用を参照。

(i) ... the head of a chain (more appropriately, the whole chain, the discontinuous element) induces an intervention effect, but not the lower copy.

含む文では、表層上の主語と同一指示関係にある再帰代名詞が補部に生じると意味的に不自然となることを見た。

(99) a. #The stone fell on itself.
 b. #John is respected by himself.
 c. #Mary resembles herself.
 d. #The box contains itself.

コピー理論に従い、表層主語の元位置にコピーが残されるとすると、(99)の例文は下記 (100) のような構造をしていることになる。

(100) a. The stone fell **the stone** on itself.
 b. John is respected **John** by himself.
 c. Mary resembles **Mary** P$_{\emptyset}$ herself.
 d. The box contains **the box** P$_{\emptyset}$ itself.

再帰代名詞の束縛に関して、主語の DP が第1補部内の DP を飛び越えて第2補部内の再帰代名詞を束縛することも（下記 (101a)）、第1補部内の DP が第2補部内の再帰代名詞を束縛することも（下記 (101b)）、どちらも可能であるのだから、上記 (100) においても再帰代名詞が主語の DP または第1補部内のそのコピー（太字）によって束縛されるはずである。再帰代名詞の束縛に関して何の問題もないのであるから、(99) の例文が意味的に不自然であることの原因が見当たらないことになる。[22]

(101) a. John told **Mary** about *himself*.
 b. John told **Mary** about *herself*.

一方、移動によって痕跡が残されるとするならば、(99) の例文は下記 (102)

---

22 再帰代名詞などの照応表現も、痕跡と同様に、DP の移動によって残されたコピーであるとするならば (Hornstein 2009, 23)、(100) のような文では、主語の DP は再帰代名詞の位置および補部位置（太字）の両方から移動してきたことになる。つまり、1つの DP が2つの連鎖を持つことになる。

のような構造を持つ。痕跡 t は再帰代名詞と同様に照応表現であり、1 つの DP に対して 2 つの「同じ種類」の要素（照応表現）が関係することになる。主語の DP が、最小性原理に従って束縛しようとすれば、それにより近い t のみを束縛し、もう一方の照応表現である再帰代名詞を束縛し損ねることになる。逆に t を差し置いて再帰代名詞を束縛しようとすれば、今度は最小性原理に違反する。

(102) a. The stone fell t on itself.
 b. John is respected t by himself.
 c. Mary resembles t P$_\emptyset$ herself.
 d. The box contains t P$_\emptyset$ itself.

痕跡理論の下では (99) のような文の意味的な不自然さを、最小性原理を中心にして説明することができる。(98) および (99) の事実を一括して説明するには、まず移動によって痕跡が残され、そしてその痕跡の束縛が最小性原理に従うと考えることが必要である。

5.8 Tough 構文補足

5.5.5 で論じた Tough 構文について、何点か補足しておくことにしよう。

5.8.1 動詞句内主語仮説と Tough 移動

5.5.5 で Nakajima の一般化 (59) を扱った際、非対格動詞や受動分詞を含む文に Tough 移動が行われると 2 つの痕跡——TP 指定部へ移動した内項の痕跡と、Tough 移動によって移動された別の内項の痕跡——が含まれることになり、最小性原理からしてそれぞれの痕跡が先行詞によって 1 対 1 の関係で束縛されることがないことを見た。だが、主語に関して動詞句内主語仮説 (VP Internal Subject Hypothesis) を採れば、Mary is easy for John to please のような文法的な Tough 構文でも、2 つの痕跡を含んでいることになる。下記 (103) では、1 つは vP 指定部に残された不定詞節の主語 John の痕跡、もう 1 つは Tough 移動された Mary の痕跡である。

(103) Mary is easy [for [$_{SubjP}$ t [$_{TP}$ John to [$_{v\text{P}}$ t [$_{VP}$ please t]]]]]

上記 (103) のような形状のままで Mary を please の目的語位置から Tough 移動しようとすると、もう1つの DP (John) を飛び越して移動することになる。もし介在条件 (Intervention Condition) のような制約を仮定するならば、こうした移動は同条件に抵触することになる。これを回避する方法は、5.4.3 で触れたように、密輸出 (smuggling) によって VP の部分を密かに取り出して vP に付加することである。VP の密輸出によって、次のような形状が派生する。

(104) $[_{\text{SubjP}} [_{\text{TP}} \text{to} [_{v\text{P}} [_{\text{VP}} \text{please Mary}] [_{v\text{P}} \text{John } t_{\text{VP}}]]]]$

密輸出の適用は、(103) のような文法的な Tough 移動と、(97) で見た非対格動詞や受動分詞を含む文における非文法的な Tough 移動とを区別する上でも必要である。密輸出の適用を受けた構造 (104) の主語 John が TP 指定部へ、目的語 Mary が SubjP 指定部へそれぞれ移動すると、次のような構造ができる。

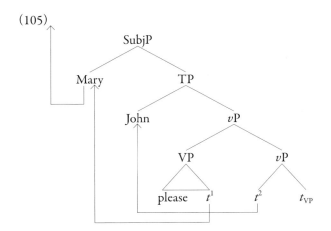

(105)

ここで重要なのは、2つの痕跡 t^1 と t^2 の間で、一方が他方を c 統御するという関係になっていない点である。最小性原理における X^1 への遠近は、改めて言うまでもなく、直線的な遠近ではなく、階層的な遠近である (142 頁)。

X^1 が同じ種類の 2 つの要素 (X^2 と X^3) を共に c 統御し、かつ X^2 が X^3 を c 統御しているという関係にある場合に、X^2 は X^3 よりも X^1 に近いと言える。そのような場合に最小性原理が発動し、より遠い X^3 が X^1 と関係することが阻まれる。(105) では、t^1 が t^2 を c 統御していないから、両者の間には遠近関係が成り立たず、最小性原理が発動する関係とはなってない。それ故最小原理に従い、Mary と John の両方が t^1 を束縛するという事態は生じてこない。それぞれの痕跡がその先行詞によって 1 対 1 の関係で束縛されることになる。

一方、下記 (106) のような補文の動詞が非対格動詞や受動分詞である場合には、158, 169 頁で見たように、vP が存在せず、密輸出によって VP を付加する対象 (vP) が不在である。TP 指定部へ移動する内項の痕跡 t^1、Tough 移動によって SubjP 指定部へ移動する内項の痕跡 t^2、およびそれらの先行詞が、1 つのフェイズの中に納まっている。そして一方の痕跡 t^1 は他方の痕跡 t^2 を c 統御しているので、最小性原理の規制対象となる。そのために、John も Mary も t^1 のみを束縛することになる。t^1 は 2 つの先行詞に束縛され、t^2 はいずれの先行詞にも束縛されずに、二重の Bijection Principle に違反する。

(106)

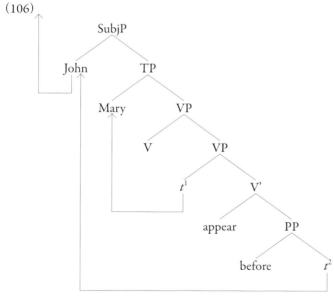

*John is hard for Mary to appear before.

上で介在条件について触れたが、もしそれを仮定するならば、それだけで十分であり、痕跡の束縛に基づく説明は不要になるのであろうか。(105) において、併合が拡張条件 (Extension Condition) に従い下から上へと進むとすると、まず主語 John が vP 指定部から TP 指定部へ移動し、その後で内項 Mary が SubjP 指定部へと Tough 移動して行くことになる。後者にとって TP 指定部にある John は介在効果を引き起こすはずだが、この Tough 移動は何ら問題がない。

さらに、動詞が補部を 2 つ取る場合、第 1 補部 (次例の太字) の存在は第 2 補部の Tough 移動にとって介在効果を引き起こすはずだが、この Tough 移動も問題がない。

(107) These students are tough for the company to offer **the job** to t^1.

Tough 移動は、5.5.5 で見た通り、主語 DP や補部 DP の介在をものともせず、より後方の DP を SubjP 指定部へ移動することができる。介在条件は、文法的な事例まで不当に排除してしまうという意味で、Tough 移動にとっては強過ぎる。SubjP 指定部への移動 (Tough 移動) が、A 移動的であるばかりではなく A' 移動的でもあるためである。

(107) についても、痕跡の束縛に基づく説明法ならば、正しく文法性を担保することができる。上記 (105) と同様に、密輸出により VP が vP に付加されると、VP 内から Tough 移動された内項 these students の痕跡 t^1 と主語の痕跡との間に c 統御関係が成り立たない。そのため、最小性原理が発動することはないので、SubjP 指定部の these students はその痕跡 t^1 を 1 対 1 の関係で束縛する。

なお、(105) で VP が密輸出により vP に付加されると、第 3 章で見た凍結原理からして、移動された VP 内からの Tough 移動が禁じられるはずである。だが第 3 章では、単純に移動されると凍結される (島を成す) という説明方法を採らなかった。代わりに、δ 規準に基づく説明方法を採った。密輸出による VP の移動は、特定の談話上の効果を狙った位置への移動ではなく、「密かな」取出しである。したがって移動したとしても VP に特定の δ 役割が付与されるわけでなく、その中の要素が取り出されるとしても δ 規準の違反が生じるわけではない。また密輸出される VP はフェイズではないので、第 1 章

で見た内的併合の原則 (II) にも違反している。この点でも密輸出は、内的併合のような「合法的な」操作ではなく、要素を密かに移動する「非合法的な」（？）操作である。

5.8.2　主文主語は移動されている

本章では、Tough 構文には、補文 SubjP 指定部から主文 SubjP 指定部への Tough 移動が関与しているという立場を採ってきた。この点では、Tough 構文の主文主語が基底生成されているとする Lasnik and Fiengo (1974), Chomsky (1977a; 1981), Williams (1983), Wilder (1991) などと明確に立場を異にしている。主文主語が補文内から Tough 移動していると考えるべき理由を簡単に見ておこう。

第 1 に、主文主語の θ 役割、それに課せられている選択制限は、補文動詞との関係で決まってくる。次例 (108) の (a) において、主文主語が「経験者」という θ 役割を演じているのも、それに「人間」という選択制限が課せられているのも、(b) から明らかなように、補文動詞 please との関係で決まってくる。副詞 personally は経験者のみを修飾できる点に注目（Postal 1971b）。

(108) a.　{John/ The girl/ *The stone/ *Peace} is personally easy to please.
　　　 b.　It is easy to please {John/ the girl/ *the stone/ *peace} personally.

第 2 に、主文主語の内部に、補文主語を先行詞とする再帰代名詞が現れ得る。下記 (109) で、再帰代名詞を含む DP (pictures of himself) は D 構造において補文主語に c 統御されていると考えなくてはならない。

(109)　Pictures of himself$_i$ are hard for every photographer$_i$ to ignore.
　　　　　　　　　　　　　　　　　　　　　　　　　（Hicks 2009, 552）

第 3 に、Tough 構文を取る形容詞（tough 類形容詞）は、下記 (110a) のような非人称主語構文、(110b) のような文主語構文を取る。これらの構文では、tough 類形容詞が、その θ 役割が「主題」である項（＝補文）を 1 つ取っている。「主題」の項が、(110c) のように、単独の DP として具現することもある。この場合も主語の θ 役割は主題である。

（110） a. It is easy［for John to solve the problem］.
　　　 b. ［For John to solve the problem］is easy.
　　　 c. The problem is easy.

　もし The problem is easy for John to solve のような Tough 構文の主文主語が基底生成されているとすると、この構文に限り tough 類形容詞が、項として、主文主語 DP と補文不定詞節の 2 つを取ることになる。しかもそれら 2 つの項の θ 役割はどちらも「主題」であろうから、Chomsky (1981) の θ 基準 (θ-Criterion) に違反することになる。Tough 構文の主文主語が Tough 移動によって派生したとするならば、tough 類形容詞が取る項は 1 つだけ (θ 役割が「主題」である不定詞節) であり、こうした問題が生じてこない。
　主文主語を Tough 移動によって派生する最大の問題点は、補文内で格が付与される位置にある DP が、別の格 (主格) が付与される主文主語の位置へ移動するという点である (Hicks 2009)。我々の分析では、Tough 移動する DP が一旦補文 SubjP 指定部に立ち寄り、そこから主文 SubjP 指定部へ移動して行く。Bianchi and Chesi (2012) は、主語が納まる SubjP と TP のうち、SubjP のみが提題 (aboutness) を担い、規準的位置 (criterial position) であるとしている。そうだとすると、文構造の上方から CP (または ForceP), TopP, FocusP、そして SubjP までは、規準的領域 (criterial domain) という 1 つの自然な類 (natural class) としてまとめられる。CP, TopP, FocusP は、伝統的に A' と呼ばれる位置であり、格付与された DP が自由に移動することができる。そこで、これらと同じく規準的領域に属する SubjP にも一定の条件の元で——とりわけ移動の避難口 (escape hatch) として立ち寄る場合には——格付与されている DP が自由に移動できるものと仮定することにしよう。Tough 移動では、指示的な DP が補文 SubjP に避難口として立ち寄るだけなので、格付与されていてもそこに移動することが許される。[23]

23　主語の移動に関して次のように考えることができる。
　（ⅰ）S 構造で主語となる DP は、まず EPP 素性により TP 指定部へ移動される。
　（ⅱ）非指示的な DP は TP 指定部に留まり、指示的な DP は SubjP 指定部へ繰り上がる。
　（ⅲ）SubjP 指定部 (より一般的には、規準的投射の指定部) では、格が中和化される。中和された格は、デフォルト格と考えられる主格形になる。下記

また Tough 構文の補文不定詞節は島を構成するが (172–173 頁)、TopP や CP の指定部を占める要素も島を構成する。一般に、規準的領域の指定部に何らかの要素があると島を構成する、と一般化することができる。SubjP は A' 位置と A 位置の両方の性質を有しているが、概ね、移動に関しては A' 位置的、束縛に関しては A 位置的と言うことができよう (175 頁)。

5.8.3　SubjP とフェイズ

　Tough 移動が補文 SubjP から主文 SubjP への移動であるとなると、要素の取出しに関してフェイズのエッヂ (edge) のみからの取出しを認めるフェイズ不可侵性条件 (Phase Impenetrability Condition, 78 頁 (19)) に違反することにならないだろうか (池内正幸氏の指摘)。補文 SubjP の上には CP があり、それがフェイズに当たる。CP の下にある SubjP の指定部に Tough 移動した DP は、フェイズのエッヂを占めているわけではないので、そこからさらに主文 SubjP の指定部へ移動するのはフェイズ不可侵性条件に違反していそうである。

　Mary is easy for John to please のような Tough 構文では、補文主語 John が補文標識 for によって格付与 (また格の照合) がなされている。補文主語は TP の指定部にあるのであるから、補文標識 for は、TP のすぐ上の XP——すなわち、SubjP——の主要部にあると見なければならない。for は格付与の目的で、主要部 C からすぐ下の主要部 Subj の所へ降下しているのである。

(111)　... [$_{CP}$ for [$_{SubjP}$ Mary [Subj [$_{TP}$ John ...

　Gallego and Uriagereka (2007) によると、フェイズの主要部が他の XP の主要部へ移動することによって、フェイズ性が後者 (XP) へと横滑り (phase sliding) する。(111) において、for が C から Subj へ移動することによって、フェイズ性が CP から SubjP へ横滑りして SubjP が新たにフェイズとなる。そ

　　　(iv) における、補文目的語が WH 移動されるとデフォルト格 (主格) に中和化される事実を参照。
　　　(iv)　a.　I wonder [who John loves ＿＿＿].
　　　　　b.　Who do you think [that John loves ＿＿＿]?

の指定部にある Mary は新たなフェイズのエッヂを占めているので、フェイズ不可侵性条件に抵触することなく、主文 SubjP へ移動することができる。

5.8.4 for 句の位置

これまでの議論では、Mary is easy *for John* to please の斜体部 for 句は、補文不定詞節の主語であることを前提にしてきた。Rezac (2006) は、Chomsky (1973; 1977a) などに準じて、for 句は補文主語ではなく、主文形容詞の補部であると主張している。その主な根拠は次の 3 点である。

まず下記 (112) では for 句が主文形容詞と一緒に移動しており、主文形容詞と for 句で 1 つの構成素を成していると考えなければならない。次に、(113) では 2 つの for 句が現れており、一方が主文要素、他方が補文主語であると考えられる。このような場合 Tough 移動が行われると非文になるのは、補文主語は指定主語条件 (あるいは介在条件) を引き起こすためであると説明される。Mary is easy *for John* to please のように for 句が 1 つの場合に Tough 移動が可能なのは、その for 句 (斜体部) が主文要素であり、補文内に指定主語に該当する補文主語が不在であるためである。最後に (114) の for 句には、存在文の虚辞 there が現れているのであるから、明らかに補文主語である。このように補文主語が顕在している時にも Tough 移動が阻まれるのであるから、文法的な Mary is easy *for John* to please における for 句 (斜体部) は補文主語ではなく、主文要素 (主文形容詞の補部) であると見なければならない。

(112) How difficult for George is Janice to forget?
(113) *The hard work is pleasant for the rich for the poor to do.
(114) *North Vietnam is easy for there to be bombing raids over.

だが、Rezac が挙げている論拠はいずれもあまり説得的とは思われない。まず (112) とは別に下記 (115) のような文が可能である。(115) では for 句 (斜字体) が形容詞から離れているのであるから、形容詞の補部ではなく補文不定詞節の主語と見なければならない。

(115) How tough was the problem *for Bill* to solve?　　（Nanni 1980, 577）

(115) では形容詞の直後に for 句が生じていない。(114) でも形容詞の後ろに補文主語の for there を除いて for 句が生じていない。主文要素と考えられる for 句の出現は随意的である。さらに下記 (116a) の for 句は不定詞節を伴っていないのだから、明らかに補文主語ではなく主文要素である。この for 句の出現も、(116b) に見る通り、随意的である。主文要素と考えられる for 句の出現は随意的であるのだから、補部ではなく主文形容詞の付加部 (adjunct) であると見なせる。

(116) a. The problem is difficult for them.
b. The problem is difficult.

主文形容詞が随意的に付加部として for 句を取るとなれば、(113) のように 2 つの for が現れている場合には、一方が主文の付加部、もう一方が補文主語ということになる。不定詞節は元来形容詞の補部であるのだが、それが主文の付加部よりも後方に生じている時は、標準的な言い方をすれば付加部の外側に外置されている、併合という言い方を用いれば補部の不定詞節が内的併合・ペア併合で、主文付加部に付加されている、と考えられる。不定詞節は一種の付加部となるために、その内部からの Tough 移動は「付加部条件」によって阻まれる。これが、(113) が非文である理由である。

(117) ... [AP [AP [AP pleasant t_{CP}] [for the rich]] [CP for the poor to do the hard work]]

主文形容詞が important のような場合には、付加部が for 句ではなく、to 句として現れる。この場合も、補文不定詞節から Tough 移動することができない。

(118) a. It is important to John for his son to study physics.
b. *Physics is important to John for his son to study____.

(113) の for 句は、(118) の to 句と同じような働きを果たしており、主文形容詞に続く付加部と考えるのが適当である。付加部であるどちらの PP か

らも、その目的語を取り出すことができない。

(119) a. *Who is it pleasant for ___ for the poor to do the hard work?
　　　 b. *Who is it important to ___ for his son to study physics?

　上記 (114) が非文である理由は、補文不定詞節の動詞が be であり、be は非対格動詞であることと関係している。5.5.5 で見たように、非対格動詞は一般に Tough 移動を受けられない。[24] さらに Tough 移動に限らず、there 構文の PP から、その目的語 DP を移動させることが困難である。下記 (120)–(121) の (b) を参照。

(120) a. There will be bombing raids over the city.
　　　 b. *What will there be bombing raids over ___?
(121) a. There are many students behind the wall.
　　　 b. *What are there many students behind ___?

　なお、there 構文では、PP の目的語のみの移動に限らず、疑問詞に P が随伴した PP 全体の移動も困難なようである (Alison Stewart 氏の指摘)。
　以上見て来た通り、形容詞に続く for 句が主節補部であるとする Rezac (2006) の主張は正しくない。本書で暗黙裡に前提にしてきたように、for 句は補文不定詞節の主語である。時としてそれとは別に主文の付加部として for 句や to 句が随意的に生じることがある。

5.9　最小性原理と生物言語学

　本章の冒頭の 5.1 で、ミニマリスト・プログラムでは、ことばの獲得 (および、ことばの誕生) に 3 つの要因が絡んでいると考えられていることを見た。従来の生成文法では、人間言語に特有な生得的な原理 (すなわち、第 1 要因の遺伝的資質、言語に領域固有的な原理) に大きく依存していたが、ミニマ

24　但し、there 構文では内項 (意味上の主語 DP) の移動が行われていないとすると、他の非対格動詞の場合のように、(114) の非文法性を最小性原理と束縛原理に基づいて説明することが難しい。

リスト・プログラムでは、ことばの原理も自然界の物理学的・生物学的原理（すなわち、領域中立的な第 3 要因）に大きく根差しているという見解に推移してきており、従来言語固有な原理とされてきた原理・原則もこの観点から見直されてきている（中島 2005; 2008）。

本章冒頭の (2) で、第 3 要因に根差していると考えられることばの原理の例をいくつか挙げたが、その中でも本章で中心的な役割を果たしてきた最小性原理は、広く第 3 要因の原理として有望視されている（Hornstein 2009; Jenkins 2011b; Boeckx 2011b; Chomsky 2010）。最小性原理は、最短距離の移動、最少コストによる操作を求めたものであり、自然な物理学的原理に根差しているものと考えられる。こうした趣旨の原理は、生命体の構成やその進化においても働いているものと想像される。

Jenkins (2011b, 132) は、最小性原理と同趣旨の神経学的原理の例として Chen, Hall, and Chklovskii (2006) で論じられている神経回路網の最小化原理 (the wiring minimization principle) を挙げている。神経回路網最小化原理は、100 年以上前に、スペインの神経解剖学者のラモン・イ・カハール (Ramón y Cajal) によって提案されたものであり、脳の設計を制御する神経回路網の配線に関する原理である。Chen, Hall, and Chklovskii (2006) によると、ニューロンは神経回路網を張り巡らす際にそれに要するコストが最小化するように生命体の中に伸長する（同 4723 頁）。そして、C. エレガンスと呼ばれる線虫の実験からすると、この最小化は (i) 胎芽期および後胎期に働く力学と、(ii) 遺伝学によって駆動される（同 4727 頁）。Chomsky (2005) の 3 つの要因に即して言えば、(i) の生命体の力学は第 3 要因に、(ii) の遺伝学は第 1 要因に、それぞれ該当する。原理をそれ以上不可分な原子的なものとはせずに 2 つの要因に分解し、しかもそれぞれの要因が Chomsky (2005) の第 1, 第 3 要因に該当するという点に注目したい。

というのは、Hornstein (2009, 113) は、ことばの最小性原理 (3) の場合も、すべてが第 3 要因ではなく、一部だけが第 3 要因の性質を帯びている、と主張しているからである。[25] 彼の理論では「最小性」は統語構造の経路 (path)

---

25 As such, it is natural for cognitive representations to minimize memory load and minimizing dependency serves this end. So, I would contend, something like minimality is a natural feature of computational systems quite generally and so not specific to language. It is in Chomsky's (2005) terms, in part, a third factor feature.

を構成する節点の数に基づいて計算されるのであるから、その部分は言語に特有なものである。統語構造は、どのような概念や形式で表示されるにせよ、人間言語に特有なものであり、人間の脳に遺伝学的に誕生したものである。そうだとすれば、ことばの最小性原理も、遺伝学的な第1要因と力学的な第3要因に分解されることになる。

そこで、どの領域における最小性に関する原理も、領域中立的な要因（第3要因）とそれぞれの領域に特有な領域固有的要因（第1要因）から成り立っていると仮定してみることができる。第3要因は運動や操作に要するコストを最小化する物理的、力学的な原則であり、コスト最小化原理（Cost Minimization Principle）とでも呼ぶことができる。第1要因はコストの最小性測定の対象となる構成物であり、それぞれの領域に特有な領域固有的なものである。生命体の発達や誕生、進化、あるいは生命体の営為などにおいて、コスト最小化原理とでも呼ぶべき原理がそれぞれの領域に特有な資質や構成物に対して働いているのである。

進化の領域における最小性について、イギリスの理論物理学者のGeoffrey West (1999) は、ほとんどすべての生命体が従うような「生物学における普遍的簡易縮約則」の発生（これが論文の題名になっている）について論じ、その発生に関与している1つの重要な要因として「生命体は、それを維持するに必要なエネルギーが最小化するように進化する」という進化上の原理を挙げている。縮約則というのは、動物ごとの代謝率、寿命、心拍数、身長、体重などを決める相似則のことで、例えば代謝率は、単純化して言えば容量の1/4であり、その関数はどの動物にとっても同じであるというものである。このようなどの動物にも当てはまる縮約則の発生の上で、進化が生命維持に必要なエネルギーを最小化するように進むという進化上の原理が働いているのである。生物の進化においても、コスト最小化原理のようなChomskyの言う第3要因に当たる原理・原則が働いているわけである。

5.10 ま と め

本章では、受動化できない自動詞、受動化できない他動詞、二重目的語構

I say "in part" because Path-Minimality is specific instance of the genus and perhaps some of its properties are specifically linguistic. 　　　（Hornstein 2009, 113）

文の受動化に関する方言差などを取り上げ、それらの問題を最小性原理に基づいて説明する分析を探ってきた。特に受動化できない他動詞（resemble 類および所有動詞）については、実は他動詞ではなく、非対格自動詞であることを論証してきた。表層上の主語は元来目的語位置（内項位置）にあり、その移動先の主語位置が空いており、目的語位置から主語位置への移動が行われている、といったことを言語事実に基づいて示してきた。

目的語位置から主語位置への移動に関係して、受動化できない動詞と Tough 構文に生じることができない動詞の間の相関性について触れた。受動化できない動詞（非対格動詞、resemble 類、所有動詞、既に受動化されている受動分詞）は Tough 構文にも生じることができない。その理由の説明においても、最小性原理が重要な役割を果たしている。

こうした相関性が成り立つにも拘らず、受動化について「受動化は外項を抑制する」という分析を採るのであれば、相関性をうまく捉えることができないことになる。というのは、*Max is impossible *for John to resemble* のような Tough 構文の補文（斜体部）では、動詞は能動形であり、主語は主語位置に for 句として現れており、外項を抑制するという操作が加えられているような形跡は何も見られないからである。Tough 構文に resemble 類などが生じることができないという事実については、外項の抑制とは全く別の方法で説明しなければならず、受動化と Tough 構文の間の相関性は、単なる偶然に過ぎないということになってしまう。本章では、受動文と Tough 構文（さらに目的語削除構文）の相関性を最小性原理で捉えることができることを主張した。

Nakajima (2015) では、非対格動詞や resemble 類が受動化できない理由を、本章と同様に最小性原理に基づいて説明を試みているが、規制の対象が本章とは異なっている。受動化で直接内項が抑制されると、by 句としてその位置に留まり、間接内項が主語位置へ移動する際に最小性原理からして阻まれる、と分析した。本章では、最小性原理が間接内項の移動の際に発動するのではなく、その移動は自由に行われ、移動によって残された痕跡が束縛される際に最小性原理が発動すると捉え直した。本章での分析の方が、5.5.4 で見た再帰代名詞に関わる現象や、5.5.5 で見た Tough 構文に関わる現象などと統一的に扱う上で、有望であるように思われる。非対格動詞や resemble 類が含まれる受動文では、これらの現象と同じように、同じ種類の痕跡が 2 つ現れ、それらが束縛される際に最小性原理からして一方の痕跡の束縛が阻まれる。

Tough 構文も視野に入れると、Max is impossible for the company to offer the job to ____. のような文の派生では、目的語の移動操作が最小性原理の規制を受けていない（名詞句 Max の移動が別の名詞句 the job を飛び越して移動している）点にも注目しておきたい。Tough 移動という移動操作では最小性原理が働いていないのである。

最小性原理は、領域中立的な「コスト最小化原理」（5.9 参照）に根差した、Chomsky (2005) の言う第 3 要因の有力な候補である。受動化はきわめて「規則的」であり、しかもどの言語でも見られるような普遍性の高い文法操作である（Siewierska 1984, Postal 1986）。いわば文法の中核的な規則である。その受動化に最小性原理が深く関わっているということは、文法の少なくとも中核部においては第 3 要因が大きな役割を果たしていることを示唆している。

受動化できない他動詞には、本章で扱った resemble 類や所有動詞以外にも存在する。Postal (2010) は、関係文法の枠組みで、目的語には直接目的語（2 object）以外に、間接目的語（3 object）、副目的語（Subobject; 4 object）の都合 3 種類があり、間接目的語と副目的語は他の補部を伴わずに単独で現れる場合には受動化できないとしている。間接目的語あるいは副目的語を取る動詞には、本章で resemble 類や所有動詞として分類したものの多くが含まれるが、それらに該当しないものもある。次例 (122)–(124) に含まれているような動詞は、主語として基本的に有生名詞が生じるのであるから、resemble 類や所有動詞の場合のように θ 役割が主題または場所であるとは考えにくい。本章で見た resemble 類や所有動詞の扱いとは別の扱いが必要であろう。今後の課題としたい。

(122) a. Claude never wrote Irene.
  b. *Irene was never written by Claude.   (Postal 2010, 65)
(123) a. Karen's remark betrayed contempt for linguists.
  b. *Contempt for linguists was betrayed by Karen's remark.
                (ibid., 56)
(124) a. Bertrand croaked something unintelligible.
  b. *Something unintelligible was croaked by Bertrand. (ibid., 56)

5.11　おまけの蛇足

　最後に Tough 構文に関する議論についての蛇足。164–165 頁で触れたように、Postal (2010) は、1970 年代の早い時期に Perlmutter が受動化できない動詞と Tough 構文に生じない動詞との間に相関性があることを個人的な談話で述べていたとしており、その相関性を「Perlmutter の一般化」と名付け、関係文法の概念を用いて定式化している。1970 年代の早い時期というと、1972 年か 73 年の頃であろうか。

　もう半世紀近くも前のことなのでだいぶ記憶が薄れかかっているが、1972 年か 1973 年に Perlmutter が来日して国際基督教大学で講演を行った。その講演の後で、井上和子先生や村木正武先生、千葉修司先生、原田信一さん、外池滋生さん等と一緒に出前の寿司を食べながら雑談をした折に、卒論ではどのようなことを書いたのかと問われたので (あるいは、こちらから持ち出したのかもしれない)、件の受動化できない動詞と Tough 構文に生じない動詞との相関性について話したように記憶している。最近大学院の授業用テキストとして使用していた Postal (2010) の中に、「8.6 Perlmutter's Generalization」という節の題目を目にした時、Perlmutter と交わした雑談の記憶が蘇ってきた。帰宅して彼と一緒に写っている写真が収めてあるアルバムを引っ張り出してみると、雑談の場の雰囲気や光景がだいぶはっきりと思い浮かんできた。大学卒業後まったく手にすることのなかった卒論を書架の奥から取り出して読み直してみると、確かにその相関性について触れていた。Perlmutter との雑談の中で、相関性について話したことは間違いない。

　但し 1970 年代初期の Perlmutter の一般化が、1972 年か 73 年に私と交わした雑談が源になっていたのかは今となっては確かめようがない。半分懐かしい気持ちで、半分学部の卒論へ敬意を表して (?)、わざわざ半世紀近くも前の卒業論文のことを持ち出した次第である。

第6章

まとめと結論

　本書では、平叙節および疑問節の補文標識の分布、島の制約、ルート変形の適用可能性、そして受動化の問題を扱ってきた。補文標識の分布と島の制約およびルート変形とは一見関係がなさそうだが、密接に関係していることを明らかにした。

　CP タイプの平叙節および疑問節（that 節と whether 節）のみが生じる環境では何らかの形で内的併合が関与している。「内的併合の原則」からして、内的併合の対象になるのはフェイズのみであるので、フェイズである CP タイプの補文のみが、内的併合（移動）が関与している環境——主要部から切り離されたような環境——に生じることができる。TopP タイプの補文（Ø-that 節と if 節）はフェイズではないので、内的併合の対象にはならず、それ故主要部から切り離されたような環境には現れることがない。CP タイプ補文と TopP タイプ補文の分布の相違、that 節と whether 節の分布の並行関係、Ø-that 節と if 節の分布の並行関係が、「内的併合の原則」から自然に導き出される。補文を CP タイプ補文と TopP タイプ補文に分離するのは、Nakajima (1996) で提案した「分離 Comp 仮説」を引き継ぐものである。Rizzi (1997) でも、従来の CP が、ForceP, TopP, FocusP などいくつかの機能範疇の最大投射に分離されているが、それらの機能範疇がフェイズ性に関して一様であるのか区別されるのか、明らかではない。

　CP タイプの補文のみが生じる環境は、島的環境でもある。これは、CP タイプの補文のみが生じる環境には何らかの形で移動が関与しているのであるから、「凍結原理」などからの予測——移動した構成素は凍結する——とも矛盾しない。だが、単に、移動した構成素は凍結すると留めるのではなく、なぜ移動した構成素は凍結するのかという問題に、S 構造における構造的位置から決まる δ 役割の点から説明を試みた。δ 役割は、D 構造における意味役

割であるθ役割と好対照的であり、補完的である。1つの項にθ役割とδ役割の2種類の意味役割が付与されるという意味論の二重性 (duality of semantics) は、外的併合と内的併合という2種類の併合が存在することの根拠になっている。項が外的併合されるとその位置でθ役割が付与され、それがさらに内的併合されるとその位置でδ役割が付与される。外的併合および内的併合という文法操作の必要性が認められる限り、θ役割およびδ役割という概念が狭い統語論 (narrow syntax) で必要であることも認めなければならない。第3章における島の制約の説明は、そのδ役割に基づく説明である。

　θ役割には「1つの項には1つだけのθ役割が、そして1つのθ役割は1つだけの項に付与される」という趣旨のθ規準が課せられているのと同様に、δ役割にも「1つの項（実際には、移動されたフェイズ）には1つだけのδ役割が、そして1つのδ役割は1つだけの項に付与される」という趣旨のδ規準が課せられることを提案した。島となる構成素（移動フェイズ）は移動されているのであるから、移動先でまずδ役割が付与される。その島の中の下位構成素にはそのδ役割が部分的に継承され、それが島の外へ移動されると新たにもう1つδ役割が付与される。島から移動される下位構成素には2つのδ役割が付与されることになり、δ役割の違反が発生する。

　δ規準は、1つの移動された要素（フェイズ）が担うδ役割の解釈の曖昧性を禁じる原理である。フェイズが移動（内的併合）するのは、何らかの談話上の役割を担うためであるが、1つのフェイズに複数のδ役割が付与されれば、談話上何のために移動を行ったのかが不明になる。そのために、δ規準はδ役割付与の曖昧性を禁じているのである。

　移動した要素にδ役割が付与されるという考え方は、要素が移動する際にTopPやFocusP、SubjPのような機能的役割を担った投射（規準的位置）へ移動するという地図理論の考え方と通底している。だが地図理論では、規準的位置へ移動すると凍結すると定めているだけであり、なぜその位置へ移動すると凍結するのか、換言すれば、なぜ談話機能的な役割を担うようになると凍結するのか、という問いについては納得のいく説明が与えられていない。

　第4章でも、δ役割、δ規準に基づいて、ルート変形の適用可能性について説明を試みた。ルート変形は島的環境において適用できないという傾向がある。島を成す構成素は移動を受けているのであるから、移動先で構成素全体にδ役割が与えられ、そのδ役割が構成素内の下位構成素に部分的に継承

されている。その下位構成素がルート変形によって移動されると別のδ役割がもう1つ与えられることになり、δ規準の違反が発生する。

　だが、島的環境ではルート変形の適用が常に不可能であるわけではない。島的環境でも、それに付与されるδ役割が焦点的である場合（すなわち、主張的な環境である場合）には、ルート変形の適用が可能である。ルート変形の基本的な機能は、話者の判断である要素を取り立てて強調することであるので、そのような話者の判断が表明できる環境（焦点的／主張的な環境）であれば、ルート変形が適用したとしても、その基本的な機能と矛盾しない。ルート変形の談話機能的な働きからして、島的環境におけるルート変形の適用可能性を説明するのに、談話機能的な概念であるδ役割を用いるのが有効である。本書では、こうした島的環境におけるルート変形の適用可能性を、重要な原則であるδ規準には手を加えずに、δ役割の継承に関して若干の修正を加えることによって、説明する方法を提案した。

　話題らしさの程度や焦点らしさの程度は、それを担う構成素の統語的・形態的な特徴（例えば、冠詞が定であるか、範疇が名詞句であるか前置詞句であるか、項か付加詞か）や、一緒に現れる述語の種類（例えば、非対格動詞か非能格動詞か、個体レベルか段階的レベルか）、さらに話題や焦点を含んだ文が用いられる談話上の文脈などによって、変わってくる。島的環境からの取出しや島的環境におけるルート変形適用の文法性の判断に、例文間の揺れや話者間の揺れがあるのは、1つの構造的な原理の違反によるというよりも、談話機能的な要因が深く関係していることの表れと言えよう。本書では、島的環境からの取出しおよび島的環境におけるルート変形の適用可能性を、談話機能的な――それ故、程度に幅を含む――概念であるδ役割とδ規準に基づく説明を試みてきた。

　第5章では、受動化の諸相を最小性原理との関係で考えた。生成文法の研究史の中で長い間懸案になっていた受動化できない他動詞に関しては、外項を欠いた自動詞であることを論証してきた。特に、resembleやreachのような、その主語のθ役割が主題である他動詞（resemble類）は、非対格動詞であり、それ故、表層上の主語は動詞の直接内項であり、表層上の目的語はゼロ前置詞の目的語であり、直接内項は目的語位置から主語位置へ移動していることを見た。haveやcontainのような主語のθ役割が場所である他動詞（所有動詞）についても、表層上の主語はゼロ前置詞の目的語であり、表層上の

目的語は動詞の直接内項であるという分析を提案した。

　受動化できない他動詞が非対格動詞であるとなれば、受動化できない理由を、非対格動詞が受動化できない理由と同じところに原因を求めることができる。非対格動詞では、直接内項が主語位置へ移動するのに伴い、元の目的語位置に痕跡が残される。その後ろの前置詞句内の目的語が受動化されると、もう 1 つ痕跡が残され、2 つの痕跡の一方の束縛が最小性原理に違反する。

　受動化できない他動詞の非対格分析の議論の中で、受動化できない他動詞は Tough 構文にも現れることができない、という Nakajima (1970) における観察に触れた。Tough 構文の述語 (be tough to) は主語についての不変的な属性を述べており、個体レベルの述語である。主語位置として 2 箇所を仮定するならば、Tough 構文の主語は、個体レベル述語の主語が納まる「高い」方の主語位置に納まる。Tough 構文に受動化できない他動詞 (すなわち、非対格動詞) が用いられると、Tough 移動 (高い方の主語位置への移動) によって残される痕跡と、非対格動詞の直接内項の移動 (低い主語位置への移動) によって残される痕跡との、2 つが生じることになる。そのために、ここでも、2 つの痕跡の束縛に関して最小性原理の違反が発生する。

　第 1〜4 章の補文標識の分布、島の制約、ルート変形の適用可能性の議論では、統語的構築物であり統語操作の対象でもあるフェイズが大きな役割を果たしていた。第 5 章の受動化の議論では最小性原理が中心的な役割を果たしていた。フェイズは統語構造の重要な概念であり、最小性原理は局所性の優れた原理であり、どちらもミニマリスト・プログラムの中核的な概念である。

あとがき

　初めて海外の専門誌で論文を発表したのが、1982 年に *Linguistic Analysis* で "The V^4 System and Bounding Category" を発表した時である。この論文 (Nakajima 1982b) の題目は、今振り返ると、その後の研究テーマを予感させていたように思われる。V^4 System というのは、節の統語構造に関する新たな分析の提案であり、bounding category (境界範疇) というのは、要素の長距離移動を狭い範囲 (つまり、局所) に限定する構造的単位のことである。本書の「はしがき」で述べたように、これまでの研究を振り返ってみると、「統語構造の精緻化」と「局所性の原理」が私にとっての「Ｉテーマ」ではないかと思われる。初の海外での発表論文のタイトルは、偶然かもしれないが、そのことを予告していたようである。

　同論文を発表した当時、Jackendoff (1977) が、1 つの節は動詞 V の投射が 3 重に重なった V^3 system であるという見解を主張していた。拙論は、副詞の分布やルート変形の適用などに関する事実からして、それにもう 1 つ V の投射を付け加える必要があり、1 つの節は 3 重の V の投射 (V^3) から成るものと、4 重の V の投射から成るもの (V^4) がある、と論じたのである。節が V^3 の場合も、V^4 の場合も、最も外側の投射に補文標識が現れる。V^4 から成る節は十分に成熟した節であるのに対して、V^3 から成る節はやや未熟な節である。このように見ると、同論文における節の統語構造の考え方は、本書でも基本的に継承した Nakajima (1996) における、節構造には CP タイプの節と TopP タイプの節があるという分析 (分離 Comp 仮説) に相通じるものがある。こうした節の統語構造の精緻化が、私の主要なＩテーマの 1 つであると言える。

　一方、境界範疇は移動の局所性を捉える構造的単位である。その後 GB 理論の枠組みで、束縛の局所性を捉える構造的単位である統率範疇 (governing category) の精緻化に関心を集中させた時期がある。統率範疇を定義する上で基礎概念となる SUBJECT の要素の 1 つとして、補文標識 Comp を加える必要性があるという仮説 (Comp as a SUBJECT) を一連の論文で主張してきた

(Nakajima 1984a; 1985; 1986a; 1986b; 1989; 1991)。そして、Chomsky (1981) が提唱する束縛原理 (A) は、SUBJECT の選択を一定の基準に沿って変動させることにより、その元来の適用対象である照応表現ばかりではなく、述部副詞や文副詞の分布、外置や重名詞句転位などの右方移動、寄生空所の分布、WH 移動などについても扱うことが可能になるという、一般化束縛原理 (Generalized Binding Principle) を提唱した。SUBJECT として Comp を含めることにより、それに基づいて定義される統率範疇となるのは、主語を含む最小の範疇——主語に関して動詞句内主語仮説を採れば、vP——と、Comp を含む最小の範疇、すなわち CP ということになる。vP と CP は、ちょうど今日のフェイズに該当する。また統率範疇に基づいて定義される一般化束縛原理は、フェイズに基づいて定義されるフェイズ不可侵性条件 (Phase Impenetrability Condition) とよく似ているところがある。統率範疇もフェイズも、一般化束縛原理もフェイズ不可侵性条件も、局所性に関する概念および原理である。局所性の精緻化が、私のもう1つの重要な I テーマである。

　本書でも、局所性原理の1つである最小性原理と、統語構造の重要なまとまり（ユニット）であるフェイズを中心として、平叙節および疑問節の補文標識の分布、島の制約、ルート変形の適用可能性、受動化などの問題を扱ってきた。本書も、私の継続的な I テーマである局所性と統語構造を巡る論考となっている。

　生成文法に巡り合ったのが大学3年生の1968年頃であるから、それからかれこれ半世紀近くが経とうとしている。その間の研究生活は、大変刺激的であり、知的発展への期待感に満ち溢れていた。ことばの世界の遥か先に、誰も見たことのない未知の深遠な世界が広がり、ことばの研究を続けていくとそこに一歩ずつ近づいて行けるかもしれないといった、ぼんやりとした、しかしながら眩いばかりの期待感のようなものがあった。そんな期待感に心躍らせながら研究を続け、いつの間にか半世紀近くが過ぎ去ったという感じがする。現実には青年も壮年も老い易く学成り難しであったのかもしれないが、期待感にときめき、小さな発見に興奮しながらこれまでの大半を過ごせたことは、誠に有難い。

References

Adger, David and Josep Quer (1997) "Subjunctives, Unselected Embedded Questions, and Clausal Polarity Items," *NELS* 27, 1–15.

Adger, David and Josep Quer (2001) "The Syntax and Semantics of Unselected Embedded Questions," *Language* 77, 107–133.

Aelbrecht, Lobke and Liliane Haegeman (2012) "VP-Ellipsis is Not Licensed by VP-Topicalization," *Linguistic Inquiry* 43, 591–614.

Akmajian, Adrian and Frank Heny (1975) *An Introduction to the Principles of Transformational Syntax*, MIT Press, Cambridge, Mass.

Alexiadou, Artemis, Liliane Haegeman and Melita Stavrou (2007) *Noun Phrase in the Generative Perspective,* Mouton de Gruyter, Berlin.

Allerton, David J. (1978) "Generating Indirect Objects in English," *Journal of Linguistics* 14, 21–33.

Alrenga, Peter (2005) "A Sentential Subject Asymmetry in English and its Implications for Complement Selection," *Syntax* 8, 175–207.

Anagnostopoulou, Elena (2003) *The Syntax of Ditransitives*, Mouton de Gruyter, Berlin and New York.

Aoun, Joseph, Norbert Hornstein, David Lightfoot and Amy Weinberg (1987) "Two Types of Locality," *Linguistic Inquiry* 18, 537–577.

Authier, Jean-Marc (1992) "Iterated CPs and Embedded Topicalization," *Linguistic Inquiry* 23, 329–336.

Baker, Mark C. (1988) *Incorporation: A Theory of Grammatical Function Changing*, University of Chicago Press, Chicago.

Baker, Mark C., Kyle Johnson and Ian Roberts (1989) "Passive Argument Raised," *Linguistic Inquiry* 20, 219–251.

Belletti, Adriana (2004) "Aspects of the Low IP Area," *The Structure of CP and IP, The Cartography of Syntactic Structures* Vol. 2, ed. by Luigi Rizzi, 16–51, Oxford University Press, New York.

Belletti, Adriana and Luigi Rizzi (1988) "Psych-Verbs and θ-Theory," *Natural Language and Linguistic Theory* 6, 291–352.

Belletti, Adriana and Luigi Rizzi (2013) "Ways of Avoiding Intervention: Some Thoughts on the Development of Object Relatives, Passive, and Control," *Rich Languages from Poor Inputs*, ed. by Massimo Piattelli-Palmarini and Robert C. Berwick, 115–126, Oxford University Press, Oxford.

Berwick, Robert C. and Noam Chomsky (2011) "The Biolinguistic Program: The Current State of its Development," *The Biolinguistic Enterprise: New Perspectives on the Evolution and Nature of the Human Language Faculty*, ed. by Anna Maria Di Sciullo and Cedric Boeckx, 19–41, Oxford University Press, Oxford.

Berwick, Robert C., Angela D. Friederici, Noam Chomsky and Johan J. Bolhuis (2013) "Evolution, Brain, and the Nature of Language," *Trends in Cognitive Sciences* 17, 89–98.

Bianchi, Valentina (1999) *Consequences of Antisymmetry: Headed Relative Clauses*, Mouton de Gruyter, Berlin.

Bianchi, Valentina and Cristiano Chesi (2012) "Subject Islands and the Subject Criterion," *Enjoy Linguistics! Papers Offered to Luigi Rizzi on the Occasion of his 60th Birthday*, 25–53, CISCL Press, Siena.

Biber, Douglas, Stig Johansson, Geoffrey Leech, Susan Conrad and Edward Finegan (1999) *Longman Grammar of Spoken and Written English*, Longman, London.

Bjorkman, Bronwyn (2014) "Accounting for Unexpected Subject Gaps in TP Coordination," *The Linguistic Review* 31, 487–513.

Blevins, James (2003) "Passives and Impersonals," *Journal of Linguistics* 39, 473–520.

Boeckx, Cedric (2006) *Linguistic Minimalism*, Oxford University Press, Oxford.

Boeckx, Cedric (2011a) "Some Reflections on Darwin's Problem in the Context of Cartesian Biolinguistics," *The Biolinguistic Enterprise: New Perspectives on the Evolution and Nature of the Human Language Faculty,* ed. by Anna Maria Di Sciullo and Cedric Boeckx, 42–64, Oxford University Press, Oxford.

Boeckx, Cedric (2011b) "Approaching Parameters from Below," *The Biolinguistic Enterprise: New Perspectives on the Evolution and Nature of the Human Language Faculty*, ed. by Anna Maria Di Sciullo and Cedric Boeckx, 205–221, Oxford University Press, Oxford.

Bolinger, Dwight L. (1972) *That's That*, Mouton, The Hague.

Bolinger, Dwight L. (1975) "On the Passive in English," *The First LACUS Forum*, ed. by Adam Makkai and Valerie Makkai, 57–80, Hornbeam Press, Columbia, SC.

Borkin, Ann (1984) *Problems in Form and Function*, Ablex, Norwood, NJ.

Bowers, John (1993) "The Syntax of Predication," *Linguistic Inquiry* 24, 591–656.

Bowers, John (2002) "Transitivity," *Linguistic Inquiry* 33, 183–224.

Bresnan, Joan W. (1982) "The Passive in Lexical Theory," *The Mental Representation of Grammatical Relations*, ed. by Joan Bresnan, 3–86, MIT Press, Cambridge, Mass.

Breul, Carsten (2004) *Focus Structure in Generative Grammar: An Integrated Syntactic, Semantic and Intonational Approach*, John Benjamins, Amsterdam and Philadelphia.

Brillman, Ruth and Aron Hirsch (2014) "Don't Move too Close," Handout delivered at CLS 50, University of Chicago.

Brody, Michael (2000) "Mirror Theory: Syntactic Representation in Perfect Syntax," *Linguistic Inquiry* 31, 29–56.

Burzio, Luigi (1986) *Italian Syntax: A Government-Binding Approach*, Reidel, Dordrecht.

Cardinaletti, Anna (2004) "Toward a Cartography of Subject Positions," *The Structure of CP and IP: The Cartography of Syntactic Structures*, Vol. 2, ed. by Luigi Rizzi, 115–165, Oxford University Press, Oxford.

Carlson, Greg (1977) *Reference to Kinds in English*, Doctoral dissertation, University of Massachusetts, Amherst.

Chafe, Wallace L. (1976) "Givenness, Contrastiveness, Definiteness, Subjects, Topics and Point of View," *Subject and Topic*, ed. by Charles Li, 25–55, Academic Press, New York.

Chen, Beth L., David H. Hall and Dmitri Chklovskii (2006) "Wiring Optimization can Relate Neuronal Structure and Function," *Proceedings of National Academy of Sciences of the United States of America* 103, 4723–4728.

Chomsky, Noam (1964) *Current Issues in Linguistic Theory*, Mouton, The Hague.

Chomsky, Noam (1967) *The Logical Structure of Linguistic Theory*, Plenum Press,

New York.

Chomsky, Noam (1971) "Deep Structure, Surface Structure, and Semantic Interpretation," *Semantics: An Interdisciplinary Reader in Philosophy, Linguistics, and Psychology*, ed. by Danny D. Steinberg and Leon A. Jakobovits, 183–216, Cambridge Universtiy Press, London.

Chomsky, Noam (1973) "Conditions on Transformations," *A Festschrift for Morris Halle*, ed. by Stephen R. Anderson and Paul Kiparsky, 232–286, Holt, Rinehart and Winston, New York.

Chomsky, Noam (1977a) "On *Wh*-Movement," *Formal Syntax*, ed. by Peter Culicover, Thomas Wasow and Adrian Akmajian, 71–132, Academic Press, New York.

Chomsky, Noam (1977b) *Essays on Form and Interpretation*, Elsevier North-Holland, New York.

Chomsky, Noam (1981) *Lectures on Government and Binding*, Foris, Dordrecht.

Chomsky, Noam (1986) *Barriers*, MIT Press, Cambridge, Mass.

Chomsky, Noam (1995) *The Minimalist Program*, MIT Press, Cambridge, Mass.

Chomsky, Noam (2001) "Derivation by Phase," *Ken Hale: A Life in Language*, ed. by Michael Kenstowicz, 1–52, MIT Press, Cambridge, Mass.

Chomsky, Noam (2004) "Beyond Explanatory Adequacy," *Structures and Beyond*, ed. by Adriana Belletti, 104–134, Oxford University Press, Oxford.

Chomsky, Noam (2005) "Three Factors in Language Design," *Linguistic Inquiry* 36, 1–22.

Chomsky, Noam (2007) "Approaching UG from Below," *Interface + Recursion = Language? Chomsky's Minimalism and the View from Syntax-Semantics*, ed. by Uli Sauerland and Hans-Martin Gärtner, 1–29, Mouton de Gruyter, Berlin and New York.

Chomsky, Noam (2008a) "On Phases," *Fundamental Issues in Linguistic Theory: Essays in Honor of Jean-Roger Vergnaud*, ed. by Robert Freidin, Carlos P. Otero and Maria Luisa Zubizarreta, 133–166, MIT Press, Cambridge, Mass.

Chomsky, Noam (2008b) "The Biolinguistic Program: Where does it Stand Today?" ms., MIT.

Chomsky, Noam (2009) "Opening Remarks," *Of Minds and Language*, ed. by

Massimo Piattelli-Palmarini, Juan Uriagereka and Pello Salaburu, 13–43, Oxford University Press, Oxford.

Chomsky, Noam (2010) "Some Simple Evo Devo Theses: How True might They be for Language," *The Evolution of Human Language*, ed. by Richard Larson, Viviane Déprez and Hiroko Yamakido, 45–62, Cambridge University Press, Cambridge.

Chomsky, Noam (2013) "Problems of Projection," *Lingua* 130, 33–49.

Chomsky, Noam (2014) "Problems of Projection: Extensions," unpublished, MIT.

Chomsky, Noam (to appear) "Minimal Recursion: Exploring the Prospects," *Recursion (Proceedings of the UMass Conference on Recursion)*, ed. by Thomas Roeper and Margaret Speas, Oxford University Press, Oxford.

Chomsky, Noam and Howard Lasnik (1977) "Filters and Control," *Linguistic Inquiry* 8, 425–504.

Cinque, Guglielmo (1990) *Types of A'-Dependencies*, MIT Press, Cambridge, Mass.

Citko, Barbara (2014) *Phase Theory: An Introduction*, Cambridge University Press, Cambridge.

Close, R. A. (1975) *A Reference Grammar for Students of English*, Longman Group, Essex.

Collins, Chris (2005) "A Smuggling Approach to Passive in English," *Syntax* 8, 81–120.

Corver, Norbert (2005) "Freezing Effects," *The Blackwell Companion to Syntax*, vol. II, ed. by Martin Everaert and Henk van Riemsdijk, 383–406, Blackwell, Malden, Mass.

Couper-Kuhlen, Elizabeth (1979) *The Prepositional Passive in English*, Max Niemeyer, Tübingen.

Creider, Chet A. (1979) "On the Explanation of Transformations," *Syntax and Semantics* 12 (*Discourse and Syntax*), ed. by Talmy Givón, 3–21, Academic Press, New York.

Culicover, Peter W. (1991) "Topicalization, Inversion, and Complementizers in English," *Fifth Symposium on Comparative Grammar*, ed. by Denis Delfitto, Martin Everaert, Arnold Evers and Frits Stuurman, 2–43, University of Utrecht, Utrecht.

Culicover, Peter W. and Ray Jackendoff (1997) "Semantic Subordination Despite Syntactic Coordination," *Linguistic Inquiry* 28, 195–217.

Culicover, Peter W. and Ray Jackendoff (2005) *Simpler Syntax*, Oxford University Press, Oxford.

Culicover, Peter W. and Wendy Wilkins (1984) *Locality in Linguistic Theory*, Academic Press, New York.

Curme, George O. (1931) *Syntax*, Maruzen, Tokyo.

Delahunty, Gerald P. (1983) "But Sentential Subjects do Exist," *Linguistic Analysis* 12, 379–398.

Diesing, Molly (1992) *Indefinites*, MIT Press, Cambridge, Mass.

Doherty, Cathal (1997) "Clauses without Complementizers: Finite IP-Complementation in English," *The Linguistic Review* 14, 197–220.

Emonds, Joseph E. (1972) "Evidence that Indirect Object Movement is a Structure-Preserving Rule," *Foundations of Language* 8, 546–561.

Emonds, Joseph E. (1976) *A Transformational Approach to English Syntax: Root, Structure- Preserving, and Local Transformations*, Academic Press, New York.

Emonds, Joseph E. (1985) *A Unified Theory of Syntactic Categories*, Foris, Dordrecht.

Endo, Yoshio (遠藤喜雄) (2014)『日本語カートグラフィー序説』、ひつじ書房、東京。

Erteschik-Shir, Nomi (1973) *On the Nature of Island Constraints*, Doctoral dissertation, MIT.

Fillmore, Charles F. (1965) *Indirect Object Constructions in English and the Ordering of Transformations*, Mouton, The Hague.

Fleisher, Nicholas (2015) "*Rare*-class Adjectives in the *Tough*-construction," *Language* 91, 73–108.

Gallego, Ángel J. (2009) "On Freezing Effects," *Iberia: An International Journal of Theoretical Linguistics* 1, 33–51.

Gallego, Ángel J. and Juan Uriagereka (2007) "Conditions on Sub-extraction," *Coreference, Modality, and Focus*, ed. by Luis Eguren and Olga Fernández-Soriano, 45–70, John Benjamins, Amsterdam.

Geis, Michael (1975) "English Time and Place Adverbials," *Working Papers in Linguistics* 18, Ohio State University, 1–11.

Giorgi, Alessandra and Fabio Pianesi (2004) "Complementizer Deletion in Italian," *The Structure of CP and IP: The Cartography of Syntactic Structures*, Vol. 2, ed. by Luigi Rizzi, 190–210, Oxford University Press, Oxford.

Givón, Talmy (1979) *On Understanding Grammar*, Academic Press, New York.

Green, Georgia M. (1974) *Semantics and Syntactic Regularity*, Indiana University Press, Indiana.

Grewendortf, Günter (1989) *Ergativity in German*, Foris, Dordrecht.

Grimshaw, Jane (1990) *Argument Structure*, MIT Press, Cambridge, Mass.

Grosu, Alexander and Sandra A. Thompson (1977) "The Constraints on the Distribution of NP Clauses," *Language* 53, 104–151.

Gundel, Jeanette K. (1974) *Role of Topic and Comment in Linguistic Theory*, Doctoral dissertation, University of Texas at Austin.

Gundel, Jeanette K. (1977) "Where Do Cleft Sentences Come from?" *Language* 53, 543–559.

Haddican, William (2010) "Theme-Goal Ditransitives and Theme Passives in British English Dialects," *Lingua* 120, 2424–2443.

Haddican, William and Anders Holmberg (2012a) "Object Movement (A)symmetries in British English Dialects," *Proceedings of the 29th West Coast Conference on Formal Linguistics* 7, 72–78.

Haddican, William and Anders Holmberg (2012b) "Object Movement Symmetries in British English Dialects: Experimental Evidence for a Mixed Case/Locality Approach," *The Journal of Comparative Germanic Linguistics* 15, 189–212.

Haegeman, Liliane (1997) "Elements of Grammar," *Elements of Grammar*, ed. by Liliane Haegeman, 1–72, Kluwer, Dordrecht.

Haegeman, Liliane (2014) "Locality and Distribution of Main Clause Phenomena," *Locality,* ed. by Enoch Oladé Aboh, Maria Teresa Guasti and Ian Roberts, 186–222, Oxford University Press, Oxford.

Haegeman, Liliane and Jacqueline Guéron (1999) *English Grammar: A Generative Perspective*, Blackwell, Oxford.

Haegeman, Liliane, Ángel L. Jiménez-Fernández and Andrew Radford (2014) "Deconstructing the Subject Condition in terms of Cumulative Constraint Violation," *The Linguistic Review* 31, 73–150.

Halliday, Michael A. K. (1967) "Notes on Transitivity and Theme in English: Part 2," *Journal of Linguistics* 3, 177–274.

Harves, Stephanie (2002) "Where have all the Phases Gone? (Non-)defective Categories and Case Alternations in Russian," *Formal Approaches to Slavic Linguistics* 10, 97–118.

Hicks, Glyn (2009) "*Tough*-Constructions and Their Derivation," *Linguistic Inquiry* 40, 535–566.

Hooper, Joan B. (1975) "On Assertive Predicates," *Syntax and Semantics* 4, ed. by John P. Kimball, 91–124, Academic Press, New York.

Hooper, Joan B. and Sandra A. Thompson (1973) "On the Applicability of Root Transformations," *Linguistic Inquiry* 4, 465–497.

Hornstein, Norbert (2001) *Move! A Minimalist Theory of Construal,* Blackwell, Malden, Mass. and Oxford.

Hornstein, Norbert (2009) *A Theory of Syntax: Minimal Operations and Universal Grammar,* Cambridge University Press, Cambridge.

Hornstein, Norbert, Jairo Nunes and Kleanthes K. Grohmann (2005) *Understanding Minimalism*, Cambridge University Press, Cambridge.

Hornstein, Norbert and Amy Weinberg (1987) "Superiority and Generalized Binding," *NELS* 17, 311–324.

Huang, C.-T. James (1982) *Logical Relations in Chinese and the Theory of Grammar*, Doctoral dissertation, MIT.

Huang, C.-T. James (1993) "Reconstruction and the Structure of VP: Some Theoretical Consequences," *Linguistic Inquiry* 24, 103–138.

Huddleston, Rodney and Geoffrey K. Pullum (2002) *The Cambridge Grammar of the English Language*, Cambridge University Press, London.

Imai, Kunihiko and Heizo Nakajima (今井邦彦・中島平三) (1978) 『文・II』(現代の英文法シリーズ・第 5 巻)、研究社、東京。

Irurtzun, Aritz and Ángel J. Gallego (2007) "Consequences of Pair-Merge at the Interfaces," *ASJU: International Journal of Basque Linguistics and Philology* XLI-2, 179–200.

Iwakura, Kunihiro (1978) "On Root Transformations and the Structure Preserving Hypothesis," *Linguistic Analysis* 4, 321–364.

Jackendoff, Ray S. (1972) *Semantic Interpretation in Generative Grammar*, MIT Press, Cambridge, Mass.

Jackendoff, Ray S. (1977) *X̄-Bar Syntax: A Study of Phrase Structure*, MIT Press, Cambridge, Mass.

Jaeggli, Osvaldo (1986) "Passive," *Linguistic Inquiry* 17, 587–622.

Jenkins, Lyle (2000) *Biolinguistics: Exploring the Biology of Language*, Cambridge University Press, Cambridge.

Jenkins, Lyle (2011a) "Biolinguistic Investigation: Genetics and Dynamics," *The Biolinguistic Enterprise: New Perspectives on the Evolution and Nature of the Human Language Faculty*, ed. by Anna Maria Di Sciullo and Cedric Boeckx, 126–134, Oxford University Press, Oxford.

Jenkins, Lyle (2011b) "The Three Design Factors in Evolution and Variation," *The Biolinguistic Enterprise: New Perspectives on the Evolution and Nature of the Human Language Faculty*, ed. by Anna Maria Di Sciullo and Cedric Boeckx, 169–179, Oxford University Press, Oxford.

Jespersen, Otto (1927) *A Modern English Grammar on Historical Principles*, Part III, George Allen & Unwin, London; Ejnar Munksgaard, Copenhagen.

Jones, Michael Allan (1983) "Getting 'Tough' with *Wh*-Movement," *Journal of Linguistics* 19,129–159.

Kayne, Richard S. (1994) *The Antisymmetry of Syntax*, MIT Press, Cambridge, Mass.

Keyser, Samuel Jay and Paul M. Postal (1976) *Beginning English Grammar*, Harper and Row, New York.

Kiparsky, Paul and Carol Kiparsky (1971) "Fact," *Semantics: An Interdisciplinary Reader in Philosophy, Linguistics, and Psychology*, ed. by Danny D. Steinberg and Leon A. Jakobovits, 334–369, Cambridge University Press, Cambridge.

Koopman, Hilda and Dominique Sportiche (1982/3) "Variables and the Bijection Principle," *The Linguistic Review* 2, 139–160.

Koster, Jan (1978) "Why Subject Sentence don't Exist," *Recent Transformational Studies in European Languages*, ed. by Samuel J. Keyser, 53–64, MIT Press, Cambridge, Mass.

Kuno, Susumu (1973a) "Constraints on Internal Clauses and Conjunctions," *Linguistic Inquiry* 4, 363–375.

Kuno, Susumu (1973b) *The Structure of the Japanese Language,* MIT Press, Cambridge, Mass.

Kuno, Susumu (1976) "Gapping: A Functional Analysis," *Linguistic Inquiry* 7, 300–318.

Kuno, Susumu (1987) *Functional Syntax: Anaphora, Discourse and Empathy,* University of Chicago Press, Chicago.

Kuno, Susumu and Ken-ichi Takami (久野暲、高見健一) (2005)『謎解きの英文法　文の意味』、くろしお出版、東京。

Landau, Idan (2010) *The Locative Syntax of Experiencers,* MIT Press, Cambridge, Mass.

Lasnik, Howard and Robert Fiengo (1974) "Complement Object Deletion," *Linguistic Inquiry* 5, 535–571.

Lasnik, Howard and Mamoru Saito (1992) *Move α: Conditions on Its Application and Output,* MIT Press, Cambridge, Mass.

Lees, Robert B. (1960) "A Multiple Ambiguous Adjectival Construction in English," *Language* 36, 207–221.

Lees, Robert B. (1964) "On Passives and Imperatives in English," *Gengo Kenkyu* 46, 28–41.

Levin, Beth and Malka Rappaport Hovav (1986) "The Formation of Adjectival Passives," *Linguistic Inquiry* 17, 623–661.

Levin, Beth and Malka Rappaport Hovav (1995) *Unaccusativity: At the Syntax-Lexical Semantics Interface,* MIT Press, Cambridge, Mass.

Longa, Víctor M. and Guillermo Lorenzo (2012) "Theoretical Linguistics Meets Development: Explaining FL from an Epigeneticist Point of View," *Language from a Biological Point of View,* ed. by Cedric Boeckx, María del Carmen Horno-Chéliz and José-Luis Mendívil-Giró, 22–84, Cambridge Scholars Publishing, New Castle upon Tyne.

Longobardi, Giuseppe (1985) "Connectedness and Island Constraints," *Grammatical Representation,* ed. by Jacqueline Guéron, Hans Georg Obenauer and Jean Yves Pollock, 169–185, Foris, Dordrecht.

Longobardi, Giuseppe (1994) "Reference and Proper Names: A Theory of N-movement in Syntax and Logical Form," *Linguistic Inquiry* 25, 609–665.

Maeda, Masako (2014) *Derivational Feature-based Relativized Minimality*, Kyushu University Press, Fukuoka.

Manzini, Maria Rita (1992) *Locality: A Theory and Some of its Empirical Consequences*, MIT Press, Cambridge, Mass.

Marantz, Alec P. (1984) *On the Nature of Grammatical Relations*, MIT Press, Cambridge, Mass.

Miwa, Kenta (2014) *The Non-Labeling Approach to Coordination*, MA thesis, Gakushuin University.

Moro, Andrea (2000) *Dynamic Antisymmetry*, MIT Press, Cambridge, Mass.

Nakajima, Heizo (1970) *A Transformational Grammatical Study of English Predicate Adjective Constructions*, Bachelor's thesis, Tokyo Metropolitan University.

Nakajima, Heizo (1981) "Extraction Phenomena in Topic-Comment Constructions," *Metropolitan Linguistics* 4, Tokyo Metropolitan University, 101–122.

Nakajima, Heizo (1982a) *Rule Incompatibility Phenomena*, Doctoral dissertation, University of Arizona.

Nakajima, Heizo (1982b) "The V^4 System and Bounding Category," *Linguistic Analysis* 9, 341–378.

Nakajima, Heizo (1984a) "COMP as a SUBJECT," *The Linguistic Review* 4, 121–152.

Nakajima, Heizo (中島平三) (1984b) 『英語の移動現象研究』、研究社、東京。

Nakajima, Heizo (1985) "A Revision of the Notion SUBJECT and its Effects on Binding Theory," *English Linguistics* 2, 60–80.

Nakajima, Heizo (1986a) "Three Empty Category Principles as Licensing Conditions on Binding Paths," *The Linguistic Review* 5, 223–245.

Nakajima, Heizo (1986b) "Kiss's Case Transmittance Approach and the Binding Path Approach to Parasitic Gaps," *The Linguistic Review* 5, 335–344.

Nakajima, Heizo (1989) "Bounding of Rightward Movements," *Linguistic Inquiry* 20, 328–334.

Nakajima, Heizo (1991) "Binding Path and Dependent Categories," *Current English Linguistics in Japan*, ed. by Heizo Nakajima, 289–344, Mouton de Gruyter, Berlin.

Nakajima, Heizo (1992) "Another Type of Antecedent-Government," *Linguistic*

Inquiry 23, 313–328.

Nakajima, Heizo (中島平三) (1995)『発見の興奮』、大修館書店、東京。

Nakajima, Heizo (1996) "Complementizer Selection," *The Linguistic Review* 13, 143–164.

Nakajima, Heizo (1999) *Locality and Syntactic Structures*, Kaitakusha, Tokyo.

Nakajima, Heizo (中島平三) (2005)「生体器官としての言語機能――生物言語学への足跡と今後」、『言語』34 巻 5 号、22–28.

Nakajima, Heizo (中島平三) (2008)「チョムスキー理論の功罪と今後の展望」、『言語』37 巻 11 号、78–85.

Nakajima, Heizo (中島平三) (2011)『ファンダメンタル英語学演習』、ひつじ書房、東京。

Nakajima, Heizo (2015) "Unpassivizable Transitive Verbs and Minimality," 江頭浩樹、他（編）『より良き代案を絶えず求めて』、56–68, 開拓社、東京。

Nanni, Deborah (1980) "On the Surface Syntax of Constructions with *Easy*-type Adjectives," *Language* 56, 568–581.

Napoli, Donna Jo (1983) "Comparative Ellipsis: A Phrase Structure Analysis," *Linguistic Inquiry* 14, 675–694.

Nissenbaum, Jonathan W. (2000) *Investigations of Covert Phrase Movement*, Doctoral dissertation, MIT.

Nomura, Tadao (野村忠央) (2013)「日本の英語学界――現状、課題、未来」、『日本英語英文学』23, 55–85.

Okada, Sadayuki (岡田禎之) (2003)『現代英語の等位構造』、大阪大学出版会、大阪。

Ouhalla, Jamal (1994) *Transformational Grammar*, Edward Arnold, London.

Perlmutter, David M. (1978) "Impersonal Passives and the Unaccusative Hypothesis," *Berkeley Linguistic Society* 4, 157–189.

Perlmutter, David M. and Paul M. Postal (1984) "The 1-Advancement Exclusiveness Law," *Studies in Relational Grammar* 2, ed. by David M. Perlmutter and Carol G. Rosen, 81–125, University of Chicago Press, Chicago.

Pesetsky, David Michael (1982) *Paths and Categories*, Doctoral dissertation, MIT.

Pesetsky, David Michael (1995) *Zero Syntax: Experiencers and Cascades*, MIT Press, Cambridge, Mass.

Pesetsky, David Michael and Esther Torrego (2001) "T-to-C Movement: Causes and Consequences," *Ken Hale: A Life in Language,* ed. by Michael Kenstowicz, 355–416, MIT Press, Cambridge, Mass.

Pinker, Steven (1989) *Learnability and Cognition: The Acquisition of Argument Structure*, MIT Press, Cambridge, Mass.

Pinkham, Jessie and Jorge Hankamer (1975) "Deep and Shallow Clefts," *CLS* 11, 429–450.

Postal, Paul M. (1971a) *Cross-over Phenomena*, Holt, Rinehart & Winston, New York.

Postal, Paul M. (1971b) "On the Surface Verb 'Remind'," *Studies in Linguistic Semantics*, ed. by Charles Fillmore and D. Terence Langendoen, 181–270, Holt, Rinehart & Winston, New York.

Postal, Paul M. (1974) *On Raising: One Rule of English Grammar and Its Theoretical Implications*, MIT Press, Cambridge, Mass.

Postal, Paul M. (1986) *Studies of Passive Clauses*, State University of New York Press, New York.

Postal, Paul M. (1998) *Three Investigations of Extraction*, MIT Press, Cambridge, Mass.

Postal, Paul M. (2010) *Edge-Based Clausal Syntax: A Study of (Mostly) English Object Structure,* MIT Press, Cambridge, Mass.

Prince, Ellen F. (1981) "Topicalization, Focus-Movement, and Yiddish-Movement: A Pragmatic Differentiation," *BLS* 7, 249–264.

Quirk, Randolph, Sidney Greenbaum, Geoffrey Leech and Jan Svartvik (1985) *A Comprehensive Grammar of the English Language*, Longman, London.

Radford, Andrew (1988) *Transformational Grammar: A First Course*, Cambridge University Press, Cambridge.

Radford, Andrew (1997) *Syntactic Theory and the Structure of English: A Minimalist Approach*, Cambridge University Press, Cambridge.

Radford, Andrew (2004) *Minimalist Syntax: Exploring the Structure of English*, Cambridge University Press, Cambridge.

Randall, Janet H. (2010) *Linking: Geometry of Argument Structure*, Springer, Dordrecht.

Rappaport Hovav, Malka and Beth Levin (1992) "-Er Nominals: Implications for the Theory of Argument Structure," *Syntax and Semantics* 26 (*Syntax and Lexicon*), ed. by Tim Stowell and Eric Wehrli, 127–153, Academic Press, San Diego.

Rezac, Milan (2006) "On Tough-Movement," *Minimalist Essays*, ed. by Cedric Boeckx, 288–325, John Benjamins, Amsterdam.

Richards, Marc (2009) "Internal Pair-Merge: the Missing Mode of Movement," *Catalan Journal of Linguistics* 8, 55–73.

Riemsdijk, Henk van and Edwin Williams (1986) *Introduction to the Theory of Grammar*, MIT Press, Cambridge, Mass.

Rizzi, Luigi (1990) *Relativized Minimality*, MIT Press, Cambridge, Mass.

Rizzi, Luigi (1997) "The Fine Structure of the Left Periphery," *Elements of Grammar*, ed. by Liliane Haegeman, 281–337, Kluwer, Dordrecht.

Rizzi, Luigi (2010) "The Cartography of Syntactic Structures: Criteria, Freezing and Interface Effects," Handout delivered at EALing 2010, ENS, Paris.

Rizzi, Luigi (2014) "The Cartography of Syntactic Structures: Locality and Freezing Effects on Movement," *On Peripheries: Exploring Clause Initial and Clause Final Positions*, ed. by Anna Cardinaletti, Guglielmo Cinque and Yoshio Endo, 29–60, Hituzi, Tokyo.

Rochemont, Michael (1989) "Topic Islands and the Subjacency Parameter," *Canadian Journal of Linguistics/Revue Canadienne de Linguistique,* 34, 145–170.

Rochemont, Michael S. and Peter W. Culicover (1990) *English Focus Constructions and the Theory of Grammar*, Cambridge University Press, Cambridge.

Rodman, Robert (1974) "On Left Dislocation," *Papers in Linguistics* 7, 437–466.

Rosenbaum, Peter S. (1967) *The Grammar of English Predicate Complement Constructions*, MIT Press, Cambridge, Mass.

Ross, John Robert (1967) *Constraints on Variables in Syntax*, Doctoral dissertation, MIT.

Ross, John Robert (1986) *Infinite Syntax!,* Ablex, New Jersey.

Schoorlemmer, Erik and Tanja Temmerman (2012) "Head Movement as a PF-Phenomenon: Evidence from Identity under Ellipsis," *Proceedings of the 29th West Coast Conference on Formal Linguistics*, ed. by Jaehoon Choi, E. Alan Hogue,

Jeffrey Punske, Deniz Tat, Jessamyn Schertz, and Alex Trueman, 232–240.

Shlonsky, Ur (2000) "Subject Positions and Copular Constructions," *Interface Strategies*, ed. by Hens Bennisi, et al., 325–347, Royal Netherland Academy of Arts and Science.

Siewierska, Anna (1984) *The Passive: A Comparative Linguistic Analysis*, Croom Helm, London.

Stowell, Timothy A. (1981) *Origins of Phrase Structure*, Doctoral dissertation, MIT.

Stowell, Timothy A. (1991) "The Alignment of Arguments in Adjective Phrases," *Syntax and Semantics* 25 (*Perspectives on Phrase Structure: Heads and Licensing*), ed. by Susan D. Rothstein, 105–135, Academic Press, New York.

Stuurman, Frits (1990) *Two Grammatical Models of Modern English: The Old and the New from A to Z*, Routledge, London.

Swan, M. (1995^2) *Practical English Usage*, Oxford University Press, Oxford.

Takami, Ken-ichi (1992) *Preposition Stranding: From Syntactic to Functional Analyses*, Mouton de Gruyter, Berlin.

Travis, Lisa (1984) *Parameters and Effects of Word Order*, Doctoral dissertation, MIT.

Watanabe, Akira (1993) "Larsonian CP Recursion, Factive Complements, and Selection," *NELS* 23, 523–537.

West, Geoffrey B. (1999) "The Origin of Universal Scaling Laws in Biology," *Physica* A 263, 104–113.

Wexler, Kenneth and Peter W. Culicover (1980) *Formal Principles of Language Acquisition*, MIT Press, Cambridge, Mass.

Wilder, Chris (1991) "Tough-Movement Constructions," *Linguistische Berichte* 132, 115–132.

Williams, Edwin S. (1983) "Semantic vs. Syntactic Categories," *Linguistics and Philosophy* 6, 423–446.

Woolford, Ellen (1993) "Symmetric and Asymmetric Passives, *Natural Language and Linguistic Theory* 11, 679–728.

Zubin, David A. (1979) "The Focus System in German," *Syntax and Semantics* 12 (*Discourse and Syntax*), ed. by Talmy Givón, 469–504, Academic Press, New York.

索　引

〔欧文〕

A位置 / A'位置　175
A移動 / A'移動　171
A束縛 / A'束縛　172
Beの周りの移動（Movement around Be）　123, 131, 133
Bijection Principle　156–157, 170, 187
CP　→　補文
c統御　8
δ規準　87, **90**, 100, 117, 127, 201
δ役割　69, 80, 81, 83, 100, 101, 127, 201
　　〜の継承　**92**, 128, 129
　　焦点的な〜　125
　　前提的な〜　124
D-linking　107, 109
Do疑似分裂文　161
DP　31
-er名詞　160
GB理論　139, 140, 155
if節　7
Perlmutterの一般化（Perlmutter's Generalization）　**165**, 199
resemble類動詞　158, 178, 179, 183, 197, 202
　　〜に相当する日本語　178
SUBJECT　205
SubjP　169, 175, 186, 190, 191, 201
that省略　1
that節　7
θ規準、θ役割　80, 81, **90**, 159, 201
Tough構文　95, 108, 154, 164, 167, 182, 185, 197, 203
UTAH　→　主題役割統一的付与仮説

V^* System　205
vP　31
VP前置　→　動詞句前置
whether-if交替　1, 4　→　cf. 補文標識の分布
whether節　7
WH移動（WH-movement）　38
WH島　101, 110, 122
ϕ-that節　7

〔あ行〕

一貫しない移動（improper movement）　175
一致（Agree）　32
一般化束縛原理（Generalized Binding Principle）　206
一般化凍結原理（Generalized Freezing Principle）　75
意味部門　32
意味論の二重性（duality of semantics）　80, 201
インターフェイス　32, 155

エッヂ条件（Edge Condition）　79, 116

音韻部門　32

〔か行〕

外項の欠如　160, 161
外項の抑制　152
介在条件（Intervention Condition）　133, 142, 173
改竄禁止条件（No Tampering Condition）　33

外置（Extraposition） 17
外置化の位置 3, 4, 5
外的併合 32, 51, 80 → cf. 内的併合、併合
概念・意図インターフェイス 32
拡張条件（Extension Condition） 188
下接条件（Subjacency Condition） 17
仮定法 119
感覚・運動インターフェイス 32
関係詞 101
関係文法（Relational Grammar） 166, 198
完全機能複合（Complete Functional Complex） 31

疑似受動化（pseudo-passivization） 138
疑似受動文 150
疑似分裂文（pseudo-cleft sentence） 16
記述的妥当性（descriptive adequacy） 79
規準的位置（criterial position） 80, 190
規準的凍結（Criterial Freezing） 77, 116
　〜の原理 100
規準的領域（criterial domain） 190
規範的構造具現化 8, 30
疑問詞 101
疑問節 122, 200
境界範疇（bounding category） 205
局所的な束縛（local binding） 163

空演算子（empty operator, OP） 133
空間動詞 149, 159
空虚な移動（vacuous movement） 53, 59
繰上げ（Raising） 107, 171
繰上げ構文 95, 168

形容詞的受動形（adjectival passive） 153
　非対格動詞の〜 153
結果名詞（result nominal） 48
言語機能（faculty of language） 139
言語設計の3要因（three factors in language design） 138, **139**
言語設計の第3要因 141

項 107
行為者名詞（agentive nominal） 160
構造格 156
　〜の吸収 156
コスト最小化原理（Cost Minimization Principle） 196, 198
個体的レベル（individual-level） 109
ことばの起源 140
コピー理論 155, 181
痕跡理論 155, 181

〔さ行〕
再帰代名詞 162, 184
最小性原理（Minimality Principle） 111, 134, 141, **142**, 143, 145, 154, 156, 169, 170, 181, 182, 186, 194, 195, 198, 202
　受動化と〜 143
最小連鎖条件 142
最短移動 142
最短牽引原理 142

刺激の貧困 139
指示的（referential） 108
指示的名詞句 37
事象名詞（event nominal） 48
時制文条件（Tensed S Condition） 171
自然選択（natural selection） 140
指定主語条件（Specified Subject Condition） 173

指定性条件（Specificity Condition） 98
島（island） 172, 174
　〜の制約　2, 201
　叙実的〜（Factive Island）　→　叙実的島
　付加部の〜（Adjunct Island）　→　付加部の島
島的環境　71, 72, 83, 202
斜格（oblique）　148
弱交差（weak cross-over）　171, 174
主語からの外置　123, 125
主語条件（Subject Condition）　72, 104
主語節　133
主語置換（Subject Replacement）　132
主語（の）位置　3, 4, 5, 41, 73
　高い〜　→　高い主語（位置）
　低い〜　→　低い主語（位置）
主語の補語　12
主節現象　118, 133　→　cf. ルート変形
主題階層（Thematic Hierarchy）　106
主題役割統一的付与仮説（Uniformity of Theta Assignment Hypothesis, UTAH）　159, 176
主張（assertion）　121, 124
述部内主語仮説（Predicate Internal Subject Hypothesis）　37
受動化　138
　〜ができない動詞　148, 149, 150, 196
　〜と Tough 構文の相関性　**165**
　二重目的語構文の〜　→　対称的受動言語、非対称的受動言語
受動分詞（passive participle）　153, 166, 183, 197
主要部移動（Head movement）　34
照応表現（anaphor）　156, 164, 172
条件節　119

焦点（focus）　80, 84
焦点化位置　42, 73
焦点的な δ 役割　→　δ 役割
叙実的島（Factive Island）　72
叙実的述語（factive predicate）　9
叙実的動詞　9, 43
叙実的補文（factive complement）　43, 54, 73, 121, 133
叙述名詞句　37
所有動詞　149, 159, 178, 179, 183
　〜に相当する日本語　178
神経回路網最小化原理　195

生物言語学　194
セット併合（set Merge）　**51**
説明的妥当性（explanatory adequacy）　79, 139
狭い統語論（narrow syntax）　201
前置詞残留　156
前置詞付き受動文（prepositional passive）　138, 150, 156
前提　84, 169
前提的な δ 役割　→　δ 役割

相対化最小性原理（Relativized Minimality）　135, 141
測定動詞　149, 159
束縛原理　155, 163

〔た行〕
対称的受動言語（symmetric passive language）　144, 147
対称動詞　149, 159
高い主語（位置）　91n, 110, 168, 203
段階的レベル（stage-level）　109

チェッキング　6
地図理論（Cartography Theory）　39, 42, 115
中間動詞（middle verbs）　149

提題（aboutness） 77, 80, 94, 104, 124, 190
適合動詞 149, 159
転送（Transfer） 32

等位構造 20, 61, 74, 112
等位構造制約（Coordinate Structure Constraint） 72
同格節 → 名詞同格節
同格節付き DP 50, 53, 54, 57, 86, 87, 98
同格文 50
～の焦点 15, 46, 73, 123
凍結原理（Freezing Principle） 74, **76**, 100, 116, 200
統語的構築物（syntactic object） 32, 34
動詞句（VP）前置（VP Preposing） 119, 121, 132, 133
動詞句内主語仮説（VP Internal Subject Hypothesis） 31, 36, 75, 185, 206
統率範疇（governing category） 31, 174, 205
特定性 106, 109

〔な行〕
内在的前提（inherent presupposition） **84**, 86, 124
内的併合（Internal Merge） 32, 51, 80, 114, 119 → 外的併合、併合
～の原則 **34**, 35, 39, 43, 54n, 58
二重目的語構文 144, 147, 148
～の受動化 → 対称的受動言語、非対称的受動言語
for 与格の～ 147, 148
to 与格の～ 147, 148

〔は行〕
場所句倒置（Locative Inversion） 121, 131, 133, 181

低い主語（位置） 91n, 110, 168, 203
非対格動詞（unaccusative verbs） 150, 154, 159, 166, 179, 183, 197
～の受動化 152
非対称的受動言語（asymmetric passive language） 144, 147
否定句前置／否定句倒置（Neg Inversion） 123, 125, 132, 134
否定対極表現 44
非能格動詞（unergative verbs） 150
表層意味役割（surface semantic role） 80 → cf. θ役割
表層構造 164
表層主語 158, 160, 176, 177, 183
表層目的語 177

フェイズ（phase） 31, 32, 33, 34, 37, 39, 43, 118, 169, 191, 201, 206
～主要部 119, 120
～の横滑り（phase sliding） 191
フェイズ不可侵性条件（Phase Impenetrability Condition, PIC） **78**, 191, 206
付加部 16, 107
～の島（Adjunct Island） 72
付加部位置 59, 74
付加部条件 193
複合名詞句 110
複合名詞句制約（Complex NP Constraint） 71
副詞節 122
副詞的不変化詞（adverbial particle） 37
付帯現象（epiphenomenon） 31
二肢分岐（binary branching） 35
文主語 121

文主語制約（Sentential Subject Constraint）　72
分離 Comp 仮説　2, 200, 205
分裂文　11
　〜の焦点　44, 73, 123

ペア併合　**51**
併合　63　→　cf. 外的併合、セット併合、内的併合、ペア併合
平叙節　200
並列（paratexis）　14, 15

包括的条件節（exhaustive conditional）　18
方向副詞前置（Directional Adverb Preposing）　134
補部　3, 4, 5
　形容詞（A）の〜　3, 4, 5, 72
　前置詞（P）の〜　3, 4, 5, 55, 73
　動詞（V）の〜　3, 4, 5, 72
　名詞（N）の〜　3, 4, 5, 48, 72
補文　24, 31
　CP タイプの〜　7, 8, 24, 27, 30, 38, 118, 200
　TopP タイプの〜　7, 8, 24, 27, 30, 38
補文標識　1, 29
　if　1
　that　1, 24
　whether　1, 7
　φ-that　1, 7, 24
　〜の分布　3–4, 29　→　cf. whether-if 交替
補文目的語削除構文（Complement Object Deletion）　170

〔ま行〕
密輸出（smuggling）　158, 186, 188
ミニマリスト・プログラム　31, 155
名詞化　176
名詞同格節　50, 53, 54, 57, 83, 116, 121, 133
目的語からの外置　123, 125
目的語繰上げ（Object Raising）　165

〔や行〕
優位性効果　142

〔ら行〕
ラベル付け計算法（labeling algorithm）　39, 40, **67**
ラベル付け理論　46

領域固有的　139

ルート変形（root transformation）　6, 118, 201

連鎖（chain）　155

〔わ行〕
話題（topic）　80
話題化（Topicalization）　119, 121, 123, 131, 132, 133, 168
　〜（の）位置　3, 4, 5, 39, 73, 121
話題性（topicality）　95, 108

●著者紹介

中島平三(なかじま・へいぞう)

1946年東京生まれ。1972年東京都立大学大学院人文科学研究科修士課程修了(文学修士)、1982年米国アリゾナ大学大学院言語学科博士課程修了(Ph.D.)。東京都立大学人文学部教授などを経て、現在、学習院大学文学部教授、東京都立大学名誉教授。その間、東京都立大学附属高等学校長、学習院初等科長、MIT客員研究員(フルブライト上級研究員)、ハーバード大学客員研究員、日本英語学会長などを歴任。

主な編著書(*は共著または共編)

『英語の移動現象研究』(研究社、1984年)・市河賞受賞
Current English Linguistics in Japan(Mouton de Gruyter、1991年)
*Essentials of Modern English Grammar**(研究社、1995年)
『発見の興奮——言語学との出会い』(大修館書店、1995年)
『ファンダメンタル英語学』(ひつじ書房、1995年、改訂版2011年)
『生成文法』*(岩波講座「言語の科学」第6巻、1998年)
Locality and Syntactic Structures(開拓社、1999年)
『ことばの仕組みを探る』*(「英語学モノグラフシリーズ」第1巻、研究社、2000年)
『最新・英語構文事典』(大修館書店、2001年)
『明日に架ける生成文法』*(開拓社、2005年)
『言語の事典』(朝倉書店、2005年)
『スタンダード英文法』(大修館書店、2006年)
『言語学の領域(Ⅰ)』(シリーズ朝倉＜言語の可能性＞第1巻、朝倉書店、2009年)
『ファンダメンタル英語学演習』(ひつじ書房、2011年)
『これからの子どもたちに伝えたい ことば・学問・科学の考え方』(開拓社、2015年)

島の眺望
——補文標識選択と島の制約と受動化

2016年2月29日 初版発行

著　者	中島　平三
発行者	関戸　雅男
印刷所	研究社印刷株式会社

KENKYUSHA
〈検印省略〉

発行所　株式会社　研究社
http://www.kenkyusha.co.jp

〒102-8152
東京都千代田区富士見2-11-3
電話 (編集) 03(3288)7711(代)
　　 (営業) 03(3288)7777(代)
振替 00150-9-26710

© Heizo Nakajima, 2016

装丁：宇野智美 (TypeShop_g)

ISBN 978-4-327-40166-5　C 3082　　Printed in Japan